# Unter Bayern und Schwaben

EDITION ERDMANN

Friedrich Nicolai

# Unter Bayern und Schwaben

## Meine Reise im deutschen Süden 1781

Herausgegeben von Ulrich Schlemmer

Mit 27 Abbildungen

EDITION ERDMANN

Herausgeber und Verlag danken der Württembergischen Landesbibliothek und dem Stadtarchiv in Stuttgart sowie dem Städtischen Museum Ludwigsburg für die freundliche Bereitstellung von Bildvorlagen.

CIP-Kurztitel der Deutschen Bibliothek
**Nicolai, Friedrich:**
Unter Bayern und Schwaben: meine Reise im dt. Süden 1781 / Friedrich Nicolai.
Hrsg. von Ulrich Schlemmer. – Stuttgart; Wien: Ed. Erdmann in K. Thienemanns Verl., 1989
ISBN 3-522-62660-5


Die Umschlaggestaltung besorgte Reichert Buchgestaltung in Stuttgart.
Gesetzt in 10 p Garamond.
Printed in the German Democratic Republic.
5 4 3 2 1

# Inhalt

# Im Geiste der Aufklärung

Im Frühjahr und Sommer 1781 unternahm der Berliner Buchhändler, Verleger und Schriftsteller Christoph Friedrich Nicolai eine Reise durch weite Teile des deutschen Sprachgebiets. Insgesamt sieben Monate war er mit seinem ältesten Sohn Samuel unterwegs. Am 1. Mai 1781 waren sie von Berlin aufgebrochen. Die nächsten wichtigen Stationen waren Leipzig, Nürnberg und Regensburg. Von da ging es weiter nach Wien, wo man einen längeren Aufenthalt einlegte. Wien wurde auch Ausgangspunkt einiger Ausflüge ins Ungarische, u. a. in die damalige ungarische Landeshauptstadt Preßburg. Auf der Weiterreise durchquerten die beiden Preußen ganz Süddeutschland. München, Augsburg, Ulm und Stuttgart hießen die nächsten Stationen. Von Stuttgart aus besuchten sie Tübingen und reisten dann weiter durchs Hohenzollerische in den Schwarzwald. Die ehrwürdige Benediktinerabtei Sankt Blasien war das dortige Reiseziel. Bevor sich Vater und Sohn wieder endgültig nach Norden wandten, machten sie noch einen Abstecher in die Schweiz. Bei Schaffhausen überquerten sie den Rhein. Die Heimfahrt führte dann über Straßburg nach Frankfurt, Hannover und Braunschweig. Von dort kehrten die beiden Berliner schließlich wohlbehalten in ihre Heimatstadt zurück.

Da Nicolai schon als Autor einiger „Bestseller" hervorgetreten war, konnte man von ihm ein Bändchen mit Reiseerinnerungen erwarten. Obwohl es damals schon viele gab, wurden diese doch immer wieder gern gelesen, denn man war zu Nicolais Zeit, im ausgehenden 18. Jahrhundert, in Bürgerkreisen geradezu lesewütig. Die reiche Ernte dieser Reise überraschte dann doch – vielleicht sogar den Verfasser selbst. Sage und schreibe zwölf Bände, und damit fast 6000 Seiten, umfaßt der Reisebericht, wenn man ihn überhaupt noch so nennen kann. Der zwölfte Band erschien erst 15 Jahre nach der Rückkehr der zwei Reisenden nach Berlin. Dennoch fand der Bericht ein erfreuliches Echo in der Öffentlichkeit, selbst wenn man einräumt, daß zu Anfang der ganze Umfang des Werkes für die Leserschaft noch nicht abzusehen war. Immerhin erreichte der erste Band, der 1783 zusammen mit den beiden folgenden erschienen war, innerhalb von fünf Jahren schon die dritte Auflage. Bestimmt hätten nur ganz wenige Verleger die Geduld aufgebracht, so lange auf den Abschluß einer Arbeit zu warten und jahrelange Unterbrechungen in Kauf zu nehmen. Nicolai hatte Glück. Er war nicht nur ein bereits bekannter und versierter Autor, sondern auch sein eigener Verleger und Buchhändler. Dieser glückliche Umstand hat wesentlich dazu beigetragen, daß dieses reiche Werk, das sicher auch eins der bemerkenswertesten Dokumente engagierter Aufklärung darstellt, trotz aller Schwierigkeiten vollendet werden konnte. Was war das für ein Mann, der aus einer, verglichen mit einer Weltreise, doch recht kurzen Fahrt viel mehr machte als so mancher Weltenbummler?

Am 18. März 1733 kam Christoph Friedrich Nicolai in der Poststraße 4 in Berlin zur Welt. Er hatte zahlreiche Geschwister, insgesamt sieben, darunter drei ältere Brüder. Sein Vater, Christoph Gottlieb Nicolai, war ein fleißiger und erfolgreicher Buchhändler mit erstklassiger Kundschaft; sogar Friedrich der Große war schon als Kronprinz Kunde der Nicolaischen Buchhandlung gewesen. Bereits im Alter von fünf Jahren verlor Friedrich Nicolai die Mutter. Diesen Verlust konnte auch die liebevolle Sorge des Vaters um die Erziehung des jüngsten Sohnes nie ganz wettmachen. Mit der Schulzeit begann eine schwere Zeit für den Jungen, die ihm manch leidvolle Erfahrungen brachte. Im Alter von 13 Jahren kam er auf das Joachimthalsche Gymnasium, doch die herzlose Atmosphäre an dieser Schule verhinderte einen wirklichen Lernerfolg. Die älteren Schüler drangsalierten die jüngeren, vor allem die neu eingetretenen, prügelten sie sogar, und die Lehrer sahen dem Treiben tatenlos zu. Der junge Friedrich, dem ja schon zu Hause mütterliche Wärme und Geborgenheit fehlten, hielt diese Behandlung auf die Dauer nicht aus. Zum Glück hatte der Vater ein Einsehen und schickte seinen 14jährigen Sohn 1747 nach Halle auf die Lateinschule der Franckeschen Stiftungen, einer Armen- und Waisenanstalt. Doch Friedrich kam dabei lediglich vom Regen in die Traufe. Hatte ihn in Berlin die Tyrannei der Mitschüler eingeschüchtert und eingeengt, so war es in Halle der Geist, der die ganze Erziehungsanstalt durchwehte. Ein knöcherner, formalisierter, bigotter Pietismus legte dem erwachenden Verstand des Jungen Fesseln an. Diese Schule konnte nach einem Urteil Friedrichs des Großen nur noch „pharisäische Pfaffen und evangelische Jesuiten produzieren". Nicolai selbst resümiert seine Erfahrungen in Halle folgendermaßen: „Sowohl Lehrmethode als auch Erziehung schienen ausdrücklich darauf angelegt zu sein, die jugendlichen Seelenkräfte, die entwickelt werden sollten, gänzlich zu unterdrücken. Seelenlose Untätigkeit und heuchlerisches Kopfhängen hieß Frömmigkeit, und diese allein nebst einer sklavischen Unterwürfigkeit unter Inspektoren und Lehrern war das einzige, das bei jungen Leuten als verdienstvoll angesehen wurde." Hier machte Nicolai seine ersten negativen Erfahrungen mit religiösem Dogmatismus und einem davon beherrschten Erziehungswesen. Wie tief und dauerhaft diese Eindrücke gewesen sein müssen, wird spürbar an der Heftigkeit und Unversöhnlichkeit, mit der er mehr als 30 Jahre später über die Jesuitenschulen im katholischen Bayern und über das pietistische Erziehungswesen in Württemberg urteilt. Das Auftreten der ersten Konflikte war an einer solchen Schule nur eine Frage der Zeit, und es dauerte auch nicht lange, bis Nicolai zu den schwarzen Schafen in der Schülerschar zählte. Der Grund: Man hatte bei ihm bedenkliche, ja gefährdende Literatur gefunden!

Nicolai hatte von seinem älteren Bruder Samuel, der damals in Halle Philosophie studierte, einige Hefte der „Bremer Beiträge" bekommen, damit der Jüngere an der geistigen Auseinandersetzung der Zeit teilhaben sollte. Die „Bremer Beiträge" oder, wie die Zeitschrift in vollem Wortlaut hieß, die „Neuen Beiträge zum Vergnügen des Verstandes und Witzes" erschienen in den Jahren 1744–48, waren ganz dem Geist der Aufklärung verschrieben und propagierten ein freieres poetisches Ideal. Die Begründer der Zeitschrift stammten alle aus der Schule Gottscheds, wollten sich aber von dessen engen, dogmatischen Ansichten befreien. Wichtige Mitarbeiter waren Klopstock, Ewald von Kleist, Johann Adolf Schlegel und Albrecht von Haller. „Die Bremischen Beiträge", so erinnerte sich Nicolai später, „unterhielten mich ziemlich und gaben mir erstmals einen Begriff von deutschen Gedichten. Aber auf der erzpietistischen Schule des Waisenhauses sollte von nichts anderem geredet werden als vom Durchbruch und vom Herrn Jesus in uns." Durch die Denunziation eines Mitschülers war das verwerfliche Treiben des Schülers Nicolai bekannt geworden. Etwas Schlimmeres, als sich mit profaner Literatur und aufklärerischem Gedankengut zu beschäftigen, hätte er an dieser Schule kaum noch anstellen können, und so holte ihn der Vater bereits nach einem Jahr wieder zurück nach Berlin. Diesmal schickte er den Jungen auf die ein Jahr zuvor von Johann Julius Hecker gegründete Realschule. Hier endlich, an dieser modernen, weltoffenen, auch an praktischen Kenntnissen orientierten Schule erfuhr Nicolais Wissensdurst und Bildungsdrang die angemessene Förderung.

Ein Jahr später, 1749, begann der Abschnitt in seinem Leben, in dem entscheidende Weichen für später gestellt wurden; er mußte sich intensiv der Welt der Bücher und des Geistes aussetzen, als er eine dreijährige Buchhändlerlehre absolvierte. Dazu mußte er seine Vaterstadt Berlin noch einmal verlassen und nach Frankfurt an der Oder ziehen. Mit Fleiß und Ausdauer arbeitete der Lehrling an seiner Weiterbildung. Es gab wenig, was ihn nicht interessierte. Den Vorrang bekam jedoch die Beschäftigung mit der neuesten europäischen Literatur und den Streitigkeiten zwischen ihren Vertretern. Jede freie Minute und manchmal sogar die Arbeitszeit verwandte Nicolai auf die Lektüre, und über Monate hinweg sparte er das Geld für das Frühstück (es waren täglich etwa drei Pfennige), um sich Miltons Werke im Original kaufen zu können. Aber auch dem akademischen Leben in Frankfurt wollte er soviel wie möglich für seine Bildung abgewinnen, und so hätte man ihn an manchen Tagen beobachten können, wie er sich in der Universität zum Hörsaal schlich und durch die geschlossene Tür die Vorlesungen Baumgartens mithörte, der über Ästhetik oder Leibnizsche und Wolffsche Philosophie dozierte. So machte sich Nicolai durch ständiges Selbststudium, das er auch in späteren Jahren fortsetzte, zu dem, was er in der Folgezeit wurde: zu einer Ausnahmeerscheinung in der deutschen Literaturlandschaft und zum Mittelpunkt der Berliner Aufklärer. Er war der erste Realschüler und Nichtakademiker, der zur Leitfigur einer geistigen Bewegung aufstieg und eine entscheidende Rolle im gesamten damaligen literarischen Leben spielte.

Nach Abschluß seiner Ausbildung kehrte Nicolai 1752 in die Heimat zurück, nicht zuletzt, um den Werbeoffizieren in Frankfurt zu entgehen, während er in Berlin vom Militärdienst freigestellt war. Noch im selben Jahr starb der Vater, und Friedrich assistierte seinem ältesten Bruder, der die Buchhandlung übernahm. Sechs Jahre arbeiteten die Brüder zusammen, bis sie sich 1758 miteinander überwarfen. Nach einer gerichtlichen Auseinandersetzung trat Nicolai aus der Buchhandlung aus und wollte sich nur mehr seiner schriftstellerischen Arbeit widmen. Die Erträge seines Erbteils ermöglichten ihm immerhin ein bescheidenes Leben. Kein halbes Jahr dauerte diese

Freiheit von geschäftlichen Pflichten und Sorgen, dann war die schöne Zeit vorbei. Im Herbst 1758 starb der Bruder ganz unerwartet, und Friedrich übernahm die väterliche Buchhandlung, die er bis zu seinem Tode sehr erfolgreich betrieb.

Im privaten Bereich trat sehr bald eine weitere wichtige Veränderung ein: 1760 vermählte sich Nicolai mit Elisabeth Macaria Schaarschmidt und gründete mit ihr eine Familie. Seine Frau war die Tochter des ehemaligen königlichen Leibarztes und Professors für Physiologie und Pathologie am Berliner medizinisch-chirurgischen Kollegium. Damit hatte Nicolai standesgemäß innerhalb des gutsituierten Bürgertums geheiratet; dies war ein Kreis, dem er sich stets zugehörig und verbunden fühlte. Von seiner Ehefrau hatte Nicolai in der 32jährigen Ehe acht Kinder, von denen drei schon in jungen Jahren starben. Er überlebte schließlich seine ganze Familie: die Ehefrau Elisabeth, die 1793 starb, aber auch seine drei Söhne, deren ältester, sein Reisegefährte, sich das Leben nahm, und die beiden ihm noch verbliebenen Töchter.

Nicolai war ein sehr erfolgreicher Buchhändler und Verleger. Er hatte ein sicheres Gespür dafür, was sich verkaufen ließ. Dies war nicht immer die hohe Literatur, was er aber auch nicht für nötig hielt. Andererseits war er stets darum bemüht, daß insbesondere die wissenschaftliche Literatur möglichst allgemeinverständlich und damit für ein breites Publikum interessant blieb. Seine einträglichsten Geschäfte als Buchhändler machte er mit der russischen Zarin Katharina II. Sie war von ihm als Autor des Romans „Sebaldus Nothanker" so begeistert, daß sie auch seine Dienste als Buchhändler in Anspruch nehmen wollte. Sie ließ sich ein Verzeichnis sämtlicher historischer Werke in deutscher und französischer Sprache anlegen und diese Bücher dann auch durch ihn besorgen. Außerdem plante sie, ein vergleichendes Lexikon aller toten und lebenden Sprachen herauszugeben. Nicolais Aufgabe dabei war es, die nötige sprachwissenschaftliche Literatur zu besorgen. Durch solche Aufträge, aber auch durch Selbststudium aus eigenem Antrieb sowie durch seine umfangreiche Tätigkeit als Rezensent, wurde Nicolai mit den meisten neueren wie alten Werken der schöngeistigen, aber auch der wissenschaftlichen Literatur bekannt und erwarb sich ein enormes Wissen auf den unterschiedlichsten Gebieten.

Aus diesem Grunde wurden ihm, dem Autodidakten, der kein

Hochschulstudium absolviert hatte, auch einige akademische Ehrungen zuteil. 1781, während seiner Deutschlandreise, ernannte ihn die Münchner Akademie der Wissenschaften bei seinem Aufenthalt in München zu ihrem Mitglied. 1798 nahm ihn die Berliner Akademie in ihre Reihen auf, und ein Jahr später erhielt er die Ehrendoktorwürde der Universität Helmstedt. Darüber hinaus war Nicolai Mitglied zahlreicher exklusiver Gelehrtenzirkel in Berlin. Seinem gesellschaftlichen Ansehen entsprechend, hatte er in Berlin ein stets offenes Haus für die verschiedensten gesellschaftlichen Anlässe.

Christoph Friedrich Nicolai starb am 8. Januar 1811 fast 80jährig, nachdem er, wie schon erwähnt, Frau und Kinder überlebt hatte.

Nicolai ist heutzutage etwas in Vergessenheit geraten. Deshalb soll neben seinem Lebensweg auch sein literarisches Schaffen, zumindest in knapper Form, ein wenig ins Rampenlicht gerückt werden. Dabei wird schnell deutlich, daß die Beschreibung seiner Deutschlandreise nicht isoliert, sondern nur im Zusammenhang mit seinem Leben, Denken und seinem übrigen Schaffen betrachtet werden kann.

Neben seiner beruflichen Arbeit hat sich Nicolai konstant um eine möglichst umfassende Bildung bemüht. Seine erste Arbeit, mit der er als Zwanzigjähriger in die aktuelle literarische Diskussion eingriff, war eine Studie über Milton. Sie erschien 1753 und verteidigt Milton gegen Plagiatsvorwürfe. Auch in die Literaturfehde zwischen der „Züricher Partei" um Bodmer und der „Leipziger Partei" um Gottsched mischte Nicolai sich ein. In seinen „Briefen über den itzigen Zustand der schönen Wissenschaften in Deutschland" widersprach er den beiden Literaturpäpsten und ließ keinen ungeschoren. Die Briefe, die im Stil von Lessings Literaturkritik, seinem großen Vorbild, abgefaßt waren, erschienen 1755 und machten ihn mit einem Mal in der Welt der Literaten bekannt. Nicolai hatte selbständiges Urteilsvermögen bewiesen und sich damit einen Platz in der deutschen Literaturkritik erobert.

Entscheidend für Nicolais weitere Entwicklung war die Bekanntschaft zweier Männer, aus der eine lebenslange Freundschaft wurde. Der eine, Moses Mendelssohn, war Autodidakt und Geschäftsmann wie Nicolai selbst, der andere war Gotthold Ephraim Lessing, mit dem ihn ein starkes Interesse an Literatur, insbesondere an der antiken Literatur und an der Geschichte der Philosophie, verband. Alle drei hatten sich den Prinzipien der Aufklärung verschrieben und übten durch ihre gemeinsamen literarischen Aktivitäten entscheidenden Einfluß auf die Entwicklung der deutschen Literatur aus.

Die kurze Zeit, während der Nicolai nicht durch die Buchhandlung belastet war, widmete er intensiven Studien, um seine Bildungslücken zu schließen. Dabei beschäftigten ihn besonders die alten Sprachen und die Kunstgeschichte. Doch im Herbst 1758 war diese unbeschwerte Zeit nach dem Tod seines Bruders für ihn ja bereits wieder zu Ende, obwohl die Belastungen des Geschäftslebens ihn in der Folgezeit keineswegs daran hinderten, eine reiche und fruchtbare schriftstellerische Tätigkeit zu entfalten. Drei wichtige Unternehmungen dieser Phase seines Lebens sind für die deutsche Literatur bedeutend geworden: Das erste Projekt bildete die Herausgabe und Redaktion einer Zeitschrift unter der Mitarbeit von Lessing und Mendelssohn. „Die Bibliothek der schönen Wissenschaften und der freyen Künste", 1757 erstmals erschienen, war eine Zeitschrift, die sich deutlich und wohltuend von den damaligen moralisierenden Wochen- und Monatsschriften abhob. Sie war als kritisches Organ ein deutlicher Gewinn für die Literaturkritik und stiftete sogar jährlich einen Preis für das beste deutsche Trauerspiel. Die selbstbewußte und entschiedene Haltung Nicolais und der mitunter aggressive Ton finden sich noch in Teilen der späteren Reisebeschreibung wieder; insofern sind sie richtungweisend: „Wir bitten, es nicht für Bitterkeit und Heftigkeit zu halten, wenn wir ein jedes Ding bei seinem Namen nennen, einen elenden Schriftsteller einen elenden Schriftsteller und einen öden Kopf einen öden Kopf nennen. Es ist eine Gewohnheit unter den deutschen, nützlich sein wollenden Köpfen eingerissen, kraft derer einer den anderen lobt. Wir werden dieser Gewohnheit nicht folgen." Diese Haltung machte sich Nicolai für sein restliches Leben zu eigen.

Das zweite bedeutende Unternehmen, das Nicolai wiederum mit Lessing und Mendelssohn zusammen in Angriff nahm, waren die „Briefe, die neueste Literatur betreffend", die von 1759 bis 1765 jeden Donnerstag erschienen. Nicolai hat dieses Projekt über alle Schwierigkeiten hinweg als Verleger, Redakteur und Autor betreut.

Das dritte Unternehmen, nach eigenen Worten sein „eigentliches Hauptgeschäft", das ihn über vier Jahrzehnte hinweg in Atem hielt, war die „Allgemeine Deutsche Bibliothek", ein Rezensionsorgan, dessen erster Band 1765 herauskam. Bis 1806 erschienen 286 Nummern, in denen von insgesamt 150 Mitarbeitern etwa 80000 Neuerscheinungen besprochen wurden, eine wirklich epochale Leistung. Daß die theologische Literatur dabei zeitweise ein Viertel aller Besprechungen ausmachte, zeigt die Brisanz der Thematik und macht das besondere Interesse verständlich, das auch Nicolai der theologischen Diskussion entgegenbrachte. Er kämpfte schon hier, wie fast 20 Jahre später im Reisebericht immer noch, hartnäckig und mutig gegen Mystizismus, dogmatischen Pietismus und Jesuitentum. Ganz im Geiste der Aufklärung wollte er den selbständigen Vernunftgebrauch unter den Menschen sowie klare Gedanken und Vorstellungen verbreiten.

Der Wunsch, etwas zu bewirken, war die Grundlage seiner gesamten schriftstellerischen Arbeit. So sagt er im Vorwort zu seiner Reisebeschreibung: „Denn früh erkannte ich die Pflicht, nicht bloß dem Vergnügen zu leben, sondern auch anderen nützlich zu sein. Als mich daher ein ich weiß nicht ob guter oder böser Genius antrieb, Schriftsteller zu werden, war immer mein Hauptzweck, Nutzen zu stiften." In diesem Sinne muß man die übrigens sehr erfolgreichen Bücher, vor allem die Romane Nicolais sehen. Sie sind eine besondere Form und Möglichkeit der Auseinandersetzung mit der zeitgenössischen Literatur, die er stets dann wahrnahm, wenn er meinte, die Rezension allein würde keine ausreichende Wirkung erzielen. Er ging dabei nicht zimperlich mit seinen Gegnern um: er wurde polemisch, machte sie lächerlich, stellte sie bloß, und alles mit dem Anspruch, der für sein schriftstellerisches Schaffen ebenso galt wie das oben Gesagte über die Nützlichkeit: „Diese Dinge mußten einmal gesagt werden, damit unsere Literatur dadurch nicht noch mehr verderbt werde." So kämpfte er verbissen gegen Geistesströmungen, die er für gefährlich hielt, oft aber auch nicht verstehen konnte oder wollte: den Sturm und Drang, die Romantik, die idealistische Philosophie und ihren Einfluß auf die Literatur. Dabei ließ er sich auch durch große Namen nicht abschrecken. Zu seinen Gegnern zählten Kant, Schelling, Fichte, Goethe, Schiller und andere mehr.

Die erste größere eigenständige Arbeit Nicolais war eine Topographie Berlins, die „Beschreibung der königlichen Residenzstädte Berlin und Potsdam". Die erste Auflage erschien 1769; es folgten zwei weitere, verbesserte Auflagen. Nicolai setzte mit dieser auf genauesten und umfangreichsten Nachforschungen basierenden Arbeit Maßstäbe für die Stadtbeschreibungen und die topographische Reiseliteratur seiner Zeit. Sie war außerdem verfaßt mit dem sicheren Gespür für das, was das breite Publikum interessierte und erwartete. Die Gliederung: Beschreibung der Stadt (Lage, Häuser, Straßen), Einwohner, der königliche Hof, die Verwaltungseinrichtungen, Berliner Industrie, das Kulturleben – diese Gesichtspunkte bildeten später die Grundstruktur für die Beschreibung der Deutschlandreise.

1773 erschien Nicolais erstes rein literarisches Werk, der erste Band von „Das Leben und die Meinungen des Herrn Magisters Sebaldus Nothanker". In diesem theologischen Tendenzroman nimmt sich Nicolai seines Lieblingsthemas an: der Religion. Er zeigt die hartherzige und engstirnige Verfolgungssucht des fanatischen religiösen Dogmatismus und stellt ihm die Ideale von Geistesfreiheit und religiöser Toleranz gegenüber. Ebenso werden Geniekult und Empfindsamkeit in diesem Roman als unbrauchbar für die Bewältigung der Alltagsprobleme gezeigt. Der „Sebaldus Nothanker" wurde ein „Bestseller" im wahrsten Sinne des Wortes, nicht zuletzt, weil hier ganz Deutschland und seine Bewohner Gegenstand der Romanhandlung waren und nicht fremde, ausländische Sujets. So war auch ein Schuß Patriotismus mit am Erfolg beteiligt, und Nicolai hatte wieder einmal seinen Spürsinn für unterschwellige Wünsche der Leserschaft bewiesen. Eine unangenehme Folge des Erfolgs war allerdings eine geschlossene Front von Gegnern, die Nicolais Angriffe auf die orthodoxe Lehre nicht dulden wollten.

Der Riesenerfolg, den Goethes Wertherroman erzielte, vor allem aber die Folgen des Romans, das „Wertherfieber", das schwärmerische Geister ergriff und sogar dazu verführte, wie Werther zu sterben, rief den entschiedenen Rationalisten Nicolai wieder auf den Plan, der nicht mit ansehen konnte, wie sich hier Menschen gegen jede Vernunft und zum eigenen Schaden ihren Gefühlen hingaben; überhaupt war ihm der ganze Geniekult des Sturm und Drang fremd und verhaßt. So verfaßte er eine Wertherparodie: „Freuden des jungen Werthers. Leiden und Freuden Werthers des Mannes", die 1775 in Berlin erschien. Er wollte zeigen, daß nicht nur Genies, sondern z. B. auch ein ganz nüchterner Kaufmann edel denken könne. Auch dieser Roman machte Eindruck, besonders bei den Leuten, die wie Nicolai über die Gefahren ungezügelten Gefühls dachten. Die aufklärerische

Absicht wurde von vielen Zeitgenossen durchaus erkannt, doch Goethe reagierte sehr empfindlich. In einem Brief spricht er von dem „Berliner Hundezeug", das ihm überall begegne. Die Vertreter des Sturm und Drang, die den nüchternen Rationalismus der Aufklärung überwinden wollten, sahen in Nicolai den markantesten Vertreter einer in ihren Augen überlebten Geisteshaltung. Es wurde immer deutlicher, daß hier zwei Generationen aneinander vorbeiredeten. Nicolai aber isolierte sich durch sein Engagement und das beharrliche Festhalten an seiner Überzeugung immer mehr.

Den Kampf gegen die Kantsche Philosophie führte der Wirklichkeitsfanatiker zuerst in den Besprechungen der „Allgemeinen Deutschen Bibliothek", später auch in einigen Passagen seiner Reisebeschreibung, insbesondere im Tübingenkapitel und hier exemplarisch gegen Schelling. Eine literarisch-parodistische Form fand diese Auseinandersetzung in dem Roman „Geschichte eines dicken Mannes" (1794) und „Leben und Meinungen des Sempronius Gundiberts" (1798). In beiden Romanen macht Nicolai die Anhänger des Idealismus lächerlich, indem er sie im praktischen Leben jämmerlich scheitern läßt. Dabei zeigt er die Lebensfremdheit der spekulativen Philosophen und damit die Untauglichkeit ihrer Philosophie durch eine pedantische Anwendung auf das tägliche Leben. Erst nach einer Abkehr vom Idealismus und einer Hinwendung zu dem, was Nicolai „gesunden Menschenverstand" nennt, werden seine Romanhelden wieder lebenstauglich. Kant reagierte sehr heftig in zwei Briefen „Über die Buchmacherei", in denen er Nicolai jede Zuständigkeit für Vernunfturteile abspricht und ihm vorwirft, in seiner verlegerischen Tätigkeit einzig und allein auf den zu erwartenden Profit zu sehen. Nicolai dagegen hat immer wieder betont, er habe die Kantsche Philosophie genauestens studiert. Als Beweis dafür legte er 1799 eigens eine Schrift vor „Über meine gelehrte Bildung, über meine Kenntnis der kritischen Philosophie und meine Schriften dieselbe betreffend". Doch alles Lesen und Studieren kann natürlich nicht vor möglichen Irrtümern schützen. Schon die Verwendung des Begriffs Philosophie, wie er ihn Kant gegenüber gebraucht, deutet darauf hin, daß er das Grundanliegen Kants mißverstanden hat.

Seine Verteidigungsschrift zeigt aber noch etwas anderes, nämlich daß er seine fehlenden akademischen Weihen als Mangel empfunden haben muß. Er meinte als Autodidakt, der sein Wissen im Selbststudium erworben hatte, sich ständig gegen die akademisch Ausgebildeten verteidigen und beweisen zu müssen, daß er Entscheidendes zu leisten durchaus imstande sei. Dabei hätte Nicolai eine solche pedantische Selbstdarstellung gar nicht nötig gehabt. Seine Leistungen wurden anerkannt, wie die zahlreichen wissenschaftlichen Ehrungen, die schon erwähnt wurden, beweisen.

Ein Aufklärer mit Leib und Seele ist Nicolai auch während seiner Deutschlandreise und bei der Niederschrift seines Reiseberichts geblieben. Dabei kam dennoch ein anschauliches, lebendiges Bild zustande von den Zuständen in Deutschland und vom Leben und Treiben seiner Einwohner. Dies ist eine Folge von Nicolais Hauptgrundsatz, den er bei all seinem Tun beachtete: Wenn ich etwas tue, müssen auch meine Mitmenschen, besonders meine Leser, einen persönlichen Gewinn davon haben. Nicolai reist also nicht nur zum Vergnügen, obwohl ihm die Betrachtung von Naturschönheiten und die Vielfalt der deutschen Landschaften sicher Freude bereiteten; noch mehr erfreute ihn aber emsiges Treiben, menschlicher Fleiß und Erfindungsreichtum. Seinen Beitrag zum allgemeinen Wohl sah er in der Weitergabe von Informationen und Erfahrungen: „Daher schien mir eine Reisebeschreibung ein sehr schickliches Mittel zu sein, nicht allein die bereisten Länder nach ihrem wahren Zustande in allen möglichen Gesichtspunkten, auch in Absicht auf wahre Gelehrsamkeit und gelehrte Torheiten, deutlich zu schildern, sondern auch solche Beobachtungen, Gedanken und Vorschläge mitzuteilen, welche diesen Ländern und auch dem übrigen Deutschland nützlich sein könnten und worüber so deutlich wie öffentlich zu reden sehr nötig ist." Nicolai will über die vielen Landesgrenzen hinweg gegenseitiges Verständnis in den deutschen Fürstentümern wecken, hat also auch patriotische Ziele. Dabei ist er im Grunde ein unpolitischer Mensch, denn viel eher geht es ihm um eine geistige Einigung und um das Zusammenwachsen zu einer Kulturnation. Der Gedanke an eine Änderung politischer Verhältnisse lag ihm so fern wie nur irgend etwas.

Überhaupt ist Nicolais Reisebericht nicht ganz einfach einzuordnen. Zum reinen Vergnügen reiste er nicht, das liegt auf der Hand. Eine Geschäftsreise war es auch nicht, selbst wenn geschäftliche Kontakte gepflegt wurden. Auch eine „empfindsame" Reise, wie sie zu seiner Zeit durchaus Mode war, ist es ganz sicher nicht gewesen, denn

Reisewagen und Wegmesser

II
III. (1.)

nichts lag dem eher nüchternen Rationalisten ferner, als sich seinen Gefühlen und Empfindungen hinzugeben. Für ihn war die Fahrt durch Deutschland auch keine Bildungsreise mehr, denn vieles von dem, was ihn erwartete, kannte er schon aus seiner Lektüre, und der kulturelle Aspekt (Malerei, Bildhauerei, Theater oder Architektur) kommt im Vergleich zu anderen Bereichen eher zu kurz. Als Entdekkungsreise kann man sein Unternehmen wohl auch nicht bezeichnen, denn was gab es in Deutschland schon zu entdecken: höchstens die Eigenheiten der verschiedenen Volksgruppen. Am ehesten wäre Nicolais Reise eine Gelehrtenreise zu nennen, wenngleich er nicht nur als Gelehrter unterwegs war. So vielseitig seine Interessen waren, so vielschichtig ist auch der Bericht geworden, den er über seine Reise anfertigte.

Die gewissenhaften und umfangreichen Vorbereitungen, die Nicolai traf (wozu besonders die intensive Lektüre der Werke gehörte, die es zu den Orten und Gegenden schon gab, die er zu besuchen beabsichtigte), erinnern allerdings fast an eine wissenschaftliche Expedition. Sogar einen Wegstreckenmesser ließ er sich bauen, der über die Umdrehungen der Radachse des Reisewagens die zurückgelegte Wegstrecke zu berechnen erlaubte. Auf diese Einrichtung war Nicolai besonders stolz. Er reiste also vornehmlich als Wissenschaftler und führte deshalb ein ausführliches Reisejournal, in dem er alles ihm wichtig Erscheinende festhielt, z. B. die täglich zurückgelegte Wegstrecke, aber noch unzählige andere Zahlen und Fakten. Dieses Tagebuch bildete die Grundlage für den späteren Reisebericht. Über den letzten Teil der Fahrt, den Besuch in der Schweiz und die anschließende Heimreise, wissen wir allerdings nicht sehr viel, da er von Nicolai nicht ausgearbeitet wurde. Seine Beschreibung endet mit der Ankunft in Schaffhausen.

Reiseroute und Reisebericht dienen Nicolai letztlich nur als Faden, an dem entlang er seine Beobachtungen, Gedanken und Vorschläge anordnet, die nützlich für Deutschland sein könnten. Eigentlich geht es um eine kritische Bestandsaufnahme von Deutschlands Zustand im weitesten Sinne. Dabei ist ihm eins wichtig: Wahrheiten aufzudekken und wahre Aufklärung zu bewirken, indem er unangenehme Wahrheiten auch ausspricht, weil auch die „jemand laut und dreist und schriftlich sagen muß, denn in Deutschland kann man auf Gelehrte bloß durch Schriften wirken“.

Nicolai hat viel gefunden, was er laut sagen wollte, und so wurde aus der Beschreibung seiner Reise eben kein schmales Bändchen, sondern fast eine Lebensaufgabe. Er breitet sein gesamtes Wissen vor dem Leser aus, indem er zu seinen Beobachtungen während der Reise noch seine Kenntnisse aus der vorbereitenden Lektüre hinzufügt. Dazu kommen noch aktuelle Informationen, die er unterwegs reichlich erhielt, da er ja als Herausgeber und Verleger der „Allgemeinen Deutschen Bibliothek" die besten Verbindungen hatte. Außerdem war er, wie viele Gelehrte oder Beamte seiner Zeit, Freimaurer, weshalb sich ihm Türen öffneten, die anderen vielleicht verschlossen geblieben wären. Für den Leser ist dies allemal ein Gewinn. Nach der Rückkehr und die ganze Zeit während der Abfassung des Reiseberichts prüfte Nicolai durch zusätzliche Studien und eine umfangreiche Korrespondenz widersprüchliche Daten nach, und so schwoll das Werk immer mehr an. Für ihn, den Wahrheits- und Wirklichkeitsfanatiker, war das der einzig gangbare Weg, um Wahrheiten zu finden. Alles muß von allen möglichen Seiten beleuchtet, andere Meinungen müssen dazu gehört werden, bevor ein endgültiges Urteil gefällt werden kann.

Nicolai war aber nicht nur als gelehrter Aufklärer unterwegs, sondern auch als Angehöriger des bürgerlichen Standes. Dies wird besonders an seiner Hauptperspektive, dem Gesichtspunkt der Nützlichkeit, deutlich. Er betrachtet die Welt vom Standpunkt des erfahrenen Geschäftsmannes aus. Die Förderung des Wohlstandes des einzelnen wie des ganzen Staates muß für ihn erstes Ziel menschlichen und gesellschaftlichen Strebens sein, dann erst darf man sich geistige, erbauliche Freuden leisten. Als Teil desjenigen Standes, der die Hauptlast der verschwenderischen Staatsausgaben der absolutistischen Fürsten in Deutschland mitzutragen hatte, konnte er sich für Prachtbauten und verschwenderische architektonische Schönheit nicht recht begeistern. Er konstatierte, verglich, bewunderte und anerkannte auch besondere Leistungen, doch innerlich war ihm solche Pracht fremd. Da stand ihm sein nüchterner, sparsamer, aufgeklärter Preußenkönig doch sehr viel näher, und mit Stolz berichtet er von dem großen Interesse, das das neue preußische Finanzsystem in Deutschland erregte. Für praktische Dinge, technische Verbesserungen, zur Steigerung der Produktion etwa, oder den Aufstieg eines erfolgreichen Geschäftsmannes kann er sich viel mehr erwärmen. Müßiggang aber ist ihm ein Greuel, und so fällt ihm natürlich sofort auf, daß man in München viel zu luxuriös lebt: „Es gibt mehr Goldschmiede als Tuchmacher und mehr Kaffeehausbesitzer als Wollkämmer und Spinner."

Solche praktischen Grundeinstellungen bestimmten auch weitgehend die Bereiche, denen er seine besondere Aufmerksamkeit schenkt. Alle Stationen der Reise werden nach einem festen Schema untersucht und bewertet. Nur so kann seiner Ansicht nach sinnvoll verglichen werden und ein Nutzen daraus entspringen. Der erste Untersuchungsgesichtspunkt ist topographischer Natur: die Lage der besuchten Stadt. Dabei überprüft und korrigiert Nicolai die geographischen Ortsangaben. Dann folgen statistische Angaben, wobei man Statistik im älteren Sinne als das Wissen, das ein Staatsmann besitzen sollte, wie auch im heutigen Sinne als eine geordnete Menge von Informationen aufgrund empirischer Daten verstehen darf. Nicolai beschreibt hier Regierungsformen, die Organisation von Polizeiwesen und öffentlicher Ordnung, z. B. Armen- und Waisenhäuser, die Einwohnerzahl und ihre Entwicklung, aber auch den Zustand von Handel, Industrie und Verkehrswesen. Zu allen Punkten liefert er genaue Zahlen, denn er ließ sich z. B. die Geburten- und Sterberegister zeigen. Danach erst fällt er ein Urteil. Es kommt bestimmt nicht von ungefähr, daß ihm ausgerechnet die Universität Helmstedt, an der Statistik 1690 erstmals als Lehrfach eingerichtet wurde, den Ehrendoktortitel verlieh. Auf diesem Gebiet hat Nicolai sicherlich wissenschaftliche Pionierarbeit geleistet; staatliche statistische Erhebungen waren nämlich damals nicht allgemein üblich, ungenau und keinesfalls der Öffentlichkeit zugänglich.

Als nächster Gesichtspunkt der Untersuchung folgt in der Regel der Bereich der Publizistik, in dem Nicolai ja Fachmann war: Zeitungen und Zeitschriften, Bibliotheken, Buchhandlungen, Druckereien und Verlage werden begutachtet.

Ein Bereich, den er in fast jeder Stadt genau und kritisch unter die Lupe nimmt, ist das Schul- und Erziehungswesen. Durch leidvolle Erfahrungen in seiner eigenen Jugendzeit geprägt, sind ihm alle Schulen, die den Geist der jungen Menschen gängeln, einengen oder gar abstumpfen und abtöten, zutiefst zuwider. Die schlimmsten Vertreter solcher Art von Erziehung sind für ihn die Jesuiten, aber auch die kirchlichen Schulen in Württemberg bleiben nicht ungeschoren, wenn sie den Menschen seines selbständigen Verstandesgebrauchs berauben. Latein als Unterrichtsfach und das Kompendienpauken hält Nicolai für die geisttötendsten Tätigkeiten eines Schülers und lobt viel lieber praktische Fächer wie Naturwissenschaften und Zeichnen, wie er sie in seinem letzten Schuljahr in Berlin genießen konnte. Nicolai war ein fleißiger und disziplinierter Arbeiter, anders hätte er sein ungeheures Pensum gar nicht bewältigen können, doch wenn Disziplin und Ordnung sich darin erschöpfen, daß die Schüler in Zweierreihen und im Gleichschritt zum Essen marschieren, hält er sie für unnütz und sinnlos. Die Szene in der Militärakademie in Stuttgart, als die Karlsschüler gewissermaßen auf Kommando den Löffel in die Suppe tauchten, mußte ihn geradezu grotesk anmuten. Dagegen kann er sich, der ja selbst eine große Familie hatte, herzlich freuen, wenn die Schüler im Tübinger Stift trotz „gelehrter" Uniform ihre Natürlichkeit bewahrt haben und noch auf der Straße herumraufen und einander Schneebälle nachwerfen.

Ein weiteres besonderes Anliegen für Nicolai war stets die Religion. So ist sie natürlich auch Thema seines Reiseberichts. In Süddeutschland sah er sich als entschiedener Protestant mit einem blühenden Katholizismus konfrontiert. Aus seinem harten und gewiß manchmal ungerechten Urteil kann man erahnen, wie schockiert, in eigenen Worten geradezu „angewidert", er von Heiligenverehrung, Beweihräucherung und Aberglauben war. Es war für einen protestantischen Aufklärer einfach zuviel, wenn er erfahren mußte, daß man hier gegen Blitzschlag nicht Blitzableiter, sondern geweihte Glöckchen einsetzte, oder wenn man ihm erzählte, daß gegen Tollwut eine Wallfahrt besser und wirkungsvoller sei als ärztliche Versorgung. In solchen Fällen verurteilt er verständnis- und geradezu gnadenlos. Auch daß die katholischen Buchhändler mit Heiligenlegenden, mit asketischen oder erbaulichen Schriften in Bayern ein enormes Geschäft machen, während die evangelischen Kollegen um ihre Existenz kämpfen müssen, obwohl sie doch die „besseren" Bücher verkaufen, bringt ihn in Rage. So meldet er seinen norddeutschen protestantischen Lesern alarmiert und schockiert: Der Katholizismus und die Gegenreformation sind mehr denn je auf dem Vormarsch!

Wir leben heute in einer Zeit, in der die Religionen eher zusammenrücken als gegeneinander so klar Front beziehen. Doch im 18. Jahrhundert war dies noch anders. Die theologische Diskussion sowohl innerhalb als auch zwischen den Konfessionen beherrschte das gesellschaftliche Leben. Lessing und seine Auseinandersetzung mit Goeze oder auch Nicolai selbst sind dafür beredte Zeugen. Das sollte man als heutiger Leser ebenso berücksichtigen wie die einseitige und entschiedene Haltung, die in diesen Fragen zu Nicolais Wesen gehört. Somit konnte es nicht die Aufgabe des Herausgebers sein, hier vermittelnd einzugreifen.

Unbestrittene Leistungen erbrachte Nicolai für die Soziologie und die Volkskunde, wozu auch seine Beobachtungen zu sprachlichen, insbesondere mundartlichen Phänomenen gehören. Aus München berichtet er z. B. vom Räuberunwesen, das zu seiner Zeit gewiß keine bayerische Spezialität war, dort aber offenbar verstärkt auftrat. Nicolai begnügt sich dabei ebensowenig mit einer reinen Beschreibung dieser unerfreulichen Erscheinung wie mit seiner reinen Ablehnung. Er sucht Erklärungen, damit eine Besserung überhaupt möglich wird. Dabei greift er auch auf Äußerungen der Delinquenten zurück, soweit er sie in Erfahrung bringen konnte. So gibt er den Bericht des sogenannten „Bayerischen Hiesels" wieder, der sich im Straßenräubergewerbe einen so großen Namen gemacht hatte, daß man sogar seinen Hund hinrichtete und anschließend ausstopfte, um ihn schließlich im Naturalienkabinett auszustellen. Dieser „Hiesel" hatte in einem Brief an den Kurfürsten seinen Werdegang erzählt und vergeblich um Verständnis gebeten. Persönliche Not und Hunger hätten ihn zur Wilderei getrieben und damit kriminalisiert. So begann ein Teufelskreis, der ihn zum Straßenräuber und Mörder werden ließ und schließlich an den Galgen brachte. Sein Schicksal ist nur eins von vielen.

Genauso interessant, doch ungleich unterhaltender, sind Nicolais Versuche, die Volkscharaktere von Bayern und Schwaben zu bestimmen. Er beweist dabei recht viel Einfühlungsvermögen und Gerechtigkeitssinn für volkstümliche Eigenheiten. Er räumt z. B. mit dem Vorurteil auf, die Schwaben seien etwas langsam im Denken, weil man ihnen nachsage, sie würden erst mit 40 Jahren gescheit. Die Bayern sind für ihn wiederum weniger oberflächlich als die Österreicher, dafür hält er sie für einen etwas derben, aber dennoch gemütlichen und in sich gefestigten Menschenschlag. Nur störte Nicolai ein wenig, daß sie allzu hartnäckig dem katholischen Aberglauben verfallen waren. Auch einen Hang zu lautstarker, bierseidelschwingender

Fröhlichkeit glaubte er an ihnen zu entdecken. Fast patriotisch wird er bei der Feststellung, die Ernährung habe Einfluß auf den Volkscharakter. Knödel, die Lieblingsspeise der Bayern, sind nach Nicolais Ansicht für einen norddeutschen Gaumen schlichtweg ungenießbar und sollen – damit noch nicht genug –, in Massen und zusammen mit dem dicken Bier genossen, nicht wenig zu dem phlegmatischen Wesen und der Dummheit des einfachen bayerischen Mannes beitragen. Über schmackhafte Kartoffelgerichte, wie man sie nur in Sachsen und Brandenburg zubereite, läßt er nichts kommen, und daß die bayerischen Bauern zwar Kartoffeln anbauen, aber nur als Schweinefutter verwenden, ist für ihn ein weiterer Beweis für deren Einfalt. Die Schwaben scheinen Nicolai fast sympathischer zu sein. An ihnen lobt er, daß sie so viele scharfsinnige Köpfe hervorgebracht haben; sie sind seiner Meinung nach treuherzig und ohne Arglist und strahlen Ruhe und Zufriedenheit aus.

Unbestreitbar ist Nicolais Reisebericht eine Fundgrube für volkskundlich interessierte Forschungen und wird hierfür auch reichlich genutzt. Neben seinen Charakterstudien berichtet er auch ausführlich über Sitten und Gebräuche und beschreibt Kleidung oder Tracht der einzelnen Volksstämme wie auch der verschiedenen Stände.

Der Besuch in Tübingen gibt ihm schließlich die Gelegenheit, sich mit der spekulativen Philosophie auseinanderzusetzen. Das verleitet ihn zu herrlichen Wortattacken, bei denen die beiden Herren Schelling arg gezaust werden. Hier zeigt sich die ganze Abneigung Nicolais gegen eine von ihm als unnütze Zeitverschwendung und Scharlatanerie eingeschätzte Betätigung. Die spekulativen Philosophen „scheuen das helle Tageslicht, sie graben viel lieber in den tiefen muffigen Kellern der Spekulation, um bei dem armseligen Lämpchen ihrer Deduktionen ihre Haarspalterei auf nie geahnte Höhen zu treiben". In gleicher Weise macht er sich über die tiefsinnigen indischen Philosophen lustig, die in „mühevoller, transzendentaler Betrachtung es immerhin so weit gebracht hatten, ihre eigenen Nasenspitzen zu erkennen". Für Nicolai zählt nur das praktische tätige Leben, und wahre Erkenntnis und Weisheit könne nur aus der Erfahrung einer praktischen Betätigung kommen und nicht aus einer Studierstubengelehrtheit. So schätzt er die Männer, die einem nützlichen Beruf nachgehen, auch sehr viel höher ein. „Diese haben dabei durch praktische Erfahrung in Geschäften von sehr verschiedener Art, durch

Umgang mit Menschen von mancherlei Ständen und Charakteren, durch Beobachtungen, welche die verwickelten Kollisionen des Laufs der Welt nur allein an die Hand geben können, ihre Kenntnisse geprüft und können ihnen daher eine Anwendung geben, welche von der in der Studierstube gar sehr verschieden ist." Den Gelehrten legt er das ans Herz, worum er sich selbst stets bemüht hat, nämlich „für das große gemischte Publikum zu schreiben und dasselbe näher kennenzulernen, nach seinen Bestandteilen, nach seinen Bedürfnissen, nach seinen Eigenheiten, ja auch nach seinen Grillen und Vorurteilen".

Damit sind die Problemfelder kurz umrissen, denen Nicolai in seiner Reisebeschreibung besondere Aufmerksamkeit widmet. Im Rahmen des vorliegenden Bandes war es nicht möglich, der ganzen Vielfalt seines Wissens und seiner Kenntnisse in aller Ausführlichkeit Rechnung zu tragen. Einschränkungen erschienen notwendig. Um aber das breite Spektrum des Dargebotenen soweit wie möglich zu erhalten, wurden die soeben skizzierten Hauptgesichtspunkte in Schwerpunkten auf die einzelnen Kapitel verteilt, so z. B. die Untersuchung zur Regierungsform auf die Kapitel, die den beiden Residenzstädten München und Stuttgart gewidmet sind, die Religion auf die München- und Augsburgkapitel, Handel und Gewerbe auf die Abschnitte über die beiden Reichsstädte Augsburg und Ulm und schließlich Wissenschaft und Universitätswesen auf den Tübinger Teil.

Eine weitere Einschränkung verlangte der gewaltige Umfang des ganzen Werkes, das, wie schon gesagt, zwölf Bände mit etwa 6000 Seiten umfaßt. Die ersten sechs Bände behandeln, neben der Reise nach Nürnberg und weiter nach Wien, sehr ausführlich die Stadt Wien. Deshalb wurde der zweite Teil der Reisebeschreibung ausgewählt, der die Fahrt durch ganz Süddeutschland zum Gegenstand hat, was aber immer noch bedeutete, einen reichen Fundus einzuschränken. Die Auswahl berücksichtigt folgende Forderungen: Die Vielfalt des Nicolaischen Werks sollte erhalten bleiben und das erzählerische Moment gegenüber dem rein statistischen betont werden. Weggelassen wurden vor allem Stellen, die zu sehr eine Wiederholung bedeutet hätten. Das gleiche gilt für das umfangreiche Zahlenmaterial. Die ausführlichen Anmerkungen, die Nicolai zur Stützung eigener Behauptungen anfügte (wobei er oft selbständige Arbeiten aus der eigenen Feder oder anderer Autoren als Fußnoten abdruckte), konnten nicht übernommen werden. All dies hätte den Rahmen eines Reiseberichts in der vorliegenden Reihe gesprengt.

Auch waren einige sprachliche Eingriffe notwendig. Sie erfolgten so behutsam wie möglich. Hauptsächlich ging es dabei um die Anpassung von Orthographie und Interpunktion an den heute üblichen Gebrauch. In abgemilderter Form gilt gleiches für den Satzbau, der bei Nicolai mitunter etwas umständlich und langatmig ist. Trotzdem sollte die Eigenart des Autors nicht verlorengehen, vor allem nicht, wenn in ironischen Passagen sein Humor aufblitzt, den er bei allem Ernst für seine Arbeit durchaus besessen hat. Veraltete, heute ungebräuchliche Ausdrücke wurden ohne besondere Anmerkung durch modernere ersetzt, wie sich überhaupt die Anmerkungen besonders auf Namen, Begriffe und Sachverhalte beziehen, die zumindest einer kurzen Erläuterung bedürfen.

Ulrich Schlemmer

1. KAPITEL

## München

*Die Stadt – Der Hofstaat und die Regierung – Industrie und mechanische Kunstfertigkeit – Gelehrsamkeit und die Schönen Künste – Aberglaube und Religion – Der Nationalcharakter der Bayern – Das Räuberunwesen in Bayern – Sitten und Gebräuche – Die Mundart der Bayern*

München hat vor vielen Städten, selbst vor dem großen Wien, den Vorzug, daß es von ihm eine in neuerer Zeit erschienene, vollständige Beschreibung gibt, die einem Fremden als Leitfaden dienen kann. Man verdankt sie Herrn Prof. Westenrieder*[1]. Ich weiß sehr wohl, daß daran viel und zum Teil mit Recht Kritik geübt worden ist, aber im großen und ganzen gehört dieses Werk doch zu den wenigen wirklich nützlichen Städtebeschreibungen. Eine solche Aufgabe scheint nicht schwer zu sein, denn man hat ja alles, was man beschreiben will, vor Augen. So dachte ich auch, bis ich mich selbst an eine solche Beschreibung machte. Doch die Erfahrung hat mich inzwischen die Schwierigkeiten gelehrt, eine solche Menge von Gegenständen, wie sie sich in einer großen Stadt zeigen, unter dem rechten Gesichtspunkt zusammenzufassen, dabei das Bemerkenswerte auszuwählen und es kurz und doch klar zu beschreiben. Die erste Ausgabe meiner Beschreibung von Berlin*[2] war, obgleich ich größten Fleiß darauf verwendet hatte, noch sehr unvollkommen.

München ist eine Stadt von mittlerer Größe, und im allgemeinen sind die Gassen hier viel breiter als in Wien. Die Kaufingergasse, die Neuhausergasse, das Tal u. a. sind alle breit genug. Der Platz oder Markt, wo die Hauptwache ist, hat recht ansehnliche Häuser, unter denen sich Arkaden wölben. Auf diesem Platz steht ein vergoldetes Bildnis der Jungfrau Maria auf einer hohen marmornen Säule, um deren Basis man geharnischte Engel damit beschäftigt sieht, Ungeheuer zu zerhauen. Der Jesuitenpater Crammer*[3] erklärt dazu in seinem Werk „Das deutsche Rom", wie er München nannte: „Die vier Tiere sind eine Natter, ein Basilisk*[4], ein wilder Löwe und ein Drache. Diese vier Tiere symbolisieren die vier Übel eines Landes: anstekkende Luft und Krankheiten, Hungersnot, Krieg und die Ketzerei."

Die Residenz oder das kurfürstliche Schloß ist ein ungeheuer großes Gebäude, ohne rechten Zusammenhang und mit einer schlechten Symmetrie, von dem 1750 noch dazu ein Teil abgebrannt und bisher nicht wieder aufgebaut worden ist. Man hat im Schloß aber immer noch genug Platz übrig, denn es ist so weitläufig, daß es acht Höfe einschließt. Es ist schwer, von der heterogenen Gestalt dieses Bauwerks eine klare Vorstellung zu vermitteln. Von außen ist die Residenz an vielen Stellen mit Marmor verkleidet. Die zweieinhalb Geschoß hohe Hauptfassade, unter dem Kurfürsten Maximilian I.*[5] erbaut, ist zwar nach damaligem Geschmack mit tischlerhaften Verzierungen überladen, und die beiden übereinanderstehenden dorischen und ionischen Säulenreihen sind etwas kurz, wie es bei Gebäuden der damaligen Zeit oft vorkommt, aber man kann doch nicht leugnen, daß diese Fassade etwas Wohlgereimtes und eine dem Auge sehr gefällige Harmonie der Teile aufweist. Die rechte Ausstrahlung eines landesherrlichen Schlosses hat sie aber doch nicht. Ich hätte das Gebäude eher für eine reiche Prälatur gehalten, zumal die Jungfrau Maria als Patronin von Bayern groß davor steht.

Das Innere des Schlosses ist sehr prächtig, was auch in vielen Büchern gelobt wird. Einem nachdenklichen Betrachter aber muß beim Anblick dieser vielen Kostbarkeiten die lange Reihe der Landesherren einfallen, welche teils wirklich Talent und Unternehmungsgeist hatten, wie z. B. Maximilian I. und Maximilian Emanuel*[6], teils nur sehr viel guten Willen und Liebe zu ihrem Land. Und doch wurden sie alle von ihren Mätressen, ihren Ministern und – noch viel schlimmer – von ihren Beichtvätern irregeleitet und davon abgehalten, soviel für ihr Land zu tun, als sie selbst eigentlich tun wollten. Statt dessen weideten sie sich an eitlen Vergnügungen, stumpfen Andachtsübungen – die Gottesdienste heißen – und seelenlosem Prunk. Schon unter der Regierung des eher tapferen als glücklichen Kurfürsten Maximilian Emanuel hatte Bayern 1726 durch dessen unmäßige Neigung zur Pracht 30 Millionen Gulden Schulden. Zu ihrer Verzinsung konnten der Landschaft*[7] jährlich kaum ein Siebtel der fälligen Zinsen angewiesen werden. Gleichwohl dachte man weder an Sparsamkeit noch an Ordnung. Allein an den Bau und die Möblierung der Zimmer der Residenz wurden unmäßige Summen verschwendet. Kaiser Karl VII.*[8] hinterließ dem Land bei seinem Tode 42 Millionen Gulden als Schulden, die Hofschulden nicht mitgerechnet. Unter

Das Rathaus in München

seinen Gemächern findet man unter anderem eines, das von 1723 bis 1729 fertiggestellt wurde und völlig mit rotem Samt, der überreich mit Goldfäden bestickt wurde, ausgeschlagen ist. Diese Einrichtung soll allein eineinhalb Millionen Gulden gekostet haben, und man sagt, die Stickereien wiegen für sich schon 24 Zentner.

Trotz aller Pracht kommt einiges in diesem Schloß nicht so recht zur Wirkung. Ein berühmter Künstler aus Flandern, Peter de Witte, auch Candido*[9] genannt, hat für den größten, unter Maximilian errichteten Teil der Residenz sämtliche Entwürfe für die Ausschmükkung gemacht.

Außer einem Springbrunnen – ebenfalls nach Plänen von Candido erbaut – im sogenannten Brunnenhof ist das Schönste an dieser Residenz eine herrliche Treppe aus rotem Marmor, deren Gewölbe auf vier mächtigen marmornen Säulen ruht. Sie liegt im Winkel eines öden, mit Gras bewachsenen Hofes, dem Kaiserhof, und von ihr gelangt man in den sogenannten Kaisersaal. Dieser größte Saal ist in seiner Anlage recht gut proportioniert, doch sah es darin etwas traurig aus. Die Wände waren mit alten, künstlerisch unbedeutenden Hautelissetapeten*[10] verkleidet, und die schönen großen Fenster waren zu meinem Erstaunen mit altmodischen Butzenscheiben verglast. Man hatte allerdings damit begonnen, größere Glasscheiben einzusetzen. Da hier auch Konzerte veranstaltet werden, so ist an einem Ende des Saales eine Erhöhung für das Orchester angebracht. Neben dem Kaisersaal befindet sich noch ein kleinerer, der seinen Namen von dem Deckengemälde hat, das man darin bewundern kann. Es stellt Apollon mit vier weißen Pferden dar, und so heißt der Saal der Schimmelsaal. Er ist, mit Florentiner Marmorplatten ausgelegt, eigentlich sehenswerter als der Kaisersaal. Über die Galerie, die im Grunde ein mit Bildern vollgehängter, geräumiger Korridor ist, gelangt man, wenn man sich nach links wendet, über eine Treppe in den Hofgarten. Nach rechts geht es zum sogenannten Hofgang. Auf diesem Weg kann die Hofgesellschaft, wenn es ihr sehr fromm zumute ist, in insgesamt sieben Kirchen oder auch, wenn sie sehr fröhlich gestimmt ist, ins Opern- und Komödienhaus gelangen. Unter den Räumen der Residenz, die man noch erwähnen muß, sind die Zimmer der Kaiserin Amalia. Hier, wo an Vergoldungen nicht gespart wurde, findet man sehr schöne Tapeten in herrlichen Farben aus der Münchner Hautelissemanufaktur; die Kartone dazu hat Christian Wink*[11] gemalt. In den Gemächern der Kaiserin findet man jede Menge herrlicher Spiegel und bemerkenswerte Miniaturgemälde. In einem Raum hängt ein Kronleuchter aus Elfenbein, dessen menschlichen Figurenschmuck Kurfürst Maximilian eigenhändig gedrechselt haben soll.

Außer der Hofkapelle, die recht hübsch eingerichtet ist und in der gewöhnlich der Hofgottesdienst gehalten wird, existiert noch eine weitere, 1607 erbaute Kapelle, in der viele, kostbar in Gold und mit Edelsteinen gefaßte, Reliquien aufbewahrt werden. Diese Kapelle wird sehr bewundert und die *schöne* Kapelle genannt. Besser wäre es, man hieße sie die kostbare, denn eigentlich schön ist sie nicht, obwohl sie mit Marmor und Jaspis ausgelegt ist. Alle Verzierungen sind als Kunstwerke schlecht oder phantasielos gearbeitet, gerade so, wie es sich für eine Reliquien-Rumpelkammer schickt. Man braucht schon viel Geduld, um das dumme Zeug, das einem bei Führungen über die Reliquien erzählt wird, ohne Lachen oder ein Zeichen des Widerwillens anzuhören.

Im Erdgeschoß des Schlosses befindet sich ein großer gewölbter und etwas feuchter Saal, das Antiquarium. An seinen Wänden sind auf Kragensteinen etwa 200 Brustbilder aus verschiedenen Epochen angebracht. Auf Tischen liegen Köpfe und andere Antiquitäten, jedoch gibt es keine außergewöhnlichen Stücke darunter. So schien mir ein Modell der Residenz, an dem man die unregelmäßige Gestalt des gesamten Gebäudekomplexes mit seinen acht Höfen recht gut überblicken kann, beinahe das Interessanteste zu sein. Am Modell wird auch deutlich, daß der 1750 abgebrannte sogenannte Neubau der schönste Teil der ganzen Residenz war.

Das Opernhaus hatte man für die 500 000 Gulden erbaut, die das Haus Bayern für den Verzicht auf Ansprüche an die Herzogtümer Mirandola und Guastalla bekommen hatte. Es ist nicht größer als ein gewöhnliches Schauspielhaus und hat vier, allerdings sehr prächtig ausgestattete, Logenreihen. Zu Karneval werden hier alljährlich italienische Opern aufgeführt, und bei Besuchen fremder Herrschaften spielen auch einmal deutsche Schauspieler.

Nicht weit vom Paradeplatz entfernt liegt die Wilhelminische Residenz, die viele auch die Herzog-Max-Burg nennen, und gleich daneben steht das Jesuitenkollegium, mit dessen Bau Herzog Wilhelm V.*[12], der Fromme, im sechzehnten Jahrhundert begann. Allgemein gilt dieses Gebäude als das prächtigste Jesuitenkollegium der Welt, so wie das in Prag das größte ist. Seit der Aufhebung des Ordens sind aber nur noch vier Landeskollegien in dem riesigen Gebäude untergebracht: die Oberlandesregierung, der Hofrat, der Geistliche Rat und die Schulkommission. Im Vordergebäude ist außerdem noch das Gymnasium und in einem hinteren Teil die Marianische Landakademie.

Das Kollegium wurde zusammen mit der dazugehörigen Hofkirche St. Michael von 1583 bis 1597 errichtet. Der Baumeister war ein Steinmetz namens Wolf Müller. Die Kirche ist 284 Fuß lang und 114 breit und hat ein schönes, hohes Tonnengewölbe, das majestätisch und edel wirkt. Es ruht auf korinthischen Wandpfeilern mit vergolde-

Die Hofkirche Sankt Michael

ten Kapitellen. Die Basis der Pfeiler besteht, wie auch der gesamte Kirchenboden, aus Marmor. Der ganze Kirchenraum ist in einfachem Weiß gehalten, weist wenig Vergoldung auf und ist durch keine Bilder geschmückt, mit Ausnahme der Altäre und zweier Beichtstühle. Auf halber Höhe stehen in Nischen auf marmornen Säulen die zwölf Apostel, von Krumpeter gestaltet. Die einfache Schlichtheit in der Anlage und der Verzierungen und die großen wohlproportionierten Massen des Gemäuers vereinigen sich zu einem angenehm überraschenden Gesamteindruck. Es findet sich in Deutschland schwerlich ein Gebäude aus dem sechzehnten Jahrhundert, das so erhaben und edel in seiner Anlage ist. Wolf Müller, dessen Namen bisher unverdientermaßen in Vergessenheit geriet, müßte wegen dieses Meisterstücks unter die ersten Baumeister Deutschlands gezählt werden.

Die Augustinerkirche und das Kloster sind vom Jesuitenkollegium nur durch die sogenannte Weite Gasse getrennt. Die Kirche ist gotisch und wirkt von innen sehr hoch und sehr hell, denn als sie vor wenigen Jahren verputzt wurde, hat man eine allzu helle Farbe genommen. Als wir die Kirche besichtigten, beteten gerade die Novizen, die aber schon recht große Kerle waren. Wie sehr wünschte ich mir eine Reißfeder, um die einander so ähnlichen Gesichter zeichnen zu können, um zugleich die Züge dieses dummen, fanatischen Anspannens, vereint mit der Ergebenheit in einen quietistisch blinden Gehorsam, festzuhalten, so wie sie sich in diesen schlappstarren und starrschlappen Novizengesichtern zeigten. Es gibt kaum eine Gelegenheit, die Menschheit mehr erniedrigt zu sehen, als bei der Betrachtung einer solchen Mönchsszene.

Die Augustinerkirche hat einen reichen Schatz an festlichen Ornaten, an Geräten für den Gottesdienst und an Reliquien. Obwohl ich gar keine Lust hatte, mir diesen Schatz zeigen zu lassen, so mußte ich doch, wider meinen Willen, den Zahn der heiligen Apollonia besichtigen, als ich am Hochaltar, vorne im Chor, das herrliche Altargemälde von Tintoretto bewundern wollte. Ich war aber nicht so sehr von dem Zahn gefesselt, als vielmehr von dem Gesicht des ehrlichen Laienbruders, der uns herumführte und uns mit einer gutherzigen Geschäftigkeit drängte, damit wir uns den Anblick eines ihm so wichtigen Heiligtums ja nicht entgehen ließen. Hätte er nicht ein nervöses Zucken der Augenlider gehabt, ich hätte mich an den Klosterbruder in Lessings „Nathan dem Weisen“ erinnert gefühlt.

Mehr will ich von Kirchen und Klöstern in München nicht berichten, obwohl sich noch sehr viel hinzufügen ließe, denn Kirchen und Klöster beanspruchen mehr als ein Drittel der gesamten Grundfläche der Stadt. Die übrigen ansehnlichen Gebäude und Paläste sind nicht sehr zahlreich, und die schönsten von ihnen stehen in der Nähe der Residenz.

Die bürgerlichen Häuser sind zwar teils recht geräumig, doch sieht man nur selten wirklich schöne Fassaden. Gewöhnlich sind die Häuser zwei bis vier Geschosse hoch, und fast immer ist der Innenraum schlecht eingeteilt. Ich habe kaum einmal eine brauchbare und geschmackvolle Raumaufteilung gefunden. Die Möblierung ist durchweg sehr schlicht und viel einfacher, als man in einer Stadt vermuten würde, die zumindest bei Hofe und bei den Vornehmen sehr großen Luxus kennt.

Die Straßen sind, wie schon gesagt, ziemlich breit und einige auch leidlich gerade, obwohl München ebensowenig wie Wien planmäßig gebaut wurde. Jede Menge Kirchen, düstere Klöster mit langen, häßlichen Fassaden, hin und wieder ein Palast und sehr viele solide gebaute Bürgerhäuser beherrschen das Stadtbild. Die Straßen sind recht ordentlich gepflastert und werden rein gehalten, allerdings ist hier auch weniger Verkehr als in Wien. Wenn man von dort kommt und das beständige Schwirren auf den Gassen gewohnt ist, dann erscheint einem München fast tot. Die Straßen werden, allerdings nur im Winter, beleuchtet.

Ganz in der Nähe des Komödienhauses steht eine sehr praktische Einrichtung, der Wasserturm, denn mit dem Wasser, das auf eine Höhe von 55 Fuß hinaufgepumpt wird, speist man nicht nur die beiden Springbrunnen zu beiden Seiten der Mariensäule, sondern vom Turm führen auch unterirdische Kanäle in viele Gassen und von da direkt in zahlreiche Bürgerhäuser. So haben viele Häuser ihr eigenes Wasser. Außerdem sind die Kanäle bei Feuersbrünsten sehr nützlich, denn es ist sogleich Löschwasser zur Hand. Über die genaue Zahl der Gebäude in München gibt es unterschiedliche Meinungen, im allgemeinen spricht man aber von etwa 2000 Häusern.

Überaus groß, wie in vielen katholischen Ländern, ist die Zahl der Bettler. Man kann sie auf allen Straßen und vor allen Kirchentüren finden. Die Ursache der schändlichen Bettelei liegt keineswegs im Mangel an Armenanstalten, woran es gar nicht fehlt, sondern in der überflüssigen und unmäßigen öffentlichen Vergabe von Almosen. Wie in fast allen großen Städten leben nur sehr wenige Almosenempfänger gänzlich davon. Der weitaus größte Teil erhält die Almosen als eine Art Zuschuß zum eigentlichen Einkommen, teils wegen Kinderreichtums, teils wegen Krankheit. Hinzu kommt, daß die Almosenvergabe, wie in anderen katholischen Gegenden auch, als ein gutes und frommes Werk angesehen wird.

Die Barmherzigen Brüder machen wie an anderen Orten viel Aufhebens von ihren Spitälern, doch wird im Grunde der größte Teil des Geldes für unnütze Zeremonien und die Verpflegung der Mönche ausgegeben. Die bekannteste Almosenanstalt Münchens, der sogenannte *Liebesbund* oder die *Liebesversammlung der schmerzhaften Mutter Gottes*, von der im Kirchenboten, in den *Ephemeriden der Menschheit* und anderen Journalen viel zuviel Aufhebens gemacht wird, ist eine förmliche Bruderschaft, die vom Papst mit dem Ablaß versehen ist. Ihre Mitglieder versammeln sich, um Messen zu hören und Rosenkränze zu beten. Daher werden die Almosen dann auch oft an Betbrüder und anderes Gesindel vergeben, das dieser Gaben nicht würdig ist. Weitaus nützlicher, wenn auch lange nicht so bekannt wie der Liebesbund, ist die *Mildtätige Gesellschaft* in München. 1779 von dem geistlichen Rat Kollmann und dem Gastwirt Albert gegründet, war die Zahl der freiwilligen Mitglieder bis 1781 schon auf 203 angestiegen; unter ihnen gilt der Kurfürst ebenso wie ein Bauer. Diese Gesellschaft verlangt überhaupt keine Andachtsübungen und gibt an laufende Bettler grundsätzlich keine Gaben, denn ihren Hauptzweck sieht sie darin, verarmte Bürger oder sogenannte schamhafte Arme aufzusuchen, sie zu unterstützen und arme Kinder bei Handwerkern unterzubringen, damit sie etwas lernen können.

Zum Schluß will ich eine wohltätige Verordnung des jetzigen Kurfürsten nicht unerwähnt lassen, die bestimmt, daß alle unehelichen Kinder, die im Waisenhaus zum heiligen Geist erzogen werden, ein Legitimationspatent*[13] erhalten. Um diese Maßnahme hat sich der Staatsminister Graf Morawizky sehr verdient gemacht, und sein Unternehmen verdient Nachahmung in allen Ländern.

Man kann nicht behaupten, daß durch die große Anzahl von Beamten, die es hier gibt, Bayern besser verwaltet würde als andere Länder. Die öffentliche Meinung ist eher vom Gegenteil überzeugt: überall gebe es zahllose Mißbräuche, Aberglaube, Müßiggang und Völlerei seien im Volk weit verbreitet, und in gleichem Maße fehle es an Industrie und nützlichen Künsten. In vielen Schriften wird öffentlich behauptet, daß eine große Anzahl von Ländereien ungenutzt bliebe und daß Straßenraub und Diebstahl auch durch zahlreiche Hinrichtungen nicht verhindert werden könnten. Da ich dies nicht nur einmal hörte, muß es wohl wahr sein.

Dabei gibt man dem Regenten gar nicht die Schuld an diesen Mängeln, sondern vielmehr dem Einfluß von einigen Günstlingen und dem Klerus. Der bei seinen Untertanen allgemein beliebte Kurfürst Maximilian Joseph, dessen Namen auch heute noch mit Entzücken genannt wird, hat viel Gutes für sein Land erreicht. So hat ihm Bayern weitreichende Presse- und Zensurfreiheit, die Errichtung der *Akademie der Wissenschaften* in München, Verbesserungen im Schulwesen und weitere nützliche Einrichtungen zu verdanken. Der gutherzige Kurfürst sah leider nicht, wie sich einige seiner Günstlinge und Minister an seinen armen Untertanen bereicherten. So konnte sich die Wirtschaft, einer völlig unpraktischen Zollordnung wegen, kaum entwickeln. Auch die Gesetze waren unzulänglich und hart, und die Todesurteile nahmen so sehr überhand, daß 1774 in München fast jede Woche zwei bis drei Missetäter hingerichtet wurden. Der jetzige Kurfürst*[14] wird von seinen Untertanen fast ebenso geliebt wie sein Vorgänger. Sie sind überzeugt davon, daß er das Gute fördern will und das Böse verhindern möchte. Er kann aber mit seinen guten Absichten nicht durchdringen, so gern er das auch will, denn noch immer hat der Klerus einen zu großen Einfluß und verhindert jede weitere Aufklärung mit allen Mitteln. Dafür gibt es zahlreiche Beispiele. So gibt man noch immer Personen, die von einem tollwütigen Hund gebissen worden sind, keine Arznei, sondern berührt sie mit dem St. Hubertusschlüssel*[15]. Noch im Jahre 1783 verbreitete man die Legende, ein Marienbild der St. Peterskirche in München habe die Augen bewegt. Es bleibt nur zu hoffen, daß unter diesem Regenten, der ja das Gute will, auch noch viel Gutes geschehe.

Handel und Gewerbe haben in München, wie in ganz Bayern, einen schweren Stand. Das kommt vor allem von den umständlichen Formalitäten und den unzweckmäßigen Gesetzen, mit denen der Unternehmungsgeist behindert wird. So kostet jede Gewerbeerlaubnis Geld, und den Handwerksmeistern will man vorschreiben, daß sie nicht mehr als einen oder zwei Lehrburschen ausbilden dürfen. Vergleicht man die Zahl der Betriebe, die nützliche Güter herstellen, mit der Anzahl der Betriebe, die Luxuswaren erzeugen, so ergibt sich auch hier ein bezeichnendes Bild. Es gibt in München z. B. mehr Goldschmiede als Tuchmacher und mehr Kaffeesieder und Kaffeehausbesitzer als Wollkämmer und Spinner. Als man dann begann, in Bayern Fabriken und Manufakturen einzuführen, fing man es ebenso verkehrt an. So gibt es zwar in München eine Manufaktur für Hautelissetapeten und eine, die Gold- und Silberwaren herstellt, aber man ist nicht in der Lage, so viel ganz gewöhnliches Tuch herzustellen, wie man benötigt.

Über die Entwicklungs- und Förderungsmöglichkeiten des Manufakturwesens bestehen hier die seltsamsten Vorurteile. So fragte mich einmal in München ein ansonsten verständiger Mann allen Ernstes: „Essen die Handwerker und Manufakturarbeiter in Berlin und Brandenburg eigentlich überhaupt warme Mahlzeiten?“ Als ich die Frage bejahte und mich erstaunt nach dem Grund dafür erkundigte, versicherte man mir glaubwürdig, ein ehemals in Bayern bedeutender Mann habe einem Patrioten auf dessen frommen Wunsch nach mehr Industrie geantwortet: „Hier in Bayern ist es ganz unmöglich, an Manufakturen zu denken, lieber Mann. Es ist einfach sinnlos, denn unsere Arbeiter wollen einfach zwei warme Mahlzeiten am Tag und ihr Bier dazu trinken. In Sachsen, Schlesien und Brandenburg essen die Leute niemals warm und trinken nur Wasser, deshalb blühen dort die Manufakturen so auf.“

Es gibt in ganz München nur wenige wirklich erwähnenswerte Betriebe. Die Münchner Spielkarten z. B. sind im Ausland sehr bekannt. Besonders viele werden nach Polen ausgeführt. Auch ganz vorzügliche Malerpinsel, wohl die besten in ganz Deutschland, werden in München hergestellt. Es sind drei Schwestern, die dieses Geschäft betreiben.

Sehr viel bedeutender als die Industrie sind einige mechanische Künstler*[16], die hier ansässig sind. Der bemerkenswerteste von ihnen ist ein gewisser Joseph Gallmayr. Als Bauernsohn hat er sich ohne jede fremde Anleitung zu einem geschickten Mechaniker ausgebildet. Er verdient Bewunderung, obgleich seine Phantasie der Anordnung und Ausführung seiner Werke oft sonderbare Züge verliehen hat. Schon als zehnjähriger Bauernjunge hat er eine funktionstüchtige Sonnenuhr gebaut. Später erlernte er zuerst das Schusterhandwerk, verlegte sich dann aber doch auf die Uhrmacherkunst. Dabei vereinigte er seine beiden Talente auf wundersame Weise: So hat er dem vorigen Kurfürsten ein Paar Schuhe gemacht, in die Repetieruhren eingebaut waren, wofür er dann zum kurfürstlichen Trabanten*[17] ernannt wurde. Unter seinen Werken sind 52 besonders hervorragende Kunstwerke der Feinmechanik. Dazu gehören ein als Türke gekleideter Flötenspieler, eine weibliche Figur, die Orgel spielt, und zwei Hündchen, die sich bewegen und Wasser lassen können. Um 1780 begann er das Modell für eine Maschine zu entwerfen, die mit Windrädern Wasser aus Sumpfgebieten abpumpen und so die Moräste trockenlegen sollte. Solche Mühlen sind in Holland und Holstein nichts Unbekanntes, ob aber seine Maschine in Bayern, wo sie sehr hilfreich und nützlich wäre, fertiggestellt und für brauchbar befunden wurde, das weiß ich nicht. Eines ist aber sicher: Das Talent dieses erfinderischen Mannes hat in München so wenig Aufsehen erregt, daß er, um überhaupt leben zu können – man kann es kaum glauben –, Kaffee ausschenken mußte!

Die *Münchner Zeitung* erscheint täglich, wird von einem Herrn Drouin verfaßt und vom Buchdrucker Bötter herausgebracht. Daneben erscheint montags, dienstags, donnerstags und freitags ein Blatt von etwa acht Seiten Umfang unter dem Titel *Staats-, gelehrte und vermischte Nachrichten*. Hierin erfährt man vor allem politische Neuigkeiten. Zweimal in der Woche, nämlich am Mittwoch und am Sonnabend, kommen die *Münchener wöchentlichen Nachrichten* heraus. Es handelt sich dabei um eine Art Intelligenzblatt*[18] mit Nachrichten, die die Stadt betreffen, wie die Ankunft wichtiger Persönlichkeiten, die Geburts- und die Totenlisten. Kennt man dieses Organ, dann versteht man auch folgendes Epigramm, das ich in einer Münchner Zeitung fand:

*Faust nimmt die Zeitung her und spricht:*
*ei, seht nur da!*
*Schon wieder London, Haag, Paris, Amerika!*
*Was Henker schert mich all der Bettel!*

*– Geduld, Herr Faust! das Mittwochsblatt,*
*das nichts aus fremden Ländern hat,*
*Bringt was für Sie – den Totenzettel!*

Mit dem sehr viel bekannteren *Münchner Intelligenzblatt zum Dienst der Stadt- und Landwirtschaft, des Nahrungsstandes und der Handlung*, einer Wochenschrift von etwa einem Bogen Umfang, darf man das oben genannte Blatt allerdings nicht verwechseln. Das Münchner Intelligenzblatt wird von Hofkammerrat Kohlbrenner seit 1776 herausgebracht und enthält vor allem statistische Nachrichten*[19] aus Bayern, aber auch, und das ist bemerkenswert, Auszüge aus protestantischen Büchern.

Außerdem erscheinen monatlich die *Bayerischen Beiträge zur schönen und nützlichen Literatur*, die verschiedene für Bayern wichtige Beiträge enthalten. Sie wurden von 1779 bis 1782 von Herrn Westenrieder herausgegeben und 1783 durch Westenrieders *Jahrbuch der Menschengeschichte* ersetzt, wovon allerdings nur ein Band in zwei Teilen herausgekommen ist. Als weitere Publikation wären noch die *Annalen der bayerischen Literatur von 1778 bis 1782* in drei Bänden zu erwähnen. Hierin werden nicht nur für den angegebenen Zeitraum Neuerscheinungen bayerischer Autoren besprochen, sondern auch allgemeinere wichtige literarische Nachrichten. Daneben gibt es noch den *Pfalzbayerischen literarischen Almanach* und den *Pfalzbayerischen Hof- und Staatskalender*, der immer noch jährlich erscheint.

Für den Vertrieb sorgen insgesamt drei Buchhandlungen, und gedruckt werden sämtliche Erscheinungen in drei Druckereien. Papier wird in Bayern eigentlich ziemlich viel gemacht, doch es ist meist grau und sehr dick. Es scheint, daß man in den dortigen Papiermühlen keinen Holländer*[20] hat oder ihn nicht recht zu gebrauchen weiß. Man klagt, wie an anderen Orten auch, vor allem über den Mangel an Lumpen, was sich aber in den nächsten zehn bis zwölf Jahren nicht ändern wird.

Ich wußte zwar, daß Bayern einige verdiente Gelehrte hat, wußte aber ebensogut, wieviel Macht dort die stumpfe Bigotterie und der Aberglaube noch haben. Als ich nun nach München kam, war ich auf eine sehr angenehme Weise überrascht, denn ich fand Aufklärung und Gedankenfreiheit sehr viel weiter verbreitet, als ich mir vorgestellt hatte. So ist es doch eine Untersuchung wert, herauszufinden, wer hier den Samen des Guten geweckt und den vormals so dürren Boden für seine Entfaltung vorbereitet hat. Ich glaube, Bayern hat dies vor allem dem berühmten Ickstadt zu verdanken, einem Manne von großen Talenten, der Weltmann und Gelehrter zugleich war. Bei einem Englandaufenthalt in seiner Jugendzeit hatte er die Liebe zu unbefangener und von religiösen Vorurteilen freier Denkart entdeckt. In Marburg erwarb er sich als ein Schüler Wolfs*[21] gründliche philosophische Kenntnisse, und Graf Stadion, ein Mann, dessen Verdienste noch nicht recht gewürdigt werden, brachte ihn endlich nach München. Hier war Ickstadt zunächst Lehrer und Erzieher des Kurprinzen und späteren Kurfürsten Maximilian Joseph. Er bemühte sich, dessen Geist, der durch die übliche Erziehung sehr eingeengt war, zu erweitern, und legte den Grundstein für die Achtung der Gelehrsamkeit und der freien Denkart und für die tolerante Gesinnung, die der Kurfürst während seiner Regierungszeit bewies. Ickstadt machte die bedeutendsten Werke protestantischer Autoren schon vor 40 Jahren in Bayern bekannt und gab seinen Studenten an der Universität Ingolstadt die Werke eines Leibniz, eines Wolf, Pufendorf, Grotius und anderer in die Hand. Überzeugt davon, daß die Lektüre nützlicher Werke den Geist am sichersten befreit, bewog er den Kurfürsten, eine sehr milde Zensur einzuführen. So konnten in Bayern zu einer Zeit, da sie in den übrigen katholischen Provinzen noch gänzlich unbekannt waren, fast alle protestantischen Bücher gelesen werden. Ein Grund, warum strenge Zensurmaßnahmen auch sonst nur schwer durchzuführen gewesen wären, liegt darin, daß protestantische Buchhändler aus Augsburg und Nürnberg seit langem die Münchner Messen besuchten und hier protestantische Bücher schon immer früher zu kaufen waren als z. B. in Wien.

Unter dieser Regierung wurde auch die *Akademie der Wissenschaften* zu München im Jahre 1759 gestiftet und zwar hauptsächlich aufgrund der Bemühungen des Geheimrates von Osterwald. Auch er hatte unter Wolf studiert, und so wurden Philosophie und Geschichte, die beiden sichersten Führerinnen des menschlichen Geistes, als Ziele der Bemühungen der Akademie festgesetzt; später kamen noch die schönen Wissenschaften hinzu, da sie ja ebenfalls den Geist beflügeln. Die Akademie hat auf dem Gebiet der bayerischen Geschichte sehr viele Entdeckungen gemacht und wichtige Erläuterungen dazu geliefert. Die Bände der historischen Abhandlungen geben deutliche

Beweise dafür. Sie sind gesammelt in den *Monumenta Boica* und enthalten eine große Zahl an wichtigen Urkunden und sehr viele Abbildungen.

Die philosophische Klasse der Akademie bekam schon wenige Jahre nach ihrer Einrichtung Gelegenheit, einen für Bayern und für die Aufklärung in diesem Lande wichtigen Schritt zu tun: Don Ferdinand Sterzinger griff in einer viel beachteten Rede, die er 1766 vor der Akademie hielt, den Aberglauben und die Hexerei scharf an. Die Pfaffen, die sich die Einkünfte, die sie von ihren Zaubersegen und Exorzisationen*[22] hatten, nicht nehmen lassen wollten, machten einen gewaltigen Lärm. Doch unter dem Schutz der Akademie durften die Streiter gegen den Aberglauben viel freier schreiben, als ihnen sonst möglich gewesen wäre. Die Streitigkeiten um diese Rede bewirkten bei vielen ein gründliches Nachdenken über die Falschheit und Nichtigkeit abergläubischer Grillen.

Kurz vor meiner Ankunft in München hatte die Akademie beschlossen, auch fremden Gelehrten, die sich dort eine Zeitlang aufhielten, den Zutritt zu ihren Versammlungen zu gestatten. Ich war der erste, der diese Erlaubnis erhielt. Gleichzeitig widerfuhr mir die ganz unerwartete Ehre, daß ich in einer Sitzung als Ehrenmitglied in die Akademie aufgenommen wurde. Ich konnte, unvorbereitet, wie ich war, meine Dankbarkeit nur sehr schwach ausdrücken, aber ich empfinde es zutiefst als eine Ehre, Mitglied einer Gesellschaft so würdiger Gelehrter zu sein.

Die Akademie ist in einem ansehnlichen, großen, nicht völlig ausgebauten Haus untergebracht. Es steht in der Schwabinger Straße und gehörte früher einer Gräfin Fugger, einer Mätresse des Kurfürsten Karl Albert*[23]. So heißt das Gebäude auch heute noch Fuggerbau. Dort besichtigte ich das Naturalienkabinett der Akademie, ihre Sammlung physikalischer, optischer und anderer Instrumente und eine umfangreiche Sammlung mechanischer Modelle. Unter diesen blieb mir besonders ein Saal voller Arbeiten bayerischer Erfinder in Erinnerung.

Im gleichen Gebäude konnte ich damals noch die kurfürstliche Hofbibliothek besichtigen, die inzwischen in den Studentensaal des ehemaligen Jesuitenkollegiums gebracht wurde. Die eigentliche kurfürstliche Bibliothek soll ungefähr 80000 Bände enthalten, die ihr einverleibte Jesuitenbibliothek, die damals noch gesondert stand, etwa 23 000 Bände. Sehr viele Bücher sind dadurch doppelt vorhanden, um so mehr vermißte ich neuere Werke. Dafür gibt es über 500 wertvolle Handschriften und Erstdrucke, die gleich hoch geschätzt werden wie die Handschriften. Unter anderem sah ich eine alte Ausgabe von Wolfram von Eschenbachs Gedichten von 1477 und den Gral*[24] in 41 Kapiteln, gleichfalls von 1477.

Eigentlich sollte die Hofbibliothek eine öffentliche Bibliothek werden, was aber bisher noch nicht geschehen ist, und so hat München keine einzige öffentliche Bibliothek.

Deutsche Schauspiele werden sonntags, dienstags und freitags im alten Opernhaus aufgeführt. Der Direktor, Herr Marchand, ist ein großer starker Mann, der sehr laut deklamiert, aber auf der Bühne eine gute Figur macht. Ich sah eine Aufführung des *Adjutanten* von Brömel, und mir fiel dabei auf, welche enormen Schwierigkeiten das deutsche Schauspiel allein dadurch hat, daß bei Stücken, die in Norddeutschland geschrieben wurden, und besonders bei Lustspielen, die sich auf lokale Sitten beziehen, die Schauspieler wie auch die Zuschauer viele Stellen gar nicht verstehen können. Umgekehrt wird dasselbe gelten.

Das deutsche Theater in München besteht noch nicht sehr lange und ist doch schon auf verschiedene Art berühmt geworden. So besaß es schon vor zehn Jahren eine Roeseul. In jüngerer Zeit sind verschiedene patriotische Schauspiele hier in München entstanden, die trotz ihrer etwas groben Anlage größte Aufmerksamkeit verdienen. So sind *Agnes Bernauerin* und *Otto von Wittelsbach* in ganz Deutschland berühmt, und man kann behaupten, daß die Schaubühne des benachbarten Wien seit beinahe 40 Jahren kein Stück geliefert hat, das sich nur annähernd mit diesen beiden Werken messen könnte. Der Stoff solcher patriotischen Dramen ist aus der bayerischen Geschichte genommen, und sie scheinen so recht für Bayern gemacht zu sein. Das Publikum liebt auch eher Stücke, in denen große Charaktere auftreten und strenge Sitten geschildert werden, als Wiener Piecen oder Übersetzungen französischer Theaterstücke. Desto mehr wunderte ich mich, als 1781, nach zwei Aufführungen des *Otto von Wittelsbach*, alle vaterländischen Stücke verboten wurden. Diese Maßnahme scheint mir sehr widersprüchlich zu sein. Wäre es denn nicht sinnvoller, die Schriftsteller zu ermuntern, solche patriotischen Schauspiele zu verfassen? Der edle Geist der Freiheit würde der bayerischen Nation doch nur von Vorteil sein. Vermutlich war es aber gerade dieser Geist der Freiheit, der vielen Mächtigen nicht gefiel und dieses Verbot bewirkte. Wenn ich mich nicht irre, so war es gerade das Schauspiel *Ludwig der Bayer*, das man wegen der darin enthaltenen Gesinnung nicht aufführen lassen wollte. In diesem Stück weissagt ein Hellseher namens Abdenago dem Kaiser Ludwig folgendes:

*Siehst brennen dort den Vatikan*
*in lichterlohen Flammen?*
*Der Gallier facht die Flamme an,*
*zu fluchen deinem Namen.*
*Die Klerisei spricht: Amen!*

*Wirst rufen zu Jehowa laut,*
*Anbeten sein Gericht.*
*Er wird verzeihen; – doch seine Braut,*
*Die Kirch', verzeihet nicht*
*Dem, der ihr widerspricht!*

Welche große und wichtige Wahrheit, die vor, zu und nach Kaiser Ludwigs Zeiten die Geschichte aller Jahrhunderte bestätigte, liegt doch in den drei letzten Versen. Selbst wenn in diesem Schauspiel nur diese Zeilen den Mächtigen ein Dorn im Auge sein könnten, ist doch leicht einzusehen, daß in einem Land, in dem der Klerus so viel Macht hat, eine solche Wahrheit nicht fortgepflanzt werden kann und daß man, um Freimütigkeit zu unterdrücken, lieber alle vaterländischen Schauspiele verboten hat. Alle mönchischen Albernheiten dagegen sind erlaubt, wenn z. B. die Augustiner ihre Fastnachtsspiele oder die Kinder des Waisenhauses geistliche Singspiele wie *Die vom Himmel gesegnete Liebe zwischen Isaak und Rebecca* aufführen. Ist das nicht allerliebst?

Ein wirklich beeindruckendes Erlebnis war für mich das Spiel des kurfürstlichen Orchesters. Die berühmte Mannheimer Kapelle ist ja bekanntlich jetzt in München, und ihr hoher, scharfer Ton, wie auch die unglaubliche Sicherheit in der Handhabung des Bogens, macht dieses Orchester in ganz Deutschland unverkennbar. Ich gestehe, obwohl ich vom Mannheimer Ensemble eine sehr hohe Meinung hatte, so übertraf doch das Spiel der kurfürstlichen Kapelle in München alle meine Erwartungen. Ich wußte bei den ersten 32 Takten des Allegros gar nicht, wie mir geschah.

Gleich beim Hofgarten wird eine eigene Galerie gebaut, in der einmal alle Gemälde aus München sowie die aus Nymphenburg und Schleisheim ausgestellt werden sollen. Die Sammlung wird dann also mehr als 800 Bilder enthalten, worunter einige ganz vorzügliche sind. Bei meinem Besuch lagen die meisten Bilder in einem großen Saal noch übereinandergestapelt, und viele Stücke wurden gerade gereinigt. So konnten wir wenig sehen, doch bemühte sich der Galerieinspektor, selbst ein begabter Künstler, in der liebenswürdigsten Weise, uns wenigstens einige der besten Stücke zu zeigen. Besondere Beachtung verdienen darunter die folgenden Werke:

Eine Maria mit dem toten Jesus im Arm soll von Raphael sein. Ich bin kein großer Kenner, doch nach dem zu urteilen, was ich von Raphael in Dresden und Wien gesehen habe, bezweifle ich, daß das Münchner Bild von ihm stammt. Da aber anscheinend jede Galerie ihren Raphael haben muß, so will ich nicht weiter widersprechen. Von wem auch immer dieses Bild gemalt worden sein mag, so ist es doch eines der vortrefflichsten Bilder. Der innige Schmerz in dem an die Wangen des Toten geschmiegten Gesicht der Maria ist unnachahmlich ausgedrückt, und auch die Farbgebung ist sehr naturgetreu. Der „Kindermord zu Bethlehem“ von Rubens ist ein Stück mit sehr vielen Figuren und zeugt von großer Kunst, sowohl in der Komposition als auch im Detail. Dennoch mußte ich den Blick davon abwenden, und meines Erachtens sollte ein so gräßlicher Vorgang nicht gemalt werden. Das Schreckliche wie auch das Erhabene können sehr wohl zum Gegenstand der Künste werden, aber nicht das Ekelhafte und Gräßliche, denn Menschlichkeit und moralisches Gefühl sollten den Künstler bei seiner Arbeit leiten. Rubens hat in der Wahl seiner Themen sehr oft gefehlt, wenn er z. B. den dümmsten Mönchsaberglauben oder die abgeschmacktesten Jesuitenlegenden durch seine Kunst ehrwürdig darstellt. Stellt ein großer Künstler, so wie hier, gräßlichen und kalten Mord dar, ohne den Betrachter durch den Gegensatz menschlicher Empfindungen zu beruhigen, so schwindet leicht die Hochachtung für ihn. Doch Rubens’ „Frau mit dem Kinde“ versöhnte mich wieder mit dem Künstler. Dieses Bild ist so voll ruhiger Anmut, voll süßem Ausdruck häuslicher Glückseligkeit, was man bei Rubens seltener findet als erhabene oder erschreckende Inhalte. Besonders beeindruckt haben mich außerdem noch zwei sehr schöne große Gemälde von Domenichino*[25] und einige ganz ausgezeichnete Werke von van Dyck.

Der Katholizismus ist in München so tief verwurzelt wie in Wien, ja, ich meine sogar, noch tiefer, denn was in Wien an äußerlichen Mißbräuchen wenigstens abgestellt wurde, das ist in München noch voll im Schwange. Nur die Karfreitagsprozession ist ganz abgeschafft worden, und bei der Fronleichnamsprozession werden einige ganz tolle Dinge nicht mehr geduldet; so sah man am Karfreitag früher immer einen vermummten Herrgott und vermummte Juden, außerdem eine Menge Kerle, die sich geißelten und große Kreuze schleppten. Bei der Fronleichnamsprozession führte man sonst immer große papierne Figuren mit, Drachen z. B., die an die 40 Fuß hoch waren und deren langen Schwanz immer ein als Teufel verkleideter Bursche nachtragen mußte. Man sah aber auch noch andere Ungeheuer, die von Kerlen, die sich darunter versteckten, bewegt wurden und dabei allerhand lächerliche Figuren machten. Dazu kamen jede Menge Engel und Ritter, z. B. der Erzengel Michael in einem silbernen Harnisch und zu Pferde, begleitet von Pauken und Trompeten. Luther und Calvin verspottete man durch eine gehässige und lächerliche Darstellung. Auf einer langen Reihe von Tragegestellen waren ganze Legenden und anderes dummes Zeug dargestellt.

Bringt man in München abends das Venerabile*[26] zu einem Kranken, so wird aus den Fenstern aller am Weg liegenden Häuser aus Andacht ein Leuchter mit einer Kerze herausgehalten, solange das Venerabile in der Nähe ist. Dies ergibt eine possierliche, fortlaufende Beleuchtung. Wird jemand am Fastnachtsdienstag, wo in München wie in allen katholischen Ländern wacker getrunken und gegessen wird, nach Mitternacht noch im Wirtshaus angetroffen, so bringt man ihn auf die Wache, denn Schlag zwölf muß das liederliche Leben aufhören und die Andacht beginnen.

Am ersten Tag unseres Münchenaufenthaltes zog am Himmel ein bedrohliches Gewitter auf, und sofort wurde in jedem Haus ununterbrochen mit einem geweihten Lorettoglöckchen geläutet. Ich wußte nicht, was der viele Glockenklang bedeutete, und glaubte, in der Nähe führe man eine große Zahl beladener Esel vorbei. Da lachte man mich aus und erklärte mir, daß, soweit der Schall des Glöckchens

Im Inneren von Sankt Michael

reiche, der Blitz nicht einschlagen könne. Geschehe dies aber dennoch, so sei es nur ein Zeichen fehlendes Glaubens und Gottvertrauens der betroffenen Familie. Ich besitze die *Münchnerische Andachtsordnung* oder das Verzeichnis der Gottesdienste und Andachten, so wie sie in den Kirchen das ganze Jahr durch gehalten werden. Sie ist elf kleingedruckte Bogen stark*[27], und man ist wirklich erstaunt, daß es kaum einen Tag im Jahr gibt, an dem nicht mit unnützen Andachten, Ablässen, Litaneien, Vespern und ähnlichem die Zeit vergeudet wird. Der Hof ist so devot, daß er in der Kapelle zu Loretto sogar auf eigene Kosten zwei Kapellane unterhält, wie ich aus dem Hof- und Staatskalender für 1785 ersehen kann.

In Bayern und der Oberpfalz gibt es 28 709 Kirchen und Kapellen, eine Zahl, die in gar keinem Verhältnis zur Anzahl der Ortschaften und der Bevölkerungszahl steht, denn nach Einzingers *Abriß des heutigen Kurfürstentums Bayern**[28] gibt es im Lande – ohne die Pfalz – 35 Städte, 94 Flecken*[29], 1478 Dörfer und 4720 Schlösser oder Adelssitze. Alle Einwohner aber ergeben sich in übertriebener Weise mechanisch ablaufenden Andachtsübungen. Bruderschaften, Prozessionen, Wallfahrten, Litaneien, Gnadenbilder, Amulette, Ignazbleche, Skapuliere*[30], geweihte Kerzen und was der Fratzen mehr sind, werden von allen Ständen hoch geehrt. So konnte Crammer bei der Ankunft des Papstes Pius VI. zu Recht loben, *daß in alle Teile Deutschlands Ketzereien sich eingeschlichen hätten, aber nie in das allzeit katholische Bayern*. Das Land hat aber nicht nur allzeit den katholischen Glauben behalten, sondern, was viel schlimmer ist, allzeit jeden katholischen Aberglauben wuchern lassen.

Und doch fingen schon vor mehr als zwölf Jahren verschiedene Patrioten an, das Übel einzusehen, und wollten ihm auch abhelfen. So wurden wichtige Schritte zur Beseitigung des Aberglaubens unternommen, und angesichts der zahlreichen Hindernisse für ein solches Unternehmen sind ihre Bemühungen bewundernswert. So hat Bayern den Ruhm, daß hier unter allen katholischen Staaten in Deutschland die Aufklärung zuerst Fuß fassen konnte. Doch seit dem Papstbesuch ist die Förderung der Aufklärung eher rückläufig, und der Aberglaube nimmt wieder zu. Dafür kann ich ein Paradebeispiel nennen.

Im Januar 1784 verwundete ein tollwutverdächtiger Hund in den Straßen Münchens insgesamt 13 Personen. Die Geschädigten wurden alle aufs Rathaus befohlen, wo ihnen der Vizeoberjägermeister bekanntgab, daß sie nach St. Hubert im österreichischen Geldern*[31] gebracht würden, um dort durch die Wunderkraft des Heiligen, dessen Leichnam dort begraben liege, vor dem Ausbruch der Tollwut bewahrt zu werden. Schließlich ermahnte er sie noch, ein Vaterunser und ein Ave Maria zu Ehren des Heiligen zu beten. Man ließ die Leute tatsächlich ohne jede ärztliche Hilfe, ja, einem Garnisonsarzt, der schon angefangen hatte, einen verletzten Soldaten zu kurieren, wurde dies strengstens untersagt, da sich darin ein Mißtrauen in die göttliche Allmacht ausdrücke. Sämtliche von dem Hund verwundeten Personen mußten bei größter Kälte den weiten Weg antreten. Drei der Unglücklichen starben schon unterwegs, ob an den Folgen der Verletzung oder an einer anderen Krankheit, hat man nicht erfahren. Dabei war es nicht einmal sicher, ob der Hund, den man mit 250 anderen, ganz friedlichen Artgenossen sogleich erschossen hatte, wirklich tollwütig gewesen war. Das letztere ist schon allein deshalb sehr unwahrscheinlich, weil die gebissenen Personen trotz ihrer Verletzungen noch Kraft und Gesundheit genug hatten, um eine Reise von mehr als 100 Meilen durchzustehen. Die zehn, die lebend in St. Hubert anlangten, mußten sogleich beichten, das Abendmahl empfangen und durften außerdem neun Tage lang nur kaltes Schweinefleisch und geweihtes Wasser zu sich nehmen. Dann öffnete man ihnen ein wenig die Kopfhaut und tat eine Reliquie von der Stola des Heiligen hinein, die einwachsen sollte. Im April kamen sie schließlich nach München zurück und sollten fortan lebendige Zeugen für die Wunderkraft des heiligen Hubertus sein. Die ganze Geschichte klingt so unglaublich, daß man sie, wäre sie nicht in öffentlichen Zeitungen berichtet und von zuverlässigen Leuten bestätigt worden, für baren Unsinn halten müßte.

Ich glaube, kein einziges Land in Deutschland wird vom Klerus so sehr bevormundet wie Bayern, das noch nicht einmal einen einzigen bayerischen Bischof hat. Die Bischöfe von Salzburg, Freising, Regensburg, Eichstätt und Augsburg teilen sich die geistliche Gerichtsbarkeit in Bayern. Zu dieser ausländischen Macht gesellt sich noch eine sehr starke bayerische Geistlichkeit. Sie besitzt das Mark des Landes und hat zusammengenommen beinahe so viele Ausgaben wie der Landesherr. Der Fonds der sogenannten mildtätigen Stiftungen soll 60 Millionen Gulden betragen. So haben die Mönche und die Jesuiten, die keine Mönche sein wollen, aber noch viel schlimmer als diese sind, das Land unter sich aufgeteilt. Alles in allem stehen 180 Männer- und Frauenklöster auf bayerischem Boden, darunter sind 80 Prälaturen und ansehnliche Klöster. Was für prächtige und weitläufige Gebäude dies sind, und wie reich die Einkünfte der Prälaten, Äbte und Pröpste sein müssen, kann man leicht erahnen, wenn man nur einmal die Abbildungen der Klöster und Prälaturen betrachtet, die die *Akademie der Wissenschaften* zu München hat stechen lassen und jedem Bande ihrer *Monumenta Boica* vorangestellt hat. Kein regierender Fürst müßte sich schämen, darin zu wohnen.

Die Jesuiten haben, auch wenn sie offiziell als aufgehoben gelten, in allen katholischen Ländern nichts oder doch nur wenig verloren, am allerwenigsten in Bayern. Sie haben dort bei Hofe und auf dem Lande noch immer den allergrößten Einfluß, und im Grunde geschieht nichts, was sie nicht wollen.

Kommt man von Wien nach München, so fällt jedem, der auch nur ein klein wenig aufmerksam beobachtet, ein deutlicher Kontrast in sehr vielen Dingen auf. In anderen Bereichen gibt es hingegen auch recht viele Gemeinsamkeiten, schließlich beherrschten vor 900 Jahren die Bayern Österreich. Erst seit etwa 200 Jahren hat sich das Verhältnis umgekehrt, und Bayern wurde von dem beständig mächtiger werdenden Österreich immer abhängiger. Die beiden Nationen haben außerdem gemeinsame kulturelle Quellen, die gleiche Mundart und dieselbe Religion. Ungeachtet der unübersehbaren Gemeinsamkeiten bleibt der Gegensatz in einzelnen Bereichen immer deutlich erkennbar, oft schon auf den ersten Blick.

Kommt man z. B. aus dem Menschengedränge Wiens, so fällt sofort auf, daß in München alles sehr viel stiller zugeht. Auf den Gassen ist mehr Platz und in den Häusern kein solches Gedränge hin- und hergehender Besucher. In den Münchner Straßen ist recht wenig Verkehr, während einem in Wien das Rasseln der Räder gar nicht mehr aus den Ohren geht. Auch die Einwohner beider Städte unterscheiden sich allein schon in ihrem Äußeren. Der Bayer hat im ganzen kein so oberflächliches Wesen wie der Österreicher, ist nicht so aufgeregt in den Bewegungen und hat einen bedächtigeren Gang mit festem Tritt. Man begegnet in Bayern vielen Menschen von untersetzter Statur. Viele sind stark, breitschultrig und nur selten schlank. Im einfachen Volk entdeckte ich viele runde Köpfe und Bierwänste; aber in

Heiligenbildnis für die Gebärende

diesen dicken Körpern steckt Kraft. Das erkennt man sofort am Gang, der selten watschelnd oder schwankend ist, auch wenn der Körper unbeholfen wirkt. Selbst der gemeine Mann sieht jedem keck in die Augen. Doch sein Blick wäre viel angenehmer, hätte nicht die stumpfe Bigotterie, die seit 100 und mehr Jahren in Bayern herrscht, unauslöschlich einen gewissen stumpfen und gedankenlosen Zug über alle Gesichter verbreitet. Bei gebildeten und gut erzogenen Leuten ist dies zwar etwas gemildert, doch bleibt der Charakterzug unverkennbar. Die jungen Leute geringeren Standes sehen sehr gesund und kräftig aus, was besonders bei den Mädchen ins Auge fällt. Hier verknüpft sich eine innere Kraft mit Schönheit zu einem sehr angenehmen Gesamteindruck.

Der Charakter der bayerischen Nation ist in verschiedenen Schriften mit guten und mit schlechten Zügen beschrieben worden. Selbst der Verfasser der *Briefe eines Franzosen* urteilt nicht eben vorteilhaft. Anselmus Rabiosus sagt sogar: *Der Bayer ist falsch, grausam, aber-*

*gläubisch und verwegen.* Das ist allerdings höchst ungerecht, denn die Bayern sind grob, aber nicht hart, derb, aber nicht grausam, dreist und keck, aber nicht verwegen. Abergläubisch sind sie freilich, und die einfachen Leute sind dazu noch faul und dem Trunke ergeben. Daß sie falsch sind, kommt im einzelnen wie überall vor, aber von der Nation insgesamt kann man das bestimmt nicht behaupten. Vielmehr ist im einfachen Volk bei einem äußerlich plumpen und groben Wesen biedere Treuherzigkeit weit verbreitet. Unwissenheit, die beständige Begleiterin des Aberglaubens, ist freilich in allen Ständen in unglaublichem Ausmaß vorzufinden, weil die Erziehung in einem Zustand ist, den man sich nicht schlechter denken kann. In dem Maße, wie Bayern von Klöstern und von der Geistlichkeit überschwemmt ist, fehlt es im ganzen Land an Schulen. Oft gibt es in einem ganzen Amtsbezirk nur eine einzige Schule, und die Schulmeister, die darin unterrichten, sind sehr schlecht ausgebildet. So kommt es, daß nur ein Drittel der bäuerlichen Bevölkerung in Bayern schreiben und lesen kann. Selbst die Erziehung des Adels ist hier weit mehr vernachlässigt als in Österreich, denn die Geistlichkeit, die das Land seit Jahrhunderten am Gängelband führt, kam dabei noch immer auf ihre Kosten, wenn sie die jungen Adeligen, mit denen die wichtigsten Ämter im Land besetzt werden, in Unwissenheit hielt. Wenn sie nur fromm blieben, so hat der Klerus gerne ihre Liebe zur Jagd, zum Spielen, zum Schmausen und zur Buhlerei und allen anderen sinnlichen Vergnügungen begünstigt. Deshalb sind heutzutage gerade die obersten Stände sehr ausschweifend.

Diese unerfreulichen Erscheinungen gehören zwar zum Charakter der Bayern, doch deshalb wage ich noch nicht, die bayerische Nation insgesamt zu verurteilen. Warum die Bayern immer wieder härter beurteilt werden als andere Nationen, hat verschiedene Ursachen. So nimmt ihre äußerliche Rauheit nicht gerade für sie ein. Ein Volk, das ein geselligeres und einnehmenderes Wesen hat, wird freundlicher beurteilt, auch wenn ihm die Kraft der Bayern fehlt. Hinzu kommt, daß die Bayern wegen des Urteils anderer über sie wenig Aufhebens machen. So, wie sie sind, wollen sie auch bleiben, und dieser Stolz verdeckt manche gute Seite an ihnen. Daß es den Bayern auch nicht an Geisteskraft fehlt, zeigt sich daran, daß es, trotz der enormen Hindernisse von seiten der Kirche, talentierten Männern immer wieder gelingt, sich auszuzeichnen. Die Bayern sind rauhe Naturburschen, voller Trieb, voller Kraft, die nur recht geleitet werden müßten. In einem solchen Volk könnte der Samen der Aufklärung bestimmt viel besser gedeihen als bei einer verzärtelten und weichlichen Nation, die zwar viel mehr sinnliche Politur hat, der es aber an freimütigem Denken fehlt. Einer Nation wie der bayerischen muß nur Lust geschaffen werden, damit die Gedanken der Aufklärung nicht ersticken. Bisher ist aber leider, mit einer kurzen Ausnahme, stets das Gegenteil geschehen.

Ein anderer Vorwurf, der den Bayern auch sehr oft gemacht wird, betrifft die vielen Raubüberfälle, die sich im ganzen Land ereignen. Anselmus Rabiosus sagt zu diesem Problem: *In Bayern sind die Landstraßen zu beiden Seiten mit Galgen bepflanzt, so wie sie in Ländern, die ein besseres Polizeiwesen haben, mit Maulbeerbäumen bepflanzt werden.* Dies ist eine kindische Übertreibung, doch ist es wahr, daß Diebstahl, Straßenraub und Mord in Bayern viel häufigere Delikte sind als in anderen Staaten, und wenn man Galgen sieht, so sind sie selten leer. Aber ich glaube wiederum nicht, daß man hieraus auf einen besonders schlechten Charakter des einfachen Mannes schließen darf. Es liegt vielmehr daran, daß er schlecht behandelt und unzweckmäßig regiert wird. Im ganzen Land gibt es kaum Industrie, und besonders der Warenverkehr ist schlecht organisiert; so kommt es öfters zu Notlagen, besonders in der Lebensmittelversorgung. Hinzu kommt die Beamtenschaft, die das Volk unterdrückt und mißmutig macht. Mit dem mangelhaften Polizeiwesen kann keinem Verbrechen vorgebeugt und Ordnung gehalten werden. Ein jeder Vagabund kann frei im Lande umherstreifen. Sehr oft steht in den Todesurteilen der Satz: Der Delinquent ist seit Jahren keiner Arbeit nachgegangen und hat auch nichts Rechtes gelernt. Wenn aber rohe Gesinnung und starke körperliche Kraft zusammenkommen, darf man sich nicht wundern, wenn es gerade in Bayern mehr Straßenräuber gibt als anderswo. Ein schwächeres und leichtsinnigeres Volk würde sich dem Druck beugen, ein Volk mit mehr Phantasie würde vielleicht versuchen, seine Lage zu verbessern, oder auswandern; der Bayer aber verläßt sich kurzweg auf seinen Arm, wenn er kein anderes Mittel mehr zu seinem Unterhalt zur Verfügung hat. Aus ähnlichen Ursachen gibt es auch in England sehr viele Straßenräuber, wenn die beiden Nationen auch sonst nicht viel gemeinsam haben. Die bayerischen Räuber fallen aber weniger Reisende auf den Landstraßen an: Sie richten ihre Angriffe meist gegen einsame Gehöfte auf dem Land, in denen sie Geld vermuten. Bei ihren Überfällen gehen sie oft äußerst hart und grausam vor, besonders wenn sie nicht finden, was sie sich erhofften. In ihren finsteren Plänen zeigen sie aber oft so viel Klugheit und in der Ausführung so viel Entschlossenheit, daß man es aufs äußerste bedauern muß, so gute, natürliche Gaben so abscheulich angewandt zu finden. Ein anderer Grund für viele Straftaten liegt darin, daß in Bayern das Wild im Übermaß gehegt wird und den Bauern zur drückenden Last wird. Fehlt es nun Männern mit Mut und Entschlußkraft an Nahrung, so stellen sie dem Wild nach und nähren sich von dem, was ihren Mitbürgern eine Last ist. Sie müssen dabei oft so viel Not und Gefahr ausstehen und werden, wenn man sie erwischt, so hart bestraft, daß zu aller Not noch Erbitterung und Verzweiflung hinzukommen und sie schließlich zu Straßenräubern werden läßt.

Ein sehr eindrucksvolles Beispiel dafür ist die Geschichte des sogenannten *Bayerischen Hiesels*, eines ehemaligen Wilddiebes und späteren Straßenräubers. Er hatte vor etwa zwölf Jahren eine Zeitlang eine ganze Gegend unsicher gemacht. Aus reiner Not war er zum Wilddieb geworden und zeigte dabei sehr viel Mut und Entschlossenheit, zuweilen sogar Großmut. Hin und wieder stahl er auch einmal, aber gemordet hat er anfangs nie. Mit der Zeit hatte er sich ein solches Ansehen verschafft, daß er sich des öfteren öffentlich zeigen konnte – z. B. in Augsburg – und niemand es wagte, ihn anzugreifen, obwohl er allein war, nur ein Paar Pistolen im Gurt hatte und von einem großen Hund begleitet wurde. Dieser Hund hatte die gleiche Berühmtheit erlangt wie sein Herr, und man hielt ihn für so bemerkenswert, daß man ihn ausstopfte und im Naturalienkabinett zu Mannheim ausstellte. Der Hiesel aber schrieb sogar an seinen Kurfürsten und erklärte ihm, wie er aus reiner Verzweiflung zum Wilddieb geworden sei, und daß er, wenn er auch geraubt, so doch niemals gemordet habe. Er erbot sich, wenn der Kurfürst ihm nur ein jährliches Einkommen von 70 Gulden verschaffen könne, fortan als ein ehrlicher Mann und guter Bürger zu leben. Es fanden sich leider Berater, die dem Kurfürsten davon abrieten, um einen so geringen Preis einen unglücklichen Menschen von einem Irrweg abzubringen und sich gleichzeitig einen brauchbaren Untertan zu verschaffen. Das Gesuch wurde folglich abgelehnt, und der Hiesel geriet dadurch in höchste

Verzweiflung, wurde zum Straßenräuber und Mörder und endete schließlich auf dem Rad. Seine Taten sind zweifellos verabscheuungswürdig, doch ist es ebenso bedauerlich, daß soviel Mut und Entschlußkraft fehlgeleitet und daß gar nichts unternommen wurde, um diesen Mann auf den rechten Weg zu bringen.

So erging und ergeht es noch vielen anderen Straßenräubern, und wenn die Regierung mehr Industrie und Aufklärung verbreiten und eine bessere Polizei einrichten würde, so könnten die Kräfte von solch gesunden und kräftigen Leuten durch eine geschickte Lenkung auch dem Lande nützlich werden. Bisher aber scheint die Regierung an so etwas noch nicht einmal gedacht zu haben. Sie verschärft lediglich die Strafen für die Räuber, läßt sie massenweise rädern und vierteilen, erreicht aber damit kaum etwas. Solange die Ursachen nicht behoben werden, solange verschwinden auch die Wirkungen nicht. Selbstverständlich ist es nicht so einfach, den Verstand und den Willen der Menschen zu bessern, doch Edikte und Strafen helfen da auch nicht viel. Hier sind Belehrung und Aufklärung notwendig, doch das ist ein langwieriger Prozeß.

Die vielen Hinrichtungen sind zu unterhaltenden Schauspielen für die Bevölkerung geworden und machen die Menschen nur noch gefühlloser. Ich sah, wie in München auf offener Straße Kupferstiche angeboten wurden, worauf die in der neuesten, verschärften Verordnung gegen Diebe und Räuber angedrohten Strafen wie Schleifen auf einer Kuhhaut, das Handabhacken, das Zwicken mit glühenden Zangen und auch das Rädern und Vierteilen in sehr realistischer Weise abgebildet waren. Dabei waren die Gesichtszüge der Büttel und Henker sehr viel abscheulicher abgebildet als die der Missetäter, die eher wie Märtyrer wirkten. Die Leute gafften gleichgültig auf diese Darstellungen, und die Kinder trieben sogar ihre Scherze damit. Die Todesurteile nebst den Schuldbekenntnissen der Verbrecher werden ordentlich numeriert, gedruckt und zu Tausenden verkauft. Was für mich noch schlimmer dabei war: Man liest sie regelmäßiger und häufiger als Bücher. Sogar in guten Häusern traf ich ganze Sammlungen davon. Diese Urteile sind meist in einer so platten Sprache abgefaßt, daß sie, sieht man von dem traurigen und schrecklichen Inhalt einmal ab, fast komisch wirken. Meist ist ihnen noch eine lächerliche Moralpredigt angefügt, die die Moral der einfachen Leute heben soll. Davon möchte ich die folgende Kostprobe geben.

*Wessen Herze wird nicht jetzt, wär' es auch von Stein, gerühret:*
*da man sieht den armen Sünder auf die Kuhhaut hingestreckt,*
*mit erbleichtem Angesichte, schier mit Staub und Kot bedeckt,*
*wie er seufzet, heult und klirrt bei dem Biß der heißen Zange,*
*und, o Gott, wie wird ihm erst so entsetzlich angst und bange!*
*Wer beschreibet mir den Schrecken, so durch Mark und Beine dringt,*
*da er seine Schädelstätte endlich zu Gesichte bringt?*
*Jetzt, jetzt wird er schon entblößt! O wie zittern seine Glieder,*
*jetzt schon, jetzt schon legt er sich auf sein hartes Sterbbett nieder.*
*Schon macht sich der Würgmann fertig, schon hebt er das Rad empor,*
*schon erfolget Stoß auf Stoße, schmetternd klinget in dem Ohr*
*eines unzählbaren Volkes der Gebeine wildes Krachen,*
*jetzt muß das zerquetschte Herz seiner Qual ein Ende machen.*
*Jetzt zerstückt man seinen Körper in vier Teile, jeder wird*
*zu dem Hauptort des Verbrechens und des Raubes abgeführt:*
*Schaut, ihr Diebe, schaut, ihr Räuber, hier in diesen Schreckensspiegel,*
*da hangt euer Kamerad, da hangt euer Windgeflügel*
*stückweis an dem Viertelgalgen, kennt ihr dieses blasse Haupt?*
*Dessen ist es, der die Leute ausgeplündert und beraubt.*
*O ihr bloß in Menschenhaut eingehüllten wilden Tiger!*
*Laßt es euch zur Warnung sein, seht die Strafe, werdet klüger!*
*Wie ihr andern ausgemessen, so mißt man's euch wieder ein,*
*und ihr werdet euers Raubes niemals lange fröhlich sein.*
*Seht! Das neue Hochgericht winket euch zu gleichem Ende,*
*und ihr geht der Obrigkeit früh genug noch in die Hände.*

Man entwickelte bei der Herausgabe solcher Todesurteile eine ganz besondere Zärtlichkeit für die Ehre der Personen, die man rädern und vierteilen läßt, denn man verschweigt ihre Familiennamen und nennt sie nur bei ihrem Vornamen, setzt dafür aber den Spitznamen oder *nom de guerre* dazu, unter dem die Betreffenden bei den Räuberbanden bekannt waren. Da heißt es dann z.B.: der Bartholomäi N. vulgo, d.h. gemeinhin, Tiroler Barthl, der Joseph N. vulgo Kühe-Sepp, der André N. vulgo Postanderl oder der Mathias N. vulgo Windbeutel sollte auf höchstrichterlichen Befehl geköpft oder gerädert werden. Fast höhnisch klingt es, wenn man in einem solchen Urteil weiterhin liest: „Der Joseph N. vulgo Kühe-Sepp, obwohl er mit dem Rade hingerichtet zu werden allerdings verdient hätte, soll jedoch in Ansehung seiner schweren Verletzungen mit dem Schwerte vom Leben zum Tode gebracht werden.“ Sollte sich darin vielleicht eine gewisse Mildtätigkeit zeigen, so ist es um so grausamer, wenn man auf der anderen Seite diejenigen, die von einem bereits verurteilten Missetäter durch einen Eid beschuldigt werden, als überführt ansieht. Selbst wenn sie alles leugnen und man auch keine glaubwürdigen Zeugen für die Beschuldigung finden kann, gelten sie als schuldig und werden in gleicher Weise auf Kuhhäuten geschleift und dann gerädert.

Gott sei Dank hat die Zahl der Hinrichtungen inzwischen doch etwas abgenommen. So wurden im Jahre 1781 in München 18 Personen hingerichtet, wohingegen 1775, so wurde mir glaubwürdig versichert, zwei bis drei Personen wöchentlich zum Richtplatz geschleift wurden. Vielleicht haben die schwachen Versuche, das Schulwesen zu verbessern und der Industrie aufzuhelfen, doch schon eine Wirkung gezeigt.

In ihrer Kleidung geben sich die Münchner nicht gerade sehr modebewußt, man sieht sogar recht viel Altmodisches. Die Männer zeigen noch immer eine Vorliebe für Verzierungen auf der Kleidung. Ich sah einige breite goldene Stickereien, die sehr reich an Metall, aber ohne Geschmack waren. Damen von Stande wissen sich besser zu kleiden und dabei oft mit einer Schlichtheit, die sie um so liebenswürdiger macht. Meist sind sie gut gewachsen, haben eine gesunde Farbe und auch einigen Liebreiz. Sie fühlen genau, daß sie keines weiteren Schmuckes bedürfen. Die Bürgersfrauen, aber auch die Kellnerinnen in den Wirtshäusern, tragen eine besondere bayerische Nationaltracht, die ihnen nicht übel steht. Dazu gehört ein kleiner runder Hut, der mit kräftigen Goldborten besetzt ist. Die Brust ist in ein breites und steifes Mieder geschnürt, das vorne offen und reich mit Stoff ausgelegt ist. Vorn ist das Mieder von oben bis unten mit silbernen Kettchen geschnürt, oft in drei Reihen. Das weibliche Geschlecht des Mittelstandes ist insgesamt einfacher gekleidet und ohne Frage viel häuslicher als in Wien. So stand die Tochter unseres Wirtes, ein wohlerzogenes junges Mädchen, auf, um den Gästen die Teller zu wechseln, ohne daß jemand das als etwas Besonderes empfunden hätte.

Der Bauer ist breitschultrig, stark und gesund. Er trägt einen guten Tuchrock, manchmal sogar zwei Röcke übereinander, und breite

Hosenträger über der Weste. Oft gehört zur Kleidung noch ein Hut, entweder ein hoher herausgeputzter oder ein runder flacher. In seinem Verhalten wirkt der einfache Mann oft roh, und er zeigt eine Vorliebe für lautstarke Vergnügungen. Ist er erst einmal betrunken, so wird er schnell gewalttätig. Und doch entdeckt man eine sonderbare Treuherzigkeit und Dienstfertigkeit in seinem Betragen, denn selbst wenn einem der Mann auf der Straße trotzig in die Augen blickt, ist er Fremden gegenüber sehr hilfsbereit. Fragt man jemanden nach dem Weg, so wird man oft ein Stück weit begleitet, damit man ihn auch sicher findet.

Die Sitten des Mittelstandes sind in zwei Lustspielen, die als Theaterstücke bedeutungslos sind, sehr schön geschildert. Es sind dies: *Fräulein Wohlerzogen* und *Ein Bayer in Paris*. Besonders der Charakter des Bedienten Anton im letztgenannten Stück ist sehr schön getroffen. Er ist ein ehrlicher, kurzsichtiger und gutherziger Mann, wie man ihn oft im Volk findet.

Man sollte sich allerdings hüten, den Mann aus dem Volk dadurch zu reizen, daß man verächtlich auf ihn herabschaut oder gar die Wunderkraft eines Gnadenbildes anzweifelt, denn dann schlägt er gleich mit den Fäusten zu.

Im Mittelstand und bei den einfachen Leuten ißt man überaus viel und dazu noch derbe Speisen. Besonders die Mehlspeisen, wie Knödel, Wespennester, Dampfnudeln und dergleichen, sind überaus beliebt und gelten bei den Bayern als Leckerbissen. Einige sind dies auch wirklich, doch die üblichen bayerischen Knödel sind nichts für einen niedersächsischen Gaumen. Ein Bayer hat mir doch voller Stolz erklärt, daß die Bauern hier zwar auch Kartoffeln pflanzen, sich aber doch zu gut sind, diese auch zu essen. Hier füttere man damit nur die Schweine. In Brandenburg und Sachsen weiß man besser, welch schmackhafte Speisen aus Kartoffeln zu bereiten sind. Ganz sicher sind sie gesünder als die Mehlspeisen, die zusammen mit dem dicken Bier bestimmt nicht wenig zur Dummheit und dem phlegmatischen Wesen des einfachen Mannes in Bayern beitragen.

Dem Vergnügen ist der Bayer nicht ganz so ergeben wie der Österreicher, doch deshalb ist er nicht weniger faul. Bei den zahlreichen Volksfesten, die in Bayern veranstaltet werden – neben den Wallfahrten, die wie in allen katholischen Ländern wahre Vergnügungsfahrten sind –, sticht ein Charakterzug der Bayern besonders hervor: Für ihn gibt es nichts Schöneres als bei einer lärmenden Unterhaltung im Wirtshaus den Bierkrug zu schwingen. Da wird dann viel geschwatzt, und man führt freche und freie Reden. Trotz der rauhen Art und des derben Humors nämlich zeigen die Leute ein gesundes Maß an Vernunft. Dies hat mich in meiner Meinung bestärkt, daß man aus diesen Naturburschen, wenn man sie nur mit Verstand auf ihre eigene Art behandeln würde, sehr brauchbare Bürger machen könnte.

Der Umgang der beiden Geschlechter miteinander ist recht frei. Müßiggang und kräftige Nahrung führen zu Ausschweifung, und die Bigotterie hindert sie nicht daran; die ungeheure Zahl unehelicher Kinder ist der sicherste Beweis dafür. Aber solche Ausschweifungen sind auch in anderer Hinsicht sehr schädlich. Von einem glaubwürdigen Manne wurde mir versichert, daß im Jahre 1774 an alle Ärzte und Wundärzte die Aufforderung erging, ein Verzeichnis aller mit einer venerischen Krankheit behafteten Personen anzulegen. Dabei habe man über 3000 gefunden, und man kann sicher sein, daß nicht alle angegeben wurden.

Die Münchnerinnen, besonders die der höheren Stände, sind schön, aber auch die Stubenmädchen haben ihre Reize, doch auf eine ganz andere Art als die sächsischen oder die wienerischen. Es ist etwas Ruhiges, Katholisches, eine herzige bayerische Art in den Manieren der einfachen Münchner Mädchen. Die Wirte, so scheint es, achten sehr auf das Aussehen ihrer Kellnerinnen, und diese sehen in ihren zierlichen Miedern mit den Silberkettchen, im Vergleich zu denen anderer Länder, auch wirklich reizend aus. Überdies sind sie selbst Fremden gegenüber sehr gesprächig.

Zum Schluß will ich noch einige Bemerkungen zum bayerischen Dialekt machen. Vom neunten bis zum zwölften Jahrhundert, zu der Zeit also, in der sich die jetzige deutsche Sprache in ihren ersten Anfängen herausbildete, gehörte Österreich zum Herzogtum Bayern. Daher stammt die österreichische Mundart vom Bayrischen ab, oder ist, wie sich Herr Adelung[*32] ausdrückt, eine Tochter des hiesigen Dialektes. In den letzten 200 Jahren, in denen die deutsche Sprache besonders durch die Reformation eine wahre Revolution durchgemacht hat und sich dabei stark entwickelte, war Bayern umgekehrt von Österreich abhängig. Dies hat noch mehr zu einer Angleichung der bayerischen und der österreichischen Mundart beigetragen.

Man findet eine große Menge von Dialektausdrücken und Redensarten, die in beiden Sprachen gleich klingen. Ähnliches gilt für einige Stammwörter, die in beiden Dialekten wurzeln, aber im Hochdeutschen z. B. ungebräuchlich geworden sind oder zumindest als veraltet gelten und nur noch in Zusammensetzungen verwendet werden.

Die deutlichsten Unterschiede zwischen den beiden Dialekten findet man jedoch in der Aussprache. Ein Österreicher wird oft einen Bayern nicht verstehen, auch wenn dieser dieselben Worte gebraucht und sie auf die gleiche Weise schreiben würde. Die Bayern sprechen voller und härter, die Österreicher schreiender, singender und mit höherem Tonfall. Das hängt mit dem Charakter beider Völker, mit ihrer Bildung und Nahrung, den Sitten und der Lebensart zusammen; so ist der Bayer gesetzter und mißmutiger, der Österreicher dagegen leichtsinniger und fröhlicher. Unter allen oberdeutschen Dialekten, den schweizerischen einmal ausgenommen, wird einem Obersachsen*[33] und noch mehr einem Niedersachsen der bayerische am unverständlichsten sein. Die Gründe liegen einmal in der sonderbaren Aussprache der Vokale und Diphthonge, zum andern im Verschlucken der Konsonanten. So klingen *ai* und *au* wie *oa*, aus *bayerisch* wird dann *boarsch*. Das kurze *a* wird in Österreich dagegen lang gezogen: z. B. *Naar, Baal. O*, *oe* und *u* klingen fast wie ein *i*, doch mit einer Modifikation des Tons, die sich nicht beschreiben läßt. In Regensburg ist die Betonung dieser umgelauteten Vokale viel länger als in München. Deutlich unterscheiden sich das Bayrische und das Österreichische in der Aussprache der Konsonanten. Der Österreicher, auch wenn er sonst undeutlicher spricht als der Bayer, deutet die Konsonanten doch deutlich an, z. B. *tretten, die Schallen* statt *treten* oder *die Schalen*; der Bayer hingegen, der im ganzen langsamer spricht, verschluckt die Konsonanten in unglaublicher Weise. Da hört man dann: *Muul'da* statt *Mühldorf, 's I'Wasse'* statt *das Innwasser, do'* statt *doch*. Selbstverständlich hat jede der beiden Mundarten noch ihre ganz speziellen Ausdrücke.

Johann Konrad Wack oder Wakius hat zu Anfang dieses Jahrhunderts ein seltsames Büchlein geschrieben, das folgenden Titel trägt: *Jo. Conr. Wakii P. P. oder Kurze Anzeigung, wie nämlich die uralte deut-*

*sche Sprache meistenteils ihren Ursprung aus celtisch- oder chaldäisch habe, und das bairische vom syrischen herkomme.* Hierin wollte der Regensburger Professor beweisen, daß die bayerische Mundart vom Syrischen herkomme. Man kann sich leicht vorstellen, welche tollen Ideen dieses Werkchen enthält. Doch sind mitunter auch einige gute etymologische Anmerkungen enthalten.

Meine Behauptung, der bayerische Dialekt, besonders die Aussprache, sei sehr hart, werden die Bayern vielleicht nicht sofort für eine Beleidigung halten, aber ganz gewiß für einen großen Irrtum. Ich habe viele Gelehrte in Bayern, denen es gewiß nicht an Sprachkenntnis fehlte, behaupten hören, die bayerische Mundart sei sanfter als die benachbarte schwäbische. Dies wird ein Obersachse kaum zugeben, doch läßt sich über derlei Fragen überhaupt nur sehr schwer disputieren. Soviel geht aber aus der Geschichte der deutschen Sprache doch deutlich hervor: das Schwäbische war schon im Mittelalter, zu Zeiten der Minnesänger, sehr kultiviert und der zärtlichsten und sanftesten Poesie fähig. Seit der Reformation sind die Schwaben dann durch die protestantische Religion und die darin vermittelten Kenntnisse weiter geprägt worden. Auch die Lektüre von Luthers Bibelübersetzung und das Singen hochdeutsch verfaßter Kirchenlieder müssen notwendig auf die Sprache einen wohltätigen Einfluß ausgeübt haben, der den Bayern natürlich ganz fehlt. Der bayerische Dialekt ist eigentlich noch gar nicht kultiviert worden, und das Hochdeutsche ist dort noch viel weniger verbreitet als in Österreich. Deshalb schreiben auch bis heute selbst die besseren Schriftsteller in Bayern noch immer kein reines Deutsch, wenn man Zaupser[*34], Töring-Kronsfeld und einige wenige andere ausnimmt.

2. KAPITEL

## Die Reise von München über Nymphenburg nach Augsburg

*Schloß Nymphenburg – Die Porzellanmanufaktur – Dachau*

Um in München Postpferde zu bekommen, muß man sich vom Oberhofmeisteramt einen Erlaubnisschein holen, welcher 12 Kreuzer kostet. Wir reisten am 12. Juli vormittags in angenehmer Gesellschaft ab. Für die $\frac{3}{4}$ Meile*[1] von München nach Nymphenburg braucht man etwa $1\frac{1}{2}$ Stunden. Man fährt auf einer Chaussee durch eine schöne Lindenallee. Etwa ab dem Dorf Neuhausen sind die Bäume groß genug, um uns bei der großen Hitze wohltuenden Schatten zu spenden.

Nach Nymphenburg führt aber auch ein Kanal für Vergnügungsfahrten des Hofes. Der Kanal war aber damals wegen der großen Hitze ziemlich ausgetrocknet. Überhaupt scheint er nicht genug Gefälle zu haben und ist daher nicht immer schiffbar. Der Hauptweg mit der herrlichen Allee ist fürstlich. Wenn ich aber zuweilen einen Blick auf das Land hinauswarf und sah, daß kaum die Hälfte davon bebaut war – denn ganze Strecken weit sah man nichts als die von Sümpfen unterbrochenen Heiden –, so klopfte mir das Herz. Mit wenig Aufwand hätte man den an sich fruchtbaren Boden urbar machen und bebauen können.

Mit dem Bau des Schlosses Nymphenburg hatte die Kurfürstin Adelheid, geborene Prinzessin von Savoyen und Gemahlin des Kurfürsten Ferdinand Maria*[2], 1663 angefangen. Dieselbe Fürstin hatte, um einen männlichen Erben zu erhalten, das Theatinerkloster in München gestiftet. Der Standort des Schlosses war eine Hofmark, die Ober- und Niederkemnetz hieß. Unter der Kurfürstin Adelheid wurden nur der mittlere Pavillon und der Garten vollendet. Die nachfolgenden Kurfürsten haben auf jeder Seite noch drei einzelne Gebäude in Form eines Halbmondes dazugebaut, die durch schmale Bauten mit dem Hauptpavillon verbunden sind.

Den Garten hat hauptsächlich Maximilian Emanuel angelegt. Dem Schloß gegenüber stehen eine Reihe Häuser, unter denen auch ein paar Gasthäuser sind. Der große Platz zwischen all diesen Gebäuden weist in der Mitte einen hübschen Teich auf und wird von verschiedenen Kanälen durchschnitten, zwischen denen Blumenbeete, Buschwerk, grüne Plätze und Lindenalleen angelegt wurden, so daß alles zusammen einen angenehmen Anblick bietet.

Im Schloß selbst findet man die übliche kostbare Möblierung, die man in einem fürstlichen Schloß erwartet. Sie ist sogar etwas moderner als in München, bietet aber nichts besonders Sehenswürdiges. Im Hauptpavillon fällt viel Vergoldetes auf. Der Speisesaal ist wohl proportioniert. Er geht über zwei Geschosse, wurde 1757 nach dem Zeitgeschmack eingerichtet und mit korinthischen Wandsäulen verziert. Außerdem ist er mit sechs großen historischen Gemälden ausgeschmückt. Das Deckengemälde ist eine sehr mittelmäßige Arbeit des Münchner Malers und Stukkateurs Zimmermann. Im ganzen Schloß ist viel Marmor, zumeist aus Bayern, verwendet worden, z.B. für eine Freitreppe, für Kamine und Tischplatten. Zumindest fanden dadurch Einheimische Arbeit und Brot, was bei solchen Bauvorhaben nicht allzuoft der Fall ist, da ja viel aus Paris eingeführt wird. Folgende Gemälde bayerischer Künstler fand ich bemerkenswert: Von Peter Horman gibt es ein nicht übel gelungenes Familienporträt der ganzen kursächsischen und kurbayerischen Familie, wie sie sich 1760 in München versammelt hatte. Die Darstellung eines Pferderennens mit einer großen Zuschauermenge, welches 1779 in Nymphenburg veranstaltet wurde, ist Joseph Stephan, einem Münchener Tiermaler, sehr gut gelungen. Es ist in Bayern seit langer Zeit üblich, Pferderennen zu veranstalten. Ich halte dies für eine alberne und wegen des Wettens schändliche Belustigung. In England hat man wenigstens den Vorwand, daß dadurch die einheimische Pferdezucht verbessert werde, obwohl dies auf andere Art besser geschehen könnte. Muß man aber die Rennpferde unter hohen Kosten im Ausland kaufen, kann ich bei solchen Rennen gar keinen Nutzen erkennen.

In zwei Räumen des Schlosses sind 16 große Porträts von Mätressen des Kurfürsten Maximilian Emanuel und des Kaisers Karl VII. anzutreffen. Noch nirgends habe ich eine solche Sammlung öffentlich ausgestellt gesehen. Es gehört schon ein hoher Grad an moralischer Unempfindlichkeit dazu, die Ausschweifungen der Landesherren so zur Schau zu stellen. Natürlich interessierte mich diese Sammlung von Porträts solcher Personen, die durch ihre Reize so wichtigen

Nymphenburg

Einfluß auf den Willen der Landesherren und folglich auf das Land hatten. Ich betrachtete sie sehr aufmerksam und war betroffen, als ich feststellen mußte, daß alle, mit einer oder zwei Ausnahmen, sehr gewöhnliche, einfältige und fade Gesichter hatten. Sie besaßen, wenn überhaupt, jene Schönheit, die mit der allerersten Jugendblüte vergeht und oft auch Teufelsschönheit genannt wird. Ob das Schloß etwa von diesen Nymphen seinen Namen hat, weiß ich nicht.

Gerade als ich Schloß Nymphenburg besuchte, hielt sich auch Pater Hemmer, ein Exjesuit aus Mannheim, dort auf, um auf dem Schloß verschiedene Blitzableiter aufzurichten. Wir sahen zu, wie die Vorbereitungen getroffen wurden, und suchten den Gelehrten überall im Schloß, konnten ihn aber bedauerlicherweise nicht finden. Er ist auch durch eine 1755 gedruckte deutsche Sprachlehre und durch Streitigkeiten um eine von ihm erfundene, aber von niemandem außer ihm benutzte Orthographie bekannt geworden.

Die Gartenanlagen in Nymphenburg gehören zu den größten in Deutschland. Man sagte uns, daß es zwei Stunden dauere, die Einfassungsmauer zu umreiten. Die Hauptanlage ist im französischen Stil ausgeführt, denn Maximilian Emanuel nahm sich, wie alle deutschen Fürsten, die zu Ende des vorigen und im ersten Viertel des jetzigen Jahrhunderts regierten, Versailles zum Vorbild. Die Ansicht des Gartens vom Schloß aus gefällt am wenigsten. Er ist dort ganz altholländisch mit bunten Blumenfigurationen ausgelegt und mit einer Anzahl sehr mittelmäßiger vergoldeter Statuen und Vasen noch bunter gemacht. Aber weiter vom Schloß entfernt trifft man auf angenehme waldige Partien, deren frische Vegetation einen für die streng symmetrische Anlage entschädigt. Es war uns nicht möglich, den ganzen, so weitläufigen Garten zu durchwandern. Ich sah aber, daß er im ganzen doch viel Anmut haben könnte, wenn nur die holländischen, allzu abgezirkelten Partien weggelassen und die elenden toten Pyramiden ausgerottet würden. So könnte ein Künstler, der den rechten Geschmack für die Wirkung der Natur hätte, hier mit Leichtigkeit und geringen Kosten einen paradiesischen Flecken schaffen.

Zu den größten Annehmlichkeiten des Gartens gehören die vielen Wasserspiele. Das Wasser wird aus dem Würmsee bei Starnberg hergeleitet und in einen besonderen Wasserturm hinaufgepumpt, der von Oberstleutnant und Hofkammerrat Franz Xaver von Forstner, einem guten Mechaniker, vor einigen Jahren wieder instand gesetzt wurde. Mit diesem Wasser wird eine große Anzahl Springbrunnen betrieben, die sich auf sehr unterschiedliche Art entfalten, teilweise in anmutigen Kaskaden herabfallen und sich schließlich in großen und kleinen Teichen sammeln. Das alles erfrischt die Luft an einem heißen Tage, wie dem unseres Besuches, ungemein. Es geht übrigens durch den ganzen Garten ein Kanal, auf dem die Hofgesellschaft in Gondeln spazierenfahren kann, wozu aber das Wasser durch Schleusen gestaut werden muß. Er ist mit dem von München ausgehenden Kanal verbunden.

Vier Lustschlößchen liegen verstreut in diesem Garten. Sie tragen besondere Namen, nämlich Amalienburg, Pagodenburg, Badeburg und Klause. Besonders die beiden letzteren sind sehenswert. Die Badeburg ist ein kleines, sehr niedliches Gebäude, welches der Kurfürst Maximilian Emanuel erbauen ließ. Am besten gefiel mir darin ein Sommersaal mit einer schönen Decke von Amikoni*[3] und sehr guten Stuckarbeiten. Zwei Springbrunnen erzeugen eine, besonders bei schwülem Wetter, sehr angenehme Frische. Man blickt von hier aus auf einen schönen, von hohen Bäumen gesäumten Teich. Das Bad, von dem das Gebäude seinen Namen hat, ist aus Marmor und so eingerichtet, daß man aus zwei Hähnen kaltes und warmes Wasser einlassen kann, und es ist so geräumig, daß mehrere Personen darin schwimmen können. In der Höhe läuft rundum eine Galerie mit eisernen, vergoldeten Gittern. Wenn Maximilian Emanuel, und auch sein Nachfolger, hier in Gesellschaft, die man sich leicht vorstellen kann und von der man in München sehr unerbauliche Anekdoten erzählte, schwamm, dann erklang von dieser Galerie die Hofmusik. Kurz, es ist alles zur allerraffiniertesten Wollust eingerichtet. Neben dem Bad befinden sich verschiedene Gemächer mit Ruhebetten, aber auch Schlafzimmer. Von diesen Zimmern hat man eine Aussicht auf einen anderen Teich mit schönen Wasserspielen, der von einem lieblichen Birkenwäldchen umgeben ist. Es ist nur schade, daß die ganze Wirkung durch eine häßliche, vier Fuß hohe, wie eine Mauer geschnittene Buchsbaumhecke verdorben wird; die sollte man einfach weghauen.

Ich habe nicht erfahren können, wer der Baumeister dieses Schlößchens war. Es ist ihm ein in seiner Art vollendetes Kunstwerk gelungen, von reinster Architektur und in bester, sanfter Ausgewogenheit.

Innen ist alles zur höchsten Bequemlichkeit eingerichtet. Man findet nichts, was nicht einen gleichmäßig wollüstig-ruhigen Eindruck vermitteln würde. Nur auf der äußeren Treppe wird die Harmonie durch zwei Sphinxe gestört. Von ungefähr und ohne Zweck hat ein Baumeister, der, wie man sieht, alles so sorgfältig und mit so viel Verstand anordnete, solche allegorischen Figuren sicher nicht vor den Eingang dieses Hauses der Üppigkeit gelegt. Ich gestehe es, ich war befremdet. Die gewöhnliche Auslegung einer Sphinx kann er nicht gemeint haben; denn wem könnte es wohl einfallen, daß in diesem wollüstigen Bade Scharfsinn verlangt wäre? Daß der Künstler durch die Sphinxe bloß andeuten wollte, es würden hier geheime Dinge vor sich gehen, scheint auch eine zu simple Erklärung zu sein. Fast möchte ich eine geistvollere Absicht dahinter vermuten.

Man kennt Beispiele, daß edle Künstler dem Fürsten, dem sie dienten, in versteckter Weise durch ihre Kunstwerke eine ernsthafte Wahrheit sagen wollten. So setzte Schlüter[*4], einer der größten Künstler dieses Jahrhunderts, als er durch die Macht eines königlichen Günstlings Unrecht erdulden mußte, an das Schloß zu Berlin die schlafende *Gerechtigkeit* und einen *Cupido*[*5], der mit der Keule des Herkules spielt. Derselbe Künstler hatte auch die edle Idee, das Berliner Zeughaus als das Haus des Todes darzustellen, an dessen rückwärtigem Teil die *Reue* allegorisch abgebildet ist. Kann ein Künstler einen mächtigen Fürsten auf edlere Art davor warnen, seine militärische Macht zu mißbrauchen?

Könnte es nicht sein, daß der Baumeister des Badehauses in Nymphenburg seinem weichlichen Fürsten, dessen Lust er frönen mußte, eine traurige und wichtige Wahrheit, allegorisch verkleidet, andeuten wollte? Die thebanische Sphinx war ein Ungeheuer mit freundlichem Gesicht, hinter dem sich Flügel und Krallen versteckten. Sie lauerte auf einer Klippe am Wege, und wenn die Vorübergehenden ihre unauflösbaren Rätsel nicht lösen und ihren fast unerfüllbaren Forderungen nicht genügen konnten, riß sie das Ungeheuer mit seinen versteckten Krallen an sich und entführte sie beflügelt hinauf zu seinen Klippen ins Verderben. Wollte der Künstler durch dieses Bild vielleicht sagen: „Stehe still, gedankenloser Fürst, und betrachte ernsthaft dieses Bildnis, bevor du sorglos deinen Weg in dieses Haus der Wollust gehst! Sie lacht dich mit hinterlistiger Freundlichkeit an, sie führt dich von Überfluß zu Überfluß, bis sie dir schließlich ihr unauflösbares Rätsel der längst gesättigten, doch immer unbefriedigten, immer wieder erwachenden kraftlosen Begierden vorlegt, mit dem sie dich unaufhaltsam ins Verderben zieht!" Vielleicht dichte ich dem Künstler zuviel Scharfsinn oder zuviel Tugendliebe an, doch sein Andenken ist damit wenigstens nicht beschimpft. Denn daß die Sphinxe hier mit einer besonderen Absicht stehen, das fällt bei einigem Nachdenken doch auf.

Als ich von dem reizenden und üppigen Badehaus zur Klause hinüberging, empfand ich zutiefst den starken Gegensatz. Sie ist unter lauter künstlichen Ruinen angelegt, und alles darin ist öde und düster. Die Räume sind bescheiden ausgestattet, ohne jeden Zierat, allein der geistlichen Betrachtung gewidmet. Es gibt dort auch eine Sammlung katholischer asketischer Bücher, und in einer Grotte steht ein geweihter Altar mit einem Kruzifix. Es war mir schrecklich zu hören, daß derselbe Kurfürst Maximilian Emanuel, welcher das Badehaus baute, auch die Klause errichten ließ, um das eine wie das andere Gebäude abwechselnd zu benützen. Es ist traurig genug, daß die katholische Religion den Leidenschaften aller reichen und mächtigen Leute freien Lauf läßt, sobald sie sich mit der Geistlichkeit abfinden. Üppigkeit und Unterdrückung, gleichviel von welcher Art und wie arg, werden durch Bußübungen, wie sie etwa der Beichtvater auferlegt, als getilgt angesehen. Man kann zu gleicher Zeit Unrecht tun und heilig sein. Hier in Nymphenburg sollte, wie das Badehaus und die Klause zeigen, wechselweise Capreä und Pathmos sein. Ja, man schämte sich nicht einmal, beide zu vereinigen. Es ist abscheulich, aber wahr! Keysler erzählt, der Kurfürst von Köln habe persönlich den Altar in dieser neu gebauten Einsiedelei geweiht; dabei habe sich die Gesellschaft bestens amüsiert und für 200 Taler Trinkgläser zerbrochen. Kann denn jemand, der noch ein wenig moralisches Gefühl hat, solche Szenen ohne Unwillen betrachten? Trotzdem sind alle Bücher voll von knechtischen Lobpreisungen der Fürsten der damaligen Zeit, und kein Schriftsteller sprach mit gerechtem Zorn von ihren zügellosen Ausschweifungen, die so offenbar waren. Ihre verderblichen Wirkungen auf das Land, dessen Väter sie sein sollten, erblickt man jetzt noch bei jedem Schritt.

Die Vorstellungen, welche diese Einsiedelei bei mir erregte, bewirkten, daß ich den Garten mit ernsthafteren Gedanken verließ, als ich ihn betreten hatte; und doch konnte ich mir damals meine wahren

Gedanken nicht anmerken lassen. Meine Reisegenossen waren freimütige Leute, aber sie waren Katholiken. Ich schwieg also damals, obgleich es mich etwas kostete, meine Gemütsbewegung, ja, ich darf sagen meinen Unwillen, in mir zu verbergen, weil ich weder mich noch sonst jemand in Verlegenheit bringen wollte. Wir gingen endlich zu unserem Wirtshaus zurück und setzten uns spät und vom langen Spaziergang ermüdet zur Mahlzeit nieder, welche durch die gute Gesellschaft sehr unterhaltend, schließlich sogar noch recht fröhlich wurde. Auf die Nachricht, daß in der Nähe eine geistliche Musik zu hören sei, eilten wir sofort hin.

Die Macht der Geistlichkeit über Bayerns Fürsten zeigt sich allenthalben im Lande, auch in den Lustschlössern. Im Lustschloß zu Nymphenburg gibt es ein Kloster der Nonnen von Notre-Dame, die man extra aus Frankreich kommen ließ. Dicht daneben, unter demselben Dach und nur durch eine Mauer getrennt, befindet sich ein Hospiz von Kapuzinern. Die seraphischen Väter verwalten die geistliche Ökonomie der schönen Nonnen. Man wundere sich nicht, daß beide Geschlechter unter einem Dach in der Einsamkeit so nahe beieinander wohnen. Dies ist eigentlich alte Klostersitte, denn die Mönche, welche die ersten Klöster anlegten und wohl wissen mußten, was zur klösterlichen Einrichtung gehört, bauten sehr oft neben einem Nonnenkloster. Im zehnten Jahrhundert war dies allgemein üblich, wie der in der Geschichte des Mittelalters, besonders der Klöster, so gründlich erfahrene, gelehrte Fürst und Abt von St. Blasien, Martin Gerbert*[6], uns berichtet. So war es in St. Blasien, in St. Gallen und an anderen Orten. Man gab dabei vor, dies geschehe nach dem Beispiel der Heiligen Väter. Selbstverständlich sollten die Wohnungen und der Aufenthalt beider Geschlechter so unterschieden sein, daß kein Verdacht aufkommen konnte. Doch muß einiges vorgefallen sein, denn schon der heilige Ulrich, der doch ein rechter Heiliger war, lobte den heiligen Wilhelm dafür, daß er das schwächere Geschlecht von den Männerklöstern entfernt habe. Ein pfälzischer Schriftsteller meinte, es sei dies doch eine so gesellige, menschenfreundliche, traute, herzliebe Andacht gewesen, die Frauenklöster nahe an die Mönchsklöster zu bauen, ohne zu ahnen, daß im Lustschloß seines Landesherrn diese traute Andacht noch jetzt besteht.

Die Nonnen von Notre-Dame in Nymphenburg sind in der Tat die geselligsten, die ich je gesehen habe. Ich weiß nicht, ob es daher kommt, daß sie Französinnen sind, aber sie standen fast keinen Augenblick still. Sie waren im vergitterten Chor auf ebener Erde, so daß man sie ganz sehen konnte, und waren nicht wie die in Preßburg verschleiert. Sie sahen sehr frei um sich her, flüsterten miteinander und zeigten auf uns Fremde. Da wir sie, um sie genauer zu betrachten, durch ein Fernglas ansahen, lachten sie und sahen uns wiederum durch die hohle Hand an. Außer ein paar gebrechlicher Mütterchen, die ganz vorne saßen, waren sie meist jung und hübsch; eine hatte ein wahres Pompadourgesicht.

Der eben genannte Schriftsteller meinte weiter, die Nonnenklöster seien neben den Mönchsklöstern gebaut worden, damit die Nonnen Heldinnen platonischer Selbstverleugnung werden, ihre Siege durch vermehrte Gefahren verherrlichen und ihre Enthaltsamkeit auf den höchsten Grad treiben sollten. Wenn dies die Absicht gewesen ist, so ist den Nonnen in Nymphenburg der Sieg über alle Begierden, die sich etwa unter Schleier und Skapulier einschleichen könnten, sehr leicht gemacht worden, denn ihre Hausgenossen, die Kapuziner, als ob sie genau dazu ausgesucht worden wären, haben das allerhäßlichste, verworfenste Aussehen, das sich nur denken läßt. Die schwarzen Eunuchen im Harem des Großsultans, für die man ja auch immer die häßlichsten aussucht, können unmöglich häßlichere Gesichter haben. Ich habe viele häßliche Menschen gesehen, und die Kapuziner sehen gewöhnlich dumm und widerwärtig aus, aber solche grotesken Physiognomien wie die der Kapuziner in der Kirche von Nymphenburg sind mir niemals untergekommen. Wären sie gemalt, so würde man sie für Karikaturen von Ghezzi halten. Ich hätte nicht geglaubt, es sei möglich, daß Menschen so aussehen können, daß in lebenden Gesichtern Dummheit, Gefräßigkeit, Hartherzigkeit und Niederträchtigkeit so schreiend abgebildet und Gottes Ebenbild dadurch ganz ausgelöscht werden könnte. Ich kann mein Erstaunen über einen Kapuziner nicht beschreiben, der direkt neben mir niederkniete, so daß ich ihn bequem aus der Nähe betrachten konnte. Es war ein langer, hagerer, dickknochiger Kerl; sein Gesicht war eingefallen und runzlig; er hatte rote Lippen, kleine rollende und stumpfblickende Schweinsaugen. Und solche ekelhaften Geschöpfe sollen Priester der Gottheit sein!

Als wir in die Kirche traten, sangen die Nonnen wegen des Margarethenfestes am kommenden Tage eine Vesper, die bloß mit der Orgel begleitet wurde. Vielleicht trug die Stimmung, in die mich meine gute Gesellschaft bei der Mahlzeit versetzt hatte, dazu bei, daß mir die Musik ungemein gefiel. Die Stimmen waren nicht vorzüglich, und sie sangen nicht eben nach der besten Methode, doch besser als die Lorenzerinnen zu Wien. Das *Salve Regina* war fast zu Ende; als wir in die Kirche traten, wurde gerade der letzte Absatz

*O clemens, o pia!*
*O dulcis virgo Maria!*

in einem sehr lieblich klingenden Duett gesungen. Mit einem Mal erschallte vom andern Ende der Kirche, vom Hochaltar, zwischen Brüllen und Blöken, durch die Nase geschnaubt ein

*Ora pro nobis Sancta Dei Genitrix! Oremus!*

und der ganze selige Ausdruck war zerstört. Die Nonnen sangen darauf den Hymnus *Pange lingua*, eine simple, herzrührende Musik, völlig in pergolesischem Geschmack*[7]. Am Ende des Amen hielten sie sehr lange den Ton fis statt d im Unisono, mezza voce, aus. Nun kam der Pater Kapuziner, der vom Altar so häßlich durch die Nase geblökt hatte, vom Hochaltar herab und ging durch die Kirche. Er hatte einen gewaltig großen Wedel voll Weihwasser, womit er alle in der Kirche Anwesenden, auch mich unwürdigen Ketzer, reichlich besprengte. Er ging bis an das große Gitter des Chors und sprengte mit allen Kräften hinein auf die Nonnen. Sie kamen alle nach vorn, damit ihnen vom heiligen Wasser ja nichts entginge. Wir hatten dadurch Gelegenheit, ihre hübschen Gesichter nochmals genauer anzusehen. Mit einem Mal wurden von innen große hölzerne Türen zugeschlagen, und die holden Gesichter waren verschwunden. Uns blieb nichts als die häßlichen Kapuzinergestalten. Der mit dem Weihwedel war der allerärgste; so etwas Tierisches habe ich noch in keinem Menschengesichte gesehen. Als ich nachher in den *Bekenntnissen* von Rousseau*[8] die physiognomische Beschreibung des Lazaristen las, bei dem Rousseau Latein lernte, fiel mir wieder dieser Kapuziner ein. Er sah genauso scheußlich aus, nur hatte der Lazarist schwarze, der Kapuziner hingegen rote Haare, sonst aber ebenso *fettige und struppige Haare, ein Pfefferkuchengesicht, einen Blick wie eine Eule und eine Stimme wie ein Büffel, im Bart dicke Haare wie Schweinsborsten, zwischen denen er sardonisch herauslächelte.* Die Schilderung mag übertrieben erscheinen, aber wer sich selbst in der Nymphenburger Kirche überzeugen will, wird finden, daß ich nicht übertrieben habe.

Wir gingen anschließend in die Porzellanfabrik, welche in einem der dem Schloß gegenüberstehenden Häuser untergebracht ist. Sie war 1761 auf kurfürstliche Rechnung vom Grafen von Haimhausen, dem jetzigen Ehrenpräsidenten der Akademie der Wissenschaften, angelegt worden. Der Inspektor und Modellmeister der Fabrik ist Herr Dominik Auliczek, ein Bildhauer aus Böhmen, der sich lange in Rom aufgehalten hat. Von ihm stammen auch einige gute Marmorstatuen, die wir im Schloßgarten gesehen hatten. Er zeigte uns mit großer Gefälligkeit alle Arbeitsgänge, auch das Brennen. Anfänglich sollen fast 200 Arbeiter hier beschäftigt gewesen sein, aber da sich kein Gewinn erwirtschaften ließ, ist die Fabrik jetzt sehr verkleinert, und es sind alles in allem nur noch 30 Arbeiter da. Vier Brennöfen und fünf Glutöfen sind vorhanden; dazu kommen drei Öfen, um die bemalten Sachen zu brennen. Der Scherben*[9] des hiesigen Porzellans ist besser als der des wienerischen Porzellans, aber immer noch grau. Die Form der Teller geht noch an; ich sah einige wie Holz bemalt, die nicht übel aussahen. Aber die Tassen sind dicker und unförmiger als die in Wien. Die Malerei, besonders die der Blumenmotive, ist leidlich. Das Lager mit fertigem Geschirr konnten wir nicht sehen, weil der Buchhalter nicht da war. Man schätzt aber den Wert des Lagers auf 120000 Gulden, wohl nach dem Verkaufspreis gerechnet. Daß die Fabrik keinen großen Absatz hat, zeigt schon die geringe Anzahl der Arbeiter. Das meiste Porzellan wird durch Türken aus Wien in die Türkei exportiert. Zu den Tassen und anderen Sachen, die sie bestellen, schicken die Türken stets besondere Muster ein. Ein wenig Ware geht zuweilen nach Turin und dem übrigen Italien. Im Lande selbst wird fast nichts abgesetzt. Ich selbst bemerkte, daß es in den Wirtshäusern der kleinen Städte nur Tassen aus Fayence gab. Gleichwohl ist das Nymphenburger Porzellan sehr preiswert: Ein Paar Tassen von der einfachsten Art kostet z. B. nur 12 Kreuzer. Ich vermute, daß man den Gewinn steigern könnte, wenn man nur die Industrie mehr beleben und den Handel mehr fördern würde. Aber in Bayern hat man, von wenigen Ausnahmen abgesehen, noch keinen rechten Begriff von Kunstfleiß und Handelsgeschäften, ja sogar um den gewöhnlichen Ackerbau ist es noch äußerst schlecht bestellt.

Wir sahen dies deutlich, als wir unseren Weg fortsetzten. Dicht vor Nymphenburg fanden wir noch etwas bebautes Land, aber bald danach erstreckte sich über zwei Meilen weit ein Moos, was dasselbe ist wie bei uns ein Bruch: schlechte sumpfige Wiesen, auf denen elendes, saures Gras wächst, welches das Vieh nicht fressen mag und das ihm auch nicht bekömmlich wäre. Es stimmt einen traurig, so viel unbrauchbares, unbebautes Land dicht an einer verkehrsreichen Landstraße und so nahe an einem Schloß zu sehen, das so viele Millionen gekostet hat. Wenn der zwanzigste Teil dessen, was an Nymphenburg und seine ungeheuer großen Gärten verschwendet wurde, auf die Kultivierung dieser Gegend angewendet worden wäre, so sähe man weit und breit grüne Wiesen, auf denen man große Viehherden halten und von denen viele Menschen gut leben könnten. Unter der jetzigen Regierung war der Vorschlag gemacht worden, aus der Pfalz am Rhein Mennoniten kommen zu lassen, um diese öde Gegend, welche sich auch in der Breite weit erstreckt, urbar zu machen. Aber alles, besonders die mächtigen Beichtväter, schrie gegen diesen Vorschlag und behauptete, wie z. B. der stumpfsinnige Patzer Crammer, die Landesverfassung schreibe vor, daß Bayern ganz katholisch bleiben müsse. Man wollte also lieber echt katholische Dornen, Disteln und Sümpfe als ketzerische Wiesen und Futterkräuter. So blieb alles beim alten, und es wird vermutlich noch lange so bleiben.

Dachau ist ein Marktflecken, zwei Meilen von München entfernt. Es liegt sehr angenehm am Abhang eines ziemlich hohen Berges, an dessen Fuß die Ammer oder Amper, ein kleiner schnellrauschender Fluß, vorbeifließt, der zuweilen sehr stark anschwillt. Die Straße, die den Berg hinaufführt, ist so steil, daß vom Dorf herauf eine Frau mitging, die einen an einem Stiel festgemachten Keil trug, um ihn hinter das Hinterrad zu legen, wenn die Pferde sich ausruhen wollten. Nachts, wenn diese Hilfe fehlt, muß es sehr schwer sein, hinaufzukommen. Auf den Bergen des Thüringer Waldes, weit von aller menschlichen Wohnung entfernt, sind an ähnlich steilen Strecken in verschiedenen Abständen Querbalken befestigt, die man auf die Straße schieben kann, eine Verbesserung, die auch hier mit geringer Mühe eingeführt werden könnte.

Ganz oben am Berg liegt ein herrschaftliches Lustschloß, das im dreizehnten Jahrhundert von Herzog Ludwig dem Strengen, der auch mit dem Bau der Münchner Residenz begann, angelegt wurde. Er konnte keinen besseren Platz wählen, denn von hier aus hat man eine herrliche Fernsicht, die wir bei Sonnenuntergang von unserem Wirtshaus aus genossen. Das Schloß ist noch gut unterhalten, weil der Hof zuweilen herkommt.

Im Jahr 1764 war auf Veranlassung der Akademie der Wissenschaften in München von Herrn von Osterwald eine Grundlinie*[10] von München bis Dachau ausgemessen worden, die der Anfang zu einer großen trigonometrischen Vermessung ganz Bayerns werden sollte. Nachher hat man aber nichts mehr davon gehört. Die Grundlinie zeigte vom Turm der Frauenkirche in München zum Pfarrkirchturm in Dachau. Die Messung begann auf dem Sandberg vor München und hörte eine Viertelstunde vor Dachau auf einem Gemeindegrund auf. Sie wurde ausgemessen mit fünf zwölfschuhigen französischen Ruten aus Tannenholz auf einer dazu konstruierten beweglichen Brücke. Es wurde nicht nur hin-, sondern auch zurückgemessen und dabei stets der Thermometerstand notiert, um Irrtümer wegen einer Verlängerung oder Verkürzung der Meßruten zu vermeiden. Mit den Temperaturangaben wurde die Messung berichtigt und auf 43776 französische Fuß oder 7296 Toisen*[11] von 6 Fuß festgesetzt. Anderthalb Jahre vorher hatte Herr Cassini aus Paris dieselbe Grundlinie vermessen, aber der Akademie keine Nachricht hinterlassen. Er hatte weder zurückgemessen noch eine Brücke gebraucht, und doch dauerte seine Messung 28 Tage, wohingegen Herr von Osterwald die Hin- und Rückmessung in neun Tagen erledigte.

Hier in Dachau hielten wir einen Kriegsrat über die Fortsetzung unserer Reise ab. Man hatte uns nämlich in München sehr davon abgeraten, nachts bis nach Augsburg zu reisen, denn die Leute in München waren voller Furcht vor Räubern. Man glaubte, daß sie die Wege unsicher machten. Erst vor kurzem waren einige 20 gefangen worden. Ich sprach aber in München auch einen Kaufmann, der nachts sicher von Augsburg hergekommen war. Vernünftige Leute glaubten überdies, die Furcht sei übertrieben, da die Räuber wohl einzelne Häuser, nicht aber Reisende auf den Straßen zu berauben pflegten. Daher entschlossen wir uns, der angenehmen Kühle wegen, unsere Reise nachts fortzusetzen, auch wenn einige Leute in München dies für sehr gewagt hielten. Wir wußten, daß in Dachau ein Offizier mit einem Kommando postiert war. Wir suchten ihn auf und zogen ihn wegen der Sicherheit des Weges zu Rate. Als er uns sagte, seine Patrouillen hätten ihm seit Wochen nichts Verdächtiges gemeldet, hatten wir noch weniger Bedenken, unsere Reise unbekümmert fortzusetzen.

Mit Einbruch der Dunkelheit kamen wir nach Schwabhausen, einem Dorf, etwa vier Meilen von München entfernt, wo die Pferde gewechselt werden. Während der Nacht wechselten wir nochmals die Pferde in dem Marktflecken Ebersberg. Mit Tagesanbruch kamen wir schließlich in das letzte bayerische Städtchen, Friedberg, wo sich von Augsburg aus eine in Bayern sonst ungewöhnliche Industrie angesiedelt hat. Es wohnen da 27 Uhrmacher, die für augsburgische Unternehmer arbeiten. Die Stadt liegt auf einem ziemlich hohen Berge und bietet eine herrliche Aussicht auf das umliegende Land voll fetter Viehweiden. Hier sahen wir auch eine Herde von ungefähr 300 Stück Hornvieh zu den Toren herauskommen, ein angenehmer Anblick, den wir seit Franken in keinem Landstädtchen mehr gehabt hatten, denn in Österreich ist die Viehzucht nicht zum besten bestellt, und in Bayern, wo es damit etwas besser steht, ist sie doch noch sehr unterentwickelt. Bald darauf kamen wir an die Mautstelle der bayerischen Grenze, unweit der Brücke über die Acha, und langten um 6 Uhr in Augsburg an, wo wir in der *Traube* am Weinmarkt abstiegen.

3. KAPITEL

# Augsburg

*Lage und Aussehen der Stadt – Die Einwohner – Der Wasserbau – Protestanten und Katholiken in Augsburg – Handel und Gewerbe – Die Weberei – Die feinmechanischen Künste – Augsburger Buchdruckereien und der Buchhandel – Bildung und die Schönen Künste – Sitten und Sprache in Augsburg*

Augsburg ist eine der ältesten Städte Deutschlands, und fast möchte man sagen, sie sei die bemerkenswerteste unter den alten Städten. Der älteste Kunstfleiß Deutschlands fand sich, neben Nürnberg, vorzugsweise in Augsburg. Die Handelsverbindungen dieser Stadt erstreckten sich seit dem vierzehnten und fünfzehnten Jahrhundert auf das ganze südliche Deutschland und hatten auf die Kultur unseres Vaterlandes den größten Einfluß, weil durch diese Verbindungen so viele ausländische Kunstwerke ins Land kamen.

Außerdem fanden in dieser Stadt schon seit den ältesten Zeiten viele für ganz Deutschland, ja ganz Europa bedeutsame Verhandlungen statt. Ich will nur die wichtigsten nennen: Auf dem Konzil in Augsburg im Jahre 952 n. Chr. wurde der ehelose Stand der Priester bestätigt. Dadurch bekam die unselige Macht der katholischen Hierarchie ihre kräftigste Stütze. Viele in Augsburg abgehaltene Reichstage sind für die deutsche Geschichte sehr wichtig gewesen, ganz besonders der von 1530, auf dem die protestierenden Stände dem Kaiser und Reich das berühmte Augsburger Bekenntnis vorlegten. Dieser wichtige Schritt setzte den Anfang für eine Trennung, die sehr viel zur Aufklärung des menschlichen Verstandes und zu wirklicher Verbesserung der Religion in ganz Europa beitrug. Ebenso wichtig war der Religionsfriede, der auf dem Reichstag von 1555, nach so vielen scheußlichen Verfolgungen und so vielem Blutvergießen endlich erreicht wurde. Dieser Friedensschluß, der einen ersten Damm gegen die schädliche Macht der römischen Kirche bildete, erregte deren ganzen Groll und verursachte den Dreißigjährigen Krieg.

Augsburg hat mit den meisten deutschen Städten gemeinsam, daß seine geographische Lage nicht genau bestimmt ist. Die Unter-

Der Dom zu Augsburg

schiede, die sich zwischen den verschiedenen Angaben ergeben, machen Meilen aus. Es ist doch sonderbar, daß keiner der zahlreichen braven Mathematiker, die es in Augsburg gegeben hat, die Lage der Stadt durch Observation astronomisch genau bestimmte. Ich habe bei dieser Reisebeschreibung bisher allemal die vornehmsten mir bekannten Beschreibungen von jeder Stadt, von der ich zu reden hatte, nachgesehen und verglichen. Ich halte es für sehr wichtig, daß dies von verschiedenen Seiten gemacht wird, denn es ist unglaublich, mit welcher Sorglosigkeit und mit wie wenig Sachkenntnis die meisten Städtebeschreibungen gemacht sind und welche seltsamen Irrtümer sich darin fortpflanzen.

Die Straßen Augsburgs sind recht breit. Dafür ist das Pflaster sehr buckelig und beschwerlich, doch an den Seiten gibt es dafür sehr bequeme Gehwege aus Backsteinen. Alle Häuser sind aus Stein gebaut und die meisten auch recht ansehnlich. Viele sind drei, einige auch vier oder fünf Geschosse hoch. Ihre äußere Form zeigt Vielfalt, und verschiedene sind von moderner Architektur oder wollen es zumindest sein. Wieder andere haben noch die Form der vornehmen Patrizierhäuser aus dem sechzehnten Jahrhundert mit ihren hochsteigenden Geschossen und den spitzigen deutschen Dächern. Solche Häuser waren es vermutlich, die dem berühmten Winkelmann*[1], als er aus Italien zurückkam, so unerträglich waren und ihn so mißmutig machten, daß er gar nicht mehr in Deutschland bleiben wollte. Seinem Reisegefährten, dem Bildhauer Cavaceppi, einem gebürtigen Italiener, der sich beständig mit der Schönheit der Formen beschäftigte, waren sie lange nicht so zuwider. Auch mir erschienen sie keineswegs anstößig, sie waren für mich vielmehr Bilder ihres Zeitalters. Sie sind Denkmäler aus der Blütezeit dieser Stadt und zeigen, wie reich Augsburg im sechzehnten und zu Beginn des siebzehnten Jahrhunderts war und welche Art von Bequemlichkeit sich wohlhabende Leute damals zu verschaffen suchten. Man darf diese Gebäude nicht mit den Tempeln der Römer oder Griechen vergleichen, sondern muß sie an den bürgerlichen Häusern anderer deutscher Städte messen. Wenn man nämlich die alten Häuser in Nürnberg oder die noch spitzigeren Giebeldächer in Lübeck dagegenhält, so zeigt sich, welchen großen Vorzug Augsburg verdient und daß zur damaligen Zeit in keiner deutschen Stadt so prächtig und bequem gebaut wurde wie hier. Ich möchte sogar behaupten, daß die moderneren Gebäude in Augsburg bei weitem nicht so schön sind wie die alten.

Die Bemalung der Augsburger Häuser wird in vielen Büchern gerühmt, und einige Fassaden sind auch vollständig bemalt. An den meisten Gebäuden jedoch ist nur über der Tür oder zwischen den Fenstern ein frommes Bild, so, wie man es auch in anderen katholischen Ländern, besonders in Bayern, findet. Die Holzer-*[2] und Bergmüllerschen Gemälde sind sehr berühmt, doch ist vieles schon verwittert. Besonders von dem berühmten Bild von Holzer am Gasthof zum Goldenen Hirsch ist nur noch sehr wenig zu erkennen. An sehr vielen katholischen Häusern ist eine Monstranz mit zwei Gläsern abgebildet. In dem einen sieht man eine zur Hälfte rote, zur anderen Hälfte weiße Hostie. Das Bild bezieht sich auf die dumme Legende, daß eine Magd an der Wirklichkeit der Transsubstantiation*[3] gezweifelt und deshalb die Hostie nicht gegessen, sondern aufbewahrt habe. Nach einiger Zeit soll sie mit Erstaunen entdeckt haben, daß die Hostie zur Hälfte in Fleisch verwandelt war. Man treibt die Abgeschmacktheit so weit, daß man eine Monstranz mit der Hostie in der Kirche zum Heiligen Kreuz bis auf den heutigen Tag mit großer Feierlichkeit zeigt und auf den Kanzeln diese Geschichte als ein großes Wunder gegen uns Ketzer anführt.

Das beste bürgerliche, modern gebaute Haus ist das des Herrn Baron von Liebert am Weinmarkt. Es hat einen artigen Saal, dessen Decke von Guglielmi*[4] gemalt wurde. Das vorzüglichste moderne Gebäude ist allerdings das Rathaus. Es ist viel zierlicher und ansehnlicher als das zu gleicher Zeit – anfangs des siebzehnten Jahrhunderts – errichtete Nürnberger Rathaus. Das Innere wollte ich mir aber gar nicht anschauen, denn ich wußte schon vorher, daß in den vielen ausführlichen Beschreibungen dieses Gebäudes von seiner Inneneinrichtung und der Pracht der Ausschmückung weit mehr Aufhebens gemacht wird, als es verdient.

Der flache Hügel neben dem Rathaus heißt der Perlachplatz, und der dort frei stehende Turm mittlerer Höhe ist der Perlachturm. Auf dem Platz steht ein großer Springbrunnen mit aus Erz gegossenen Figuren. Hoch oben auf einer Säule befindet sich eine Statue des Kaisers Augustus, weil man glaubt, daß er an dieser Stelle die Stadt gegründet habe. Der Brunnen auf dem Weinmarkt hat eine eherne Bildsäule des Herkules. Die Figuren beider Brunnen sind von Niederländern gemacht und haben nicht die Grazie der antiken Vorbilder. Die Hauptfiguren wirken nicht erhaben, sondern eher geduckt, und die Nebenfiguren scheinen wahllos zusammengestellt zu sein. Doch ist der Herkulesbrunnen bei weitem der schönste aller Augsburger Brunnen.

In vielen Beschreibungen wird behauptet, das Zeughaus sei in einem guten Zustand. Für das Gebäude mag das wohl stimmen, denn es sieht überhaupt nicht baufällig aus, aber im Innern ist wenig oder gar nichts zu sehen, da die Bayern und Franzosen im Jahre 1703 alle vorhandenen Geschütze weggeführt hatten, so daß dort heute nur noch Wäsche getrocknet wird. Auch auf den Wällen stehen keine Geschütze mehr, denn die Stadt hat es aufgegeben, sich auf diese Weise zu schützen.

Vor dem Zeughaus steht eine kolossale Statue des Erzengels Michael, der gerade den Teufel besiegt. Sie ist von Johann Reichel[*5], einem Bildhauer aus Bayern, um 1607 geschaffen worden. Diese Figurengruppe finde ich in keinem Buch über Augsburg genannt, und dabei verdient sie es doch viel mehr als so viele mittelmäßige Malereien, von denen man so viel Aufhebens macht. Sie ist meisterhaft gearbeitet. Wie übrigens eine Gruppe des heiligen Michael an ein Zeughaus kommt, weiß ich nicht, sie gehört doch viel eher an ein Jesuitenkollegium.

Über die Einwohnerzahl von Augsburg gibt es widersprüchliche Angaben. In Büschings[*6] *Wöchentlichen Nachrichten* von 1784 wird sie mit 40000 angegeben. Ein Buch mit einem genauen Kommentar der Geburts- und Sterbelisten nennt eine Bevölkerung von 36500 Personen. Im Gothaschen Taschenbuch[*7] für das Jahr 1783 werden 36400 genannt. Der Verfasser einer *Reise von Wien nach Paris*, ein freilich recht oberflächlich urteilender Mann, spricht von 20000 Einwohnern. Ein gebürtiger Augsburger schließlich versicherte mir, die Zahl sei nicht viel höher als 32000.

Die heutigen Augsburger zeigen auffällige Unterschiede in ihrer Physiognomie[*8]. Sie bilden gleichsam eine Mischung schwäbischer und bayerischer Gesichtszüge. Dabei scheint mir, daß die Protestanten eher den schwäbischen und die Katholiken den bayerischen Typ repräsentieren. Schon Bianconi, selbst ein Katholik, hat bemerkt, daß man in Augsburg die Katholiken und die Protestanten am Gesicht und an den Manieren unterscheiden könne. Der Unterschied ist in der Tat für jeden aufmerksamen Beobachter höchst auffällig, was aber um so weniger verwundert, als man fast sagen kann, die Katholiken in Augsburg seien katholischer als irgendwo sonst. Insbesondere unterscheidet sich der einfache Katholik deutlich von seinem protestantischen Mitbürger. Jener ist viel in sich gekehrter, dieser viel gesprächiger und unternehmungslustiger. Jener ist oft fleischiger und gerötet, ja blutrot im Gesicht, dieser hat eher kantige Gesichtszüge. Unterschiede bemerkte ich auch bei den Frauen, als ich kurz hintereinander eine katholische und eine protestantische Kirche besuchte. Ein Grund für die frappierenden Unterschiede liegt bestimmt darin, daß beide Bevölkerungsgruppen sich nur jeweils unter ihren Glaubensgenossen verheiraten. Vielleicht stammen aber auch viele Katholiken aus Bayern.

Eine wichtige Grundlage für das Augsburger Stadtregiment bildet der Osnabrücker Friedensvertrag*[9], und die beste Darstellung aller sich daran anschließenden Veränderungen findet man in Langmantels *Historie des Regimentes der Stadt Augsburg*.

Die Regierungsform in Augsburg ist aristokratisch, und doch sind die Bürger mit ihrem Rat viel zufriedener als z. B. die Nürnberger oder die Ulmer. Die Augsburger Patrizier sind zwar oft sehr stolz und pochen auf ihre Privilegien wie die anderer aristokratischer Reichsstädte auch, aber sie regieren nicht allein in der Stadt, sondern es sind im Großen Rat auch viele Bürger, Kaufleute wie Künstler und auch Handwerker vertreten. Die Bürgerschaft hat insgesamt eine republikanische, freiheitliche Gesinnung, die den Nürnbergern z. B. gänzlich fehlt. Sie weiß ihre Rechte jederzeit geltend zu machen, und der Rat geht in allen Fällen sehr gelinde mit ihr um. Wegen dieser weisen Mäßigung hört man auch viel seltener von Mißvergnügen und Streitigkeiten als in anderen Reichsstädten.

Die eigentlichen Steuern sind in Augsburg sehr mäßig und sollen alles in allem nicht mehr als ungefähr ¾ Prozent der Einkünfte eines Bürgers ausmachen. In Wien gilt, daß die Eigentümer von Häusern von deren Ertrag ⅐ oder etwa 14 Prozent direkte Abgaben leisten müssen, dazu kommen noch indirekte Steuern. Es ist sehr auffällig, daß in Augsburg die direkten Steuern so gering sind, und das Ungeld*[10] die Haupteinnahmequelle der Stadt darstellt. Daß es den Bürgern von Augsburg so gut geht, dazu trägt gewiß die Tatsache viel bei, daß

Der Augsburger Rathaussaal

diese Abgabe für die schicklichste gehalten wird; wie denn meines Erachtens die indirekten Auflagen, wenn sie den Verhältnissen angepaßt sind, immer am leichtesten zu tragen sein werden. Wie niedrig der Tarif der Konsumtionsakzise in Augsburg sein muß, sieht man daran, daß sie bei anfallenden Staatsbedürfnissen erhöht werden kann, ohne daß der Bürger darüber seufzt.

Die Stadt Augsburg hat fast gar kein Territorium; die öffentlichen Einkünfte fließen daher allein aus den Steuereinnahmen der Bürger. Dennoch hat die Stadt im vorigen Jahrhundert wichtige Gebäude gebaut, z. B. das prächtige Rathaus, das Siegelhaus u. a. m. Auch die Befestigung kostete damals große Summen, und die kostspieligen Regulierungen der Flüsse Lech und Wertach verursachen noch bis heute ständig große Ausgaben. Außerdem nahm der Spanische Erbfolgekrieg*[11] Augsburg am Anfang dieses Jahrhunderts ganz ungemein mit. Dennoch hat diese Reichsstadt fast gar keine Schulden. Ulm und Nürnberg, welche weitläufige und fruchtbare Territorien haben und deren Bürger viel höhere Abgaben entrichten, sind dagegen hoch verschuldet. Die freien Bürger von Ulm haben wiederholt ihren Rat vor den Reichsgerichten verklagt, weil sie mit seiner Verwaltung der öffentlichen Gelder und mit der Veräußerung einiger Stadtgüter nicht zufrieden waren.

Das Bürgerrecht wird in Augsburg einem Fremden sehr leicht verliehen. Es kostet 25 Gulden. Das Polizeiwesen der Stadt ist in gutem Stande, denn Rat und Bürgerschaft sind sich einer Meinung, es zu fördern. Im Jahre 1782 widersetzte sich zwar ein ansehnlicher Teil der Kaufmannschaft der an sich sinnvollen Verordnung, die bis in die Straßen reichenden Dachrinnen abzuschaffen und sie statt dessen an den Häusern herunterzuleiten, doch lag der Grund für die Weigerung eher darin, daß der Rat kein Recht habe, einseitig den Bürgern außerordentliche Ausgaben für ihre Häuser zu befehlen. Die Verteidigung ihrer Rechte ist ihnen nicht zu verdenken, doch darf man vermuten, daß sie patriotisch genug denken werden, um eine so offensichtlich gemeinnützige Sache freiwillig zu tun. Gerade als ich nach Augsburg kam, wurde die sehr nützliche Verordnung beschlossen, die Häuser zu numerieren, weshalb die Stadt in acht Bezirke eingeteilt wurde, von denen jeder besondere Nummern hat. Der edle Zweck dieser Einrichtung war es, eine neue Armenanstalt zu gründen. Dazu werden monatliche Haussammlungen durchgeführt, die gewöhnlich etwas über 2000 Taler einbringen, wozu noch besondere Schenkungen kommen. Auf diese Weise waren 1782 fast keine Bettler mehr auf den Gassen zu finden. Aber schon jetzt klagt man auch in Augsburg wie an anderen Orten, daß diese sonst so menschenfreundliche Einrichtung dem Zwecke, die Armut zu vermindern, nicht ganz entspreche, denn die Anzahl der Armen nimmt jedes Jahr stark zu. Es kommen nämlich die Armen und diejenigen, die Arme sein wollen, von weit her, um sich Almosen geben zu lassen.

Eine alte, wohltätige Einrichtung ist die sogenannte Fuggerei*[12]. Die reichen Fugger haben nämlich schon zu Anfang des sechzehnten Jahrhunderts 106 kleine Häuser in der Jakobs-Vorstadt bauen lassen, welche verschiedene Straßen bilden und in denen arme Leute für eine sehr geringe Miete wohnen können. Es wäre zu wünschen, daß auch in unseren Zeiten reiche Leute ihren Überfluß so edel anwenden.

Augsburg hat ein katholisches und ein protestantisches Waisenhaus; das letztere ist aber sehr unvollkommen. Außerdem gibt es ein großes Spital oder Krankenhaus für Protestanten und Katholiken, das man in dortiger Sprache ein Brechhaus nennt. Vielleicht kommt der Ausdruck von Gebrechen.

Augsburg liegt in dem Winkel, den Lech und Wertach bei ihrem Zusammenfluß bilden. Der Lech entspringt in Tirol, nimmt unterwegs verschiedene Bäche und Flüßchen auf und hat, wie alle Flüsse, die im Hochgebirge entspringen, einen sehr schnellen und reißenden Lauf. Die Wertach, die oberhalb Nesselwangs in Schwaben entspringt, ist nicht weniger reißend. Ihre ganz besondere Lage nötigt die Stadt zu ständigen, sehr kostspieligen Wasserbauten. Außerdem bringt sie sie in Abhängigkeit von Bayern, da man wegen der Wasserbauten besondere Verträge benötigt, aber auch wegen der mit dem häufigen Hochwasser zusammenhängenden Veränderungen der Flußbette ständig in Streitigkeiten verwickelt wird. Andererseits hat sich die Stadt durch die Nähe des Lechs schon seit beinahe drei Jahrhunderten mit einem gut ausgebauten Wasserleitungsnetz große Bequemlichkeiten zu verschaffen gewußt. Oberhalb der Brücke und des Zollhauses auf dem Wege von Friedberg fließt ein Arm des Lechs auf die Stadt zu und teilt sich kurz vorher in verschiedene weitere Arme. Durch ein bei der ersten Verzweigung 1596 von Jakob Schwarz errichtetes Wehr reguliert man das Gefälle des Wassers. Durch besondere Verträge mit Bayern und dem Kloster St. Ulrich hat man sich die Wasserrechte gesichert und an den Armen des Lechs verschiedene für die Industrie der Stadt sehr nützliche Silber-, Kupfer- und Eisenhammerwerke sowie verschiedene Mühlen angelegt. Mit Hilfe eines 1480 gegrabenen Kanals, dem sogenannten Brunnenbach, wird das Wasser nicht nur in die Stadtgräben und in verschiedene die Stadt durchströmende Kanäle, sondern auch in die öffentlichen Springbrunnen und die meisten Häuser geleitet. Die Eigentümer müssen dafür bezahlen, denn das Wasser, welches in die Kanäle und Gräben kommt, und dasjenige, welches in die Häuser zum Trinken und sonstigen Gebrauche geleitet wird, hat jeweils eine eigene Leitung. Zur Speisung all dieser Wasserleitungen stehen am Roten Tor der obere Wasserturm für die obere und mittlere Stadt, am Mauerberg der untere Wasserturm für die untere Stadt und am Jakober Tor zwei Wassertürme für die Vorstädte. Diese Einrichtungen stammen schon aus dem sechzehnten Jahrhundert.

Zu den alten Polizeianstalten gehört auch der bekannte sogenannte Einlaß, eine mechanische Öffnung eines kleinen Tors, mit dessen Hilfe jemand in der Nacht mit völliger Sicherheit in die Stadt eingelassen werden kann, ohne daß ein Wächter dazu nötig ist. Diesen Einlaß hatte man im sechzehnten Jahrhundert Kaiser Maximilian I. zu Gefallen erbaut; er wird aber jetzt nicht mehr gebraucht, teils weil er für Wagen allzu eng ist, hauptsächlich aber, weil Augsburg längst alle kriegerische Verteidigung, selbst gegen einen Überfall, aufgegeben hat und so seine Tore zu allen Nachtzeiten öffnen kann. Den Mechanismus dieses Werks, welcher immer merkwürdig bleibt, hat Blainville in seiner Reisebeschreibung am besten beschrieben.

Die protestantische Religion wurde von den Augsburgern schon früh angenommen. Bereits im Jahre 1525 teilte Urbanus Regius das Abendmahl unter beiderlei Gestalt aus. Er hatte die Erlaubnis des Rates, der damals, wie auch der größte Teil der Bürgerschaft, zur beginnenden Reformation neigte. Aber die katholische Partei arbeitete mit dem heftigsten Eifer darauf hin, die protestantische Religion zu unterdrücken. Als im Jahre 1555 auf dem Reichstag zu Augsburg der erste Religionsfriede geschlossen wurde, legte der Kardinalbischof von Augsburg, Otto von Truchses, ein sehr bigotter, den Jesuiten ganz ergebener Mann, Protest ein, der, obwohl ebenso nichtig wie der des

Papstes gegen den Westfälischen Frieden*[13], dennoch genauso zeigt, welche Gesinnung in solchen Fällen in der katholischen Kirche vorherrscht. Augsburg spürte wie das übrige protestantische Deutschland die heftigen Bestrebungen der Katholiken zur Unterdrückung der Protestanten. Es war im osnabrückischen Frieden noch die einzige Rettung der Protestanten gewesen, auf eine gänzliche Parität in der Regimentsbestellung zu dringen, d. h., es ist nach unsäglichen Schwierigkeiten in diesem Frieden festgesetzt worden, daß die protestantische und katholische Religionspartei gleiche Rechte haben und daß bei allen Ämtern eine gleiche Anzahl von Personen jeder Religion bestellt werden sollten. Diese Parität hat freilich mancherlei Beschwerlichkeiten. Zuweilen wird etwas Gutes dadurch verhindert, und so manche Ungereimtheiten folgen daraus.

Der protestantische Gottesdienst in Augsburg ist sehr viel einfacher und nicht mit so vielen katholischen unnützen Zeremonien befleckt wie in Nürnberg. Die Prediger gehen außerhalb des Gottesdienstes ohne Ornat, in simplen schwarzen Röcken. Ich besuchte ein paar protestantische Predigten. Die Prediger sprachen mit einer gewissen Herzlichkeit, die mir gut gefiel. Es war freilich zu bemerken, daß sie nicht wenig zum Pietismus und dessen salbungsvollen leeren Worten neigten. Das Denkwürdigste, was unter den Protestanten in Augsburg seit langer Zeit vorging, ist, daß Herr Urlsperger vor einigen Jahren eine *Deutsche Gesellschaft zur Beförderung reiner Lehre und wahrer Gottseligkeit* errichtete, die sich in viele deutsche Städte ausgebreitet hat, deren innere Verfassung und deren eigentliche leitende Herren noch bis jetzt in geflissentlicher Dunkelheit gehalten werden, die aber durch ihr öffentliches Betragen sich allen redlichen Protestanten schon verdächtig genug gemacht hat.

Ich habe schon oben bemerkt, daß die Katholiken in Augsburg auf den ersten Blick von den Protestanten zu unterscheiden sind. In anderen Städten, wo Protestanten und Katholiken vermischt wohnen, z. B. in Erfurt, bemerkt man dies auch; doch nirgends fällt es so sehr auf wie in Augsburg. Man möchte fast sagen, die Katholiken in Augsburg sind doppelt und dreifach katholisch. Seit der Reformation haben die Jesuiten den katholischen Teil von Augsburg ganz und gar beherrscht. Der oben erwähnte Kardinal Otto von Truchses, Bischof von Augsburg, berief schon 1549 die Jesuiten in die Stadt. Er stiftete in seiner Residenzstadt Dillingen ein Kollegium und Seminar, das sie

Die Sankt-Ulrichs-Kirche

sehr bald ganz an sich zu ziehen wußten. Von hier aus haben sie beständig den größten Einfluß auf die umliegenden katholischen Länder gehabt, und Augsburg fühlte ihren Einfluß am meisten. Sie bemächtigten sich der reichsten und vornehmsten Familien der Stadt, besonders der berühmten Fugger, die das hiesige Jesuitenkolleg durch eine Schenkung von 30000 Gulden stifteten.

Die schon seit dem dreizehnten Jahrhundert sehr rege Industrie von Augsburg hat in dem Herrn von Stetten dem Jüngeren einen Geschichtsschreiber gefunden, dergleichen sich keine einzige andere Stadt rühmen kann. Kenntnis der Künste, wissenschaftliche Kenntnisse mancherlei Art, nebst dem Zugang zum Stadtarchiv, verbunden mit einem bewundernswerten ausdauernden Fleiß und mit der seltenen Kunst, archivarische Notizen recht zu gebrauchen, findet man so leicht nicht wieder bei einem anderen Schriftsteller in diesem Ausmaß vereinigt. Mit der vielfältigsten Industrie war bekanntlich in Augsburg von jeher ein sehr ausgebreiteter Handel verbunden, wobei Augsburg sehr günstig lag, solange Venedig der Hauptumschlagplatz des Handels war. Bekanntlich erreichte er im sechzehnten Jahrhundert zu den Zeiten der Fugger und nachher der Welser seinen Höhepunkt und nahm seit der Aufnahme des Handels in Holland und seit dem Dreißigjährigen Kriege ab. Weder die Industrie noch der Handel haben seither diesen Gipfel je wieder erreicht. Man kann sogar sagen, daß, besonders seit dem Spanischen Erbfolgekrieg zu Anfang dieses Jahrhunderts, Augsburg mehr gesunken als gestiegen ist; doch ist die Abnahme nicht so stark wie in dem benachbarten Nürnberg.

Jeder, dem die Beschaffenheit des Wechselhandels nicht ganz fremd ist, erkennt sofort, welchen großen Vorteil Augsburg daraus zieht. Es tut im kleinen, was Holland im großen tut, es macht Kasse für die benachbarten Länder, besonders für Österreich, für Schwaben und für einen Teil der Schweiz und Italiens. Daß Augsburg dies kann, dazu noch mit großem Erfolg, zeigt den großen Reichtum an Geld, der sich in der Stadt angesammelt hat, und den sehr großen Kredit der Augsburger Handelshäuser. Auffallend ist, daß über Augsburg, obwohl es so bedeutende Wechselgeschäfte mit Österreich macht und obwohl die Fugger im sechzehnten Jahrhundert den Regenten Österreichs so großzügige Darlehen gaben, die österreichischen Staatsanleihen nicht mehr abgewickelt werden, sondern über

Frankfurt. Ein Grund dafür könnte darin liegen, daß Frankfurt die besseren Handelsbeziehungen zu den österreichischen Niederlanden hat. Vielleicht gründet sich Augsburgs Wechselhandel auch viel unmittelbarer auf den Warenhandel? Kann der Kapitalgeber seine Gelder nicht nutzbringender zur Unterstützung eines Kaufmanns einsetzen, als sich mit den Zinsen zufriedenzugeben, die eine Anleihe bringt?

Die Industrie Augsburgs ist schon seit den ältesten Zeiten durch die verschiedenartigen Mühlen gefördert worden, die man am Stadtrand errichtet hatte. Stetten berichtet, daß schon seit dem vierzehnten Jahrhundert verschiedene Mühlwerke in Augsburg existieren. Die Vorteile, die die Betriebe in der Stadt aus der Wasserkraft ziehen, halten bis heute an. Ich besichtigte eine ganze Reihe solcher Mühlwerke. Darunter ist auch eine Kupfer- und Silbermühle. Hier wird neben dem Kupfer, das in 80-Pfund-Barren geschmolzen und dann unter dem Hammer getrieben wird, auch Silber zu Geschirr, Schüsseln, Tellern usw. verarbeitet. Auch silberne Kaffeekannen werden hergestellt. Der Schmied arbeitete nur mit seiner Frau und seiner Tochter und klagte über Mangel an Aufträgen, besonders in den Silberarbeiten. Auch eine Poliermühle, in der nicht nur Messer und Klingen, sondern auch anderes Stahl- und Silbergerät poliert wurde, fand ich in der Stadt. In einem Eisenhammerwerk, in dem der Besitzer mit seinem Sohn und sechs Gesellen arbeitete, fiel mir besonders auf, daß hier Dinge geschmiedet wurden, die man sonst nicht auf solchen Hammerwerken herstellt, wie z. B. Kurbeln für die Wehre oder eiserne Schuhe für die Palisaden beim Wasserbau. Selbst Uhrfedern wurden hier fabriziert. In der gleichen Gegend steht die Schmidtsche Schnupftabakmühle. Tabak zum Rauchen wird in Augsburg allerdings nicht verarbeitet.

Die Weberei, besonders von leinenen und baumwollenen Zeugen, ist seit 300 Jahren ein sehr wichtiger Zweig der Augsburger Industrie. Bekanntlich haben die Fugger besonders das Barchentweben*[14] sehr weit entwickelt. In neuerer Zeit gibt vor allem das Weben von Baumwollstoffen und ihr Bedrucken sehr vielen Menschen in Augsburg Arbeit. Die Kattundruckerei des Herrn von Schüle ist in ganz Deutschland sehr berühmt. Dieser fleißige und geschickte Unternehmer ist zum Wohltäter vieler tausend Menschen geworden, die durch ihn Arbeit und Auskommen fanden. Er selbst ist für viele ein Vorbild geworden, weil er durch Fleiß, Ordnung und Unternehmungsgeist sich ein sehr großes Vermögen erworben hat, obwohl er aus sehr einfachen Verhältnissen stammte. Er lebte zuvor eine Zeitlang in Heidenheim an der Brenz im Herzogtum Württemberg. Dort hatte er eine Kattunmanufaktur übernommen und durch Fleiß in kurzer Zeit hochgebracht. Dadurch erweckte er Neid und wurde, wie man erzählt, von der dortigen Regierung durch unangenehme Formalien am Fortkommen gehindert. So ging er nach Ulm, um dort eine größere Manufaktur aufzubauen. Man erkannte dort aber auch nicht, was ein Mann von seinem Unternehmungsgeist der Stadt nützen könnte. So empfing man ihn ziemlich kalt und versuchte, ihn mit umständlichen Formalien hinzuhalten. Darüber wurde Herr von Schüle so ungeduldig, daß er 1758 schließlich nach Augsburg ging. Es gab dort zwar schon sehr gute Kattunmanufakturen, doch von Schüle entwickelte ein sehr viel feineres Gewebe, ließ die Weber den Stoff feiner und breiter weben und verschaffte dem Augsburger Kattun dadurch einen noch besseren Ruf. 1761 begann er sein großes Manufakturgebäude vor dem roten Tor zu bauen, das mit seiner sehr breiten, modernen Fassade und den beiden langen Seitenflügeln beinahe das Aussehen eines fürstlichen Palastes hat. Erst nach zwölf Jahren, 1773 also, war der Bau fertiggestellt. Hier werden teils in Augsburg gefertigte, teils ostindische Kattune appretiert*[15], bedruckt, bemalt und gepreßt. Dies alles geschieht mit einer so vorzüglichen Technik, daß sich die Schüleschen Kattune von vielen anderen sehr vorteilhaft unterscheiden.

Ich habe nur wenige Betriebe dieser Art mit so großem Vergnügen besichtigt. Alles zeugte von Ordnung, zweckmäßiger Einrichtung, Reinlichkeit und Bequemlichkeit. Es arbeiten dort ungefähr 350 Personen, darunter viele Frauen und Kinder. Die Arbeiter kommen im Sommer täglich morgens um sechs Uhr und arbeiten bis abends um acht Uhr. Sie werden jedoch nicht nach der Zeit, sondern nach der Anzahl der gefertigten Stücke bezahlt. Man zeigte uns kleine Mädchen, die täglich nur acht Kreuzer verdienen konnten, und einen Drucker für gedeckte Muster, von dem man sagte, er könne es in der Woche auf zwei Louisdor bringen, was mir aber fast unglaublich scheint. Die einfarbigen Muster werden mit großen Kupferplatten, für deren Herstellung man extra zwei Kupferstecher einstellte, gedruckt. Die mehrfarbigen Muster aber hat man noch nicht mit Kupferplatten zu drucken versucht, sondern man bedient sich dazu hölzerner Formen, sogenannter Modeln. In Augsburg gibt es eine eigene Zunft von Modelschneidern, die zum Teil sehr gut arbeiten. Es war wirklich ein Vergnügen, zu beobachten, mit welcher Fertig- und Genauigkeit die Drucker bei den verschiedenen, aufeinanderfolgenden Mustern die rechte Stelle wieder trafen oder, wie man in der Buchdruckerei sagen würde, Register hielten, ohne daß so etwas wie eine Punktur zu bemerken war.

Die Kupferplatten werden auf einer Presse abgedruckt, die durch ein Schwungrad in Bewegung gesetzt wird, das zwei Stirnräder treibt. Es gibt dann noch eine besondere Vorrichtung, mit der das ganze Stoffstück, sowie der Abdruck weitergeht, sanft in die Höhe bis zur Zimmerdecke gezogen wird, um dann nach unten zurückgeführt und auf eine Rolle aufgewickelt zu werden. Mir scheint, daß auch gewöhnliche Kupferdruckpressen mit großen Platten z. B. Landkarten oder dergleichen durch ein Schwungrad viel gleichmäßiger und kräftiger drucken könnten und dadurch die menschlichen Kräfte viel weniger erschöpft würden, als das bisher der Fall ist. Die große Mange oder Rolle, in der drei hölzerne Walzen übereinander laufen, wird von einem Pferd angetrieben, was auch in anderen Manufakturen dieses Gewerbes üblich ist.

Man zeigte uns auch ein Stück feinen, herrlich mit Gold und Silber bemalten Zitz*[16], eine Kunstfertigkeit, für die diese Manufaktur berühmt ist. Der Stoff kostet sieben Karolinen*[17]; aber man muß dazu sagen, daß ein solcher Zitz nicht gewaschen werden kann, da sonst das Gold und das Silber ausgingen oder schwarz würden. Daher ist der Zitz auch mehr zum Ansehen als zum Gebrauch gedacht.

Nicht weit entfernt vom Schüleschen Betrieb steht eine Kattunbleiche. Sie ist von einer hübschen Pappelallee eingerahmt und wird wie üblich von mehreren Kanälen durchschnitten. Zum Bleichen verwendet man Lechwasser, das durch ein besonderes Schöpfrad aus einem mit hohen Kosten errichteten Kanal heraufgeholt wird. Zur Reinigung des Kattuns sind auch Walkmühlen vorhanden, eine große für weiße und eine kleinere, sogenannte Pantschmühle für farbige Stoffe. Zusätzlich gibt es noch eine mit Wasserkraft angetriebene Mange. In ihr drehen sich zwei eiserne, hier in Augsburg geschmiedete Walzen, zwischen denen eine hölzerne läuft.

Man berichtete mir, daß im Jahre 1780 ungefähr 40 000 Stück Kattun und Zitze in der Manufaktur von Herrn von Schüle bedruckt worden seien, wovon fast ein Drittel auch in Augsburg hergestellt wurde. Der von Schülesche Betrieb ist aber nicht der einzige dieser Art, sondern es gibt in Augsburg noch eine ganze Reihe anderer.

Nach der Kattunweberei ist die Lodenweberei eines der bedeutendsten Gewerbe in Augsburg. Es existiert sogar eine eigene Lodenweberinnung. Der größte Teil der Produktion geht nach Italien. Die Lodenweber verarbeiten bevorzugt die grobe wallachische oder mazedonische Schafwolle, die trotz der weiten Transportwege immer noch zu einem erträglichen Preis zu haben ist. Man muß in Augsburg die Wolle von so weit her einkaufen, da es in der näheren Umgebung der Stadt wenig oder gar keine Schafzucht gibt; wie unterentwickelt die Landwirtschaft in dem benachbarten Bayern überhaupt noch ist, habe ich schon berichtet. Die wenige in Bayern selbst erzeugte Wolle wird dort zu groben Tüchern verarbeitet, und es wird nichts über die Grenze gelassen. Im württembergischen Oberland gibt es zwar recht viel Schafzucht und keine schlechte Wolle, aber auch dort ist die Ausfuhr der Wolle fast immer verboten. Aus der württembergischen Wolle werden leichte Stoffe gemacht, der Rest wird von einer Gesellschaft in Calw aufgekauft und teils von ihr selbst verarbeitet, teils in ganz andere Gegenden verkauft. Vermutlich rührt es von diesem Mangel an Wolle her, daß in Augsburg selbst äußerst wenige Tuchmacher leben und arbeiten. Auch die Herstellung von halbseidenen und Seidenerzeugnissen ist unbedeutend.

Im Zuchthaus gibt es noch eine Manufaktur für Wachsleinwand, und der Betrieb von Herrn von Gutermann, der goldene und silberne Tressen herstellt, liefert zwar gute Arbeit, doch nimmt der Vertrieb immer mehr ab, was auch an der derzeitigen Mode liegt. Schließlich findet man noch einige allerdings unbedeutende Wachsbleichen in Augsburg.

Die Augsburger Silberarbeiten stehen ja bekanntermaßen seit 200 Jahren in bestem Ansehen. Noch bis vor etwa 50 Jahren wurden die Silbergeschirre fast aller deutschen und nordischen Fürstenhöfe in Augsburg gemacht. Im Berliner Schloß hat man eine sehr große Menge kostbarer Silberarbeiten, die unter König Friedrich I. und Friedrich Wilhelm I. teils in Augsburg selbst, teils von nach Berlin gerufenen Augsburger Silberschmieden hergestellt wurden. Seit jener

Zeit hat die Silberschmiedekunst in Augsburg freilich sehr abgenommen. Es haben sich nicht nur geschickte Silberarbeiter an anderen Orten niedergelassen, auch der Feingehalt des in Augsburg verarbeiteten Silbers hat die Waren verteuert, da er höher ist als anderswo. So kann man an anderen Orten billiger arbeiten und mehr verkaufen, denn der geringere Silbergehalt ist weder zu erkennen, noch macht er sich beim Gebrauch bemerkbar. Am meisten aber hat wohl die Einführung des Porzellans den Gebrauch von Silbergeschirr und damit den Silberhandel sehr vermindert. Dazu kommt, daß seit etwa 20 Jahren die Mode auf alle Haushaltsgeräte einen großen Einfluß hat, wobei man immer stärker auf eine schöne Form achtet. Die Augsburger aber folgten in der Gestaltung ihrer Gefäße nicht immer der neuesten Mode, obgleich sie seit einigen Jahren darauf zu achten anfangen. Ungeachtet dessen stehen die Augsburger Silberarbeiten noch immer in hohem Ansehen. Es wird immer noch viel Silber verarbeitet, und es gibt eine ganze Reihe von Spezialisten in der Stadt, wie z. B. Gold- und Silberschmiede, Silberdreher, Graveure, Zeichner, Goldschläger usw. Es gehen noch immer bedeutende Aufträge nach Augsburg. Vor etwa vier Jahren z. B. ließ die russische Zarin sechs silberne Tafelservice, jedes für 40 Personen, in Augsburg anfertigen. Jedes Service kostete an die 80 000 Gulden. Die Augsburger Silberhändler sind fast die einzigen, die mit ihren teuren Waren die Messen besuchen, und auch da machen sie gute Geschäfte. Das Silber, das in den Augsburger Betrieben verarbeitet wird, kommt über verschiedene Wege größtenteils aus den Bergwerken Südamerikas. Verarbeitet, wird es dann bis nach Asien und Afrika verkauft.

Die feinmechanischen Künste waren seit je in Augsburg von Bedeutung. Zu einem besonders wichtigen Wirtschaftszweig hat sich inzwischen das Uhrmacherhandwerk entwickelt. Die Herstellung wird nicht wie in Genf fabrikmäßig betrieben, so daß jeder Handwerker nur noch ein bestimmtes Teil einer Uhr herstellt und andere sie dann zusammensetzen, sondern hier fertigt jeder Uhrmacher eine ganze Uhr. Einige Augsburger Kaufleute halten diesen Industriezweig ständig in Bewegung und geben so den Uhrmachern vollauf zu tun. Die Uhrenherstellung hat sich aus dem Silberhandel entwickelt, zu dem dieser Handwerkszweig früher gehörte, bevor sich dann durch die Genfer und andere der Gebrauch von Uhren sehr verbreitete. Die meisten Taschenuhren werden jedoch nicht in Augsburg selbst, sondern in benachbarten Ortschaften hergestellt, besonders in den bayerischen Grenzstädtchen Friedberg, Aicha oder Landsberg. Da man nun in Bayern den Wert einer wachsenden Industrie noch gar nicht erkannt hatte und man diesen Uhrmachern verschiedene Schwierigkeiten mit den Zünften machte, so hatten sich schon sehr bald verschiedene dieser Leute jenseits der Wertach und des Lechs in einigen schwäbisch-österreichischen Orten niedergelassen.

In Augsburg selbst werden neben Taschenuhren auch viele vorzügliche Pendeluhren gemacht. Einer der berühmtesten Künstler in diesem Handwerk ist Franz Xaver Gegenrainer. Dieser geschickte Mann setzte auch meinen Wegmesser, der durch die Ungeschicktheit eines eingebildeten, aber unwissenden Handwerkers in Wien unbrauchbar geworden war, wieder instand.

Augsburg hat aber auch einen mechanisch-musikalischen Künstler, der dieser Stadt sehr viel Ehre macht. Es ist der Orgelbauer J. A. Stein, ein gebürtiger Pfälzer. Er hat eine sehr schöne Orgel für die evangelische, ehemalige Barfüßerkirche gebaut, die ich zwar hören, aber nicht beurteilen konnte, da der Organist gerade mit allen Registern spielte, zwar sehr rauschend, aber nicht eben orgelgemäß. Dieser Stein hat auch ein neues Pfeifeninstrument erfunden, dem er den Namen Melodica gab. Es war aber, als ich ihn in seinem Hause besuchte, nicht spielbar; so konnte ich es leider nicht hören. Dafür spielte der Künstler auf seinem Fortepiano*[18]. Das Instrument hat die Form eines Flügels, und sein Fortepianoregister war überaus sanft und schmeichelnd, während das Harfenregister etwas hart und kreischend klang.

Die in Augsburg hergestellten Geigen und Lautensaiten sind zwar unter dem Namen der Stadt nicht gerade bekannt, doch von einer guten Qualität. In unserer Gegend werden sie sogar oft als romanische oder italienische Saiten verkauft. Kaspar Hanemann ist der bedeutendste Hersteller, der seine Erzeugnisse aufgrund einer k. und k.-Erlaubnis sogar in die österreichischen Erblande ausführen darf. Die sogenannten Regelschwestern sind die zweiten Hersteller von Saiten. Diese Schwestern vom dritten Orden des heiligen Franz, die man mit einem Spitznamen auch Stiefelnonnen nennt, unterwiesen früher arme Kinder. Als sie merkten, daß sie sich davon nicht ernähren konnten, verfielen sie auf die viel bessere Idee der Saitenfabrikation. Es ist auch viel nützlicher, sich von seiner Hände Arbeit zu ernähren, als arme Kinder mit bigottem Mönchsunsinn zu verderben. Zur Zeit meines Besuchs waren noch sieben Schwestern mit der Saitenherstellung beschäftigt.

Sehr erfreut war ich, den inzwischen verstorbenen, alten ehrwürdigen Mechaniker Brander noch kennengelernt zu haben. Seine mathematischen und physikalischen Instrumente werden von allen Kennern geschätzt. Er war ein Mann, der Kenntnisse besaß, die sich bei einem Handwerker in dem Maße selten finden. Sein Schwiegersohn, der eigentlich studiert hatte, sich dann aber unter Anleitung seines Schwiegervaters hervorragende Fertigkeiten in der Feinmechanik erwarb, wird in seine Fußstapfen treten.

Im sogenannten Elend, unweit des unteren Brunnenturmes, gibt es eine Spiegelfabrik. Da zu der Zeit aber gerade am Turm gebaut wurde, arbeitete die Fabrik nicht. Sie soll aber recht ansehnlich sein.

Durch einen Zufall wurde ich mit einem anderen Feinmechaniker bekannt, der ganz besondere Talente hat. Er lebt in sehr schlechten Verhältnissen und verdiente wohl, gefördert zu werden. Jakob Langenbucher, so heißt der Meister, ist von Beruf eigentlich Silberdrechsler, und diesen Beruf übt er auch immer noch aus, um seinen Lebensunterhalt zu sichern. Sein Genie aber entdeckte die Liebe zur Physik und zu den Teilen der Mechanik, die der Physik angehören. Aus eigenem Antrieb und trotz mannigfacher Hindernisse hat er sich umfangreiche Kenntnisse in der Elektrizitätslehre erworben. Er hat selbst sehr viel experimentiert und die dazu nötigen Instrumente selbst angefertigt, die er auch sehr preisgünstig verkauft. Einige von ihnen hat er in einem eigenen Buch beschrieben.

Mir begegnete in Augsburg auch ein bemerkenswertes Beispiel ausländischer Industrie. Ein Herr Schwarzleutner, ein gebürtiger Deutscher, der für ein großes Haus in London reiste, führte Probestücke aller möglicher Arten von Eisen- und Stahlerzeugnissen aus Birmingham mit sich. Das Sortiment war so zahlreich, daß es eine ganze Wagenladung ausmachte. In einem ziemlich großen Zimmer, in dem es wie in einem Kaufladen aussah, hatte er auf Tischen und Gestellen seine Schätze ausgebreitet. Mit diesen Musterstücken reiste er umher, um in den Handelshäusern Angebote machen zu können und dann Bestellungen entgegenzunehmen. Auf diese Weise hatte er den größten Teil Norddeutschlands bis hin nach Danzig schon bereist und sich dabei in jeder größeren Handelsstadt eine Zeitlang aufgehalten. Die

Vielfalt und die kunstvolle Verarbeitung verschiedener seiner Waren waren wirklich beeindruckend. Ich glaube, es gab allein 2000 Arten von Stahlknöpfen, aber auch Schnallen, Degenscheiden und vieles andere mehr. Kostbarere Stücke waren in eigenen Musterbüchern, in Kupfer gestochen, abgebildet. Es war wirklich ein eindrucksvolles Schauspiel, mit anzusehen, wie man in England selbst die einfachsten Gegenstände, ihren verschiedenen Zwecken angepaßt, zu variieren versteht. Dieses Warenlager beschäftigte mich stundenlang.

Buchdruckereien hat Augsburg insgesamt elf, sechs davon sind evangelisch, fünf katholisch. Die letzteren sind dabei die bedeutenderen, da sie mit den großen Werken, die die hiesigen katholischen Buchhändler auflegen, viele Aufträge haben. Die gewöhnlichen Papiersorten für den Druck sind hier recht preiswert, aber ich staunte über den sehr hohen Preis für alle Sorten von Schreibpapier. In der Regel war es 25 Prozent teurer als in Nürnberg, wo es wahrscheinlich hergestellt wird. Die feinen türkischen Papiere und besonders die glatten farbigen werden in Augsburg außerordentlich schön gemacht. Der Buchbinder Ebner macht sie in allen Farben, so niedlich und sauber, wie ich sie noch nirgends gesehen habe, und sein Schwiegersohn, ebenfalls ein geschickter Mann, hat sogar literarische Fähigkeiten.

Der Buchhandel hat in Augsburg schon bald nach der Erfindung des Buchdrucks schnell an Bedeutung gewonnen. So waren im sechzehnten Jahrhundert die ansehnlichsten Buchhandlungen Süddeutschlands alle in Augsburg ansässig. Und es war auch ein Augsburger Buchhändler, Georg Willer, der erstmals 1564 auf der Frankfurter Messe ein Verzeichnis aller neu erschienenen Bücher drucken ließ. Der deutsche Buchhandel unterscheidet sich von dem aller anderen Länder dadurch, daß bei uns nicht nur die Bücher einer einzigen Hauptstadt, sondern die Werke aus allen noch so weit auseinanderliegenden Städten verlangt werden. Hieraus entstehen besondere Bedürfnisse und Schwierigkeiten, die sich im Buchhandel sonst nirgends finden. Unter anderem verlangt dies eine weitläufige Korrespondenz mit auswärtigen Handelspartnern, was viele Probleme und Kosten verursacht. Ein Buchhändler in London oder Paris dagegen kann seine ganzen Geschäfte in einer Stadt abwickeln und sie sehr gemächlich den jeweiligen Bedürfnissen anpassen. Untersucht man daher die Geschichte des deutschen Buchhandels der letzten 200 Jahre, so zeigt sich deutlich, daß er in seinen Unternehmungen stets dem Teil der Literatur folgte, der bei der großen Masse am besten ankam. So entstanden regionale Schwankungen. Im eigentlich kaufmännischen Teil hingegen folgte er stets der Entwicklung des allgemeinen Handels. Daher hat sich der Buchhandel auch stets an den beiden Hauptmessen Deutschlands, in Leipzig und Frankfurt, orientiert. Dies ist auch leicht einsehbar, denn dieser Handelszweig war nie so umfangreich gewesen, um ganze Schiffe oder Wagen zu beladen und eine eigene Messe veranstalten zu können. Daher nutzen die deutschen Buchhändler die Gelegenheiten, die andere Kaufleute schafften. Da im sechzehnten Jahrhundert Handel und Industrie in Augsburg einen sehr hohen Standard hatten, war die Lage der Stadt sehr günstig, um die literarischen Produkte aus dem Norden Deutschlands in den südlichen Teil, ja bis nach Italien zu verteilen. Andererseits gaben diese Handelsbeziehungen mit Italien den dortigen Händlern die Gelegenheit, die italienischen Produkte, die damals in Deutschland noch sehr gefragt waren, zu uns zu bringen. Als sich dann im vorigen und im jetzigen Jahrhundert der Großhandel, aber auch der literarische Geschmack in Deutschland etwas änderten, ging der Augsburger Buchhandel notwendigerweise zurück.

Heutzutage ist er in zwei sehr ungleiche Lager aufgeteilt. Es gibt sechs katholische und drei protestantische Buchhandlungen, wobei die letzteren mittelgroße Betriebe sind. Allenfalls die Klettsche Buchhandlung hat einige Bedeutung. Die protestantischen Buchhandlungen vertreiben hauptsächlich wissenschaftliche und künstlerische Werke. Ihren Absatz mindert dabei vor allem die Konkurrenz in den benachbarten protestantischen Städten Nürnberg und Ulm, wo die Buchhändler ihrem Geschäft mit der gleichen Lebhaftigkeit nachgehen. So haben die Augsburger Protestanten unter den Buchhändlern große Mühe, und sie müssen sehr fleißig sein und aus Mangel an Absatzmöglichkeiten in der näheren Umgebung die Märkte bis Passau, Linz oder Salzburg bereisen, um genügend verkaufen zu können.

Ganz anders steht es mit den katholischen Buchhandlungen in Augsburg. Von ihnen weiß man im protestantischen Deutschland so wenig, daß es nicht überflüssig sein dürfte, davon etwas ausführlicher zu sprechen. Sie stehen auf einem viel festeren Grund und sind von der Verbesserung der Literatur, die sich auf den Absatz vieler ehemals beliebter Bücher sehr nachteilig auswirkte, ganz unberührt geblieben.

Zu ihrem Sortiment gehören nach wie vor Jus Canonicum*[19], die bei den Katholiken so gebräuchlichen Patres*[20], Homilien*[21] und Catechetica. Da Bücher nach alter, katholischer Sitte nicht klein zu sein pflegten, erscheinen alle diese Werke in ordentlichen Foliobänden*[22], damit sich der Verkauf auch lohnt, und sie finden immer noch großen Absatz. Zu diesen Werken kommt noch eine unglaubliche Menge asketischer Schriften, die in den Klöstern zu Hunderten gebraucht und von dort aus an die frommen Seelen weiterverteilt werden. Wenn ein Protestant, der sich einbildet, die Welt sei aufgeklärter geworden, einmal die Verlagsverzeichnisse dieser katholischen Augsburger Buchhändler zu sehen bekommt, wird er Namen finden, die er sonst noch nie gehört hat: Pater Schmier, Pater Fett, Pater Schmalzgrueber, Pater Katzenberger, Pater Kobold, Pater Pisreiter und viele mehr. Er kann gar nicht glauben, daß diese Leute alle Schriftsteller gewesen sein sollen, und wird doch entdecken, daß sie alle dicke Foliobände geschrieben haben. So wird er glauben, in einer ganz anderen Welt zu sein. Es ist aber leider unsere wirkliche Welt, in der noch immer sehr viel mehr kanonische, homiletische oder asketische Werke verlangt und auch verkauft werden als Bücher gesunden theologischen oder philosophischen Inhalts, in denen sich die Kräfte des menschlichen Verstandes und der Imagination zeigen.

Augsburg kann man heute als das Warenlager des katholischen Buchhandels in Deutschland ansehen und auch des Handels mit lateinischen katholischen Büchern, die nach Frankreich oder Italien gehen. Die Augsburger katholischen Buchhändler sind ware Grossisten. Die Geschäfte der Gebrüder Veith oder des Herrn Joseph Wolf gehören zu den größten Deutschlands, ja vielleicht Europas. Ihre Lager sind unermeßlich, und in ihren Schreibstuben werden Geschäfte von solcher Wichtigkeit, zumindest den Summen nach, gemacht, von denen ein protestantischer Buchhändler nur träumen kann. Die lateinischen Werke werden nicht nur in großen Mengen nach Italien und Frankreich verkauft, auch die deutschen Klöster sind wichtige Abnehmer solcher Tröster. Aber auch wenn die Buchhändler Gebetbücher, Heiligenlegenden, Bruderschaftsbüchlein, Kanzelpredigten oder Bücher von wundersamen Erscheinungen drucken lassen, so sind die Klöster hierfür die sichersten Kunden, die einen Verleger nie in die Verlegenheit bringen würden, daß er auf einem solchen Buch sitzenbleiben könnte.

Kaum ist ein solches Werk erschienen, so kommen schon die Gängler oder Trägler, d. h. herumziehende Buchhändler, um eine ordentliche Zahl von Exemplaren, deren Absatz ihnen schon gewiß ist, für bares Geld zu kaufen. Von diesen Leuten, die in Bayern und Schwaben, aber auch im ganzen Reiche, erstaunlich viele Bücher absetzen, kommt eigentlich die Bezeichnung Buchführer. Sie packen eine große Tragebutte voll Bücher und wandern damit von Kloster zu Kloster. Im Konventgang legen sie dann ihr Sortiment aus, und jedes Buch, das nach Meinung der Mönche einen recht andächtigen, polemischen, kasuistischen*[23] oder wundersamen Titel hat, wird gegen bares Geld verkauft. Auf diese Weise erwirbt ein Trägler in einigen Jahren schon so viel Geld, daß er sich seinerseits einen Unterträgler anstellt, der dann noch schwerer tragen muß. Nach einigen weiteren Jahren hat er dann schon ein einspänniges Fuhrwerk, auf dem Bücherregale sind, fein säuberlich mit Brettern abgedeckt. Diese werden dann nur noch abgenommen, daraus ein Regendach gemacht, und schon ist der ganze Buchladen für Gebets- und Predigtbücher fertig. Mit seinem Fuhrwerk bereist der Gängler sodann ganz Bayern, Schwaben, Österreich und Tirol. Aus den Anfragen liest er den jeweiligen Büchergeschmack ab und richtet seine Auswahl danach ein. Es ist wirklich unglaublich, welche Menge an Gebets- und Predigtbüchern in Augsburg gedruckt und auch verkauft werden, und zwar in sehr großen Auflagen.

Die wichtigsten Schätze der in Augsburg befindlichen Bibliotheken hat Herr Gerken, dieser große Kenner der Literatur, schon beschrieben. Ich habe von den Bibliotheken, die er nennt, keine gesehen, außer der der Brüder Veith, die auch Buchhändler sind. Dafür habe ich die Stadtbibliothek beim evangelischen Gymnasium zu St. Anna besichtigt, zu der Herr Gerken keinen Zugang hatte. Rektor Mertens zeigte sie mir. Sie ist besonders durch die große Menge von Handschriften berühmt, welche Anton Reiser, ein verdienstvoller Augsburger Bibliothekar, in einem besonderen Werke beschrieb. Der größte und wertvollste Teil ist im Jahre 1545 von einem aus Korfu vertriebenen griechischen Bischof Anton Eparchus gekauft worden. Es sind wirklich treffliche griechische Kodizes darunter, wovon noch sehr vieles zu gebrauchen wäre. Ich sah unter anderem zwei schöne griechische Manuskripte des Plato und Thukydides. Unter den ver-

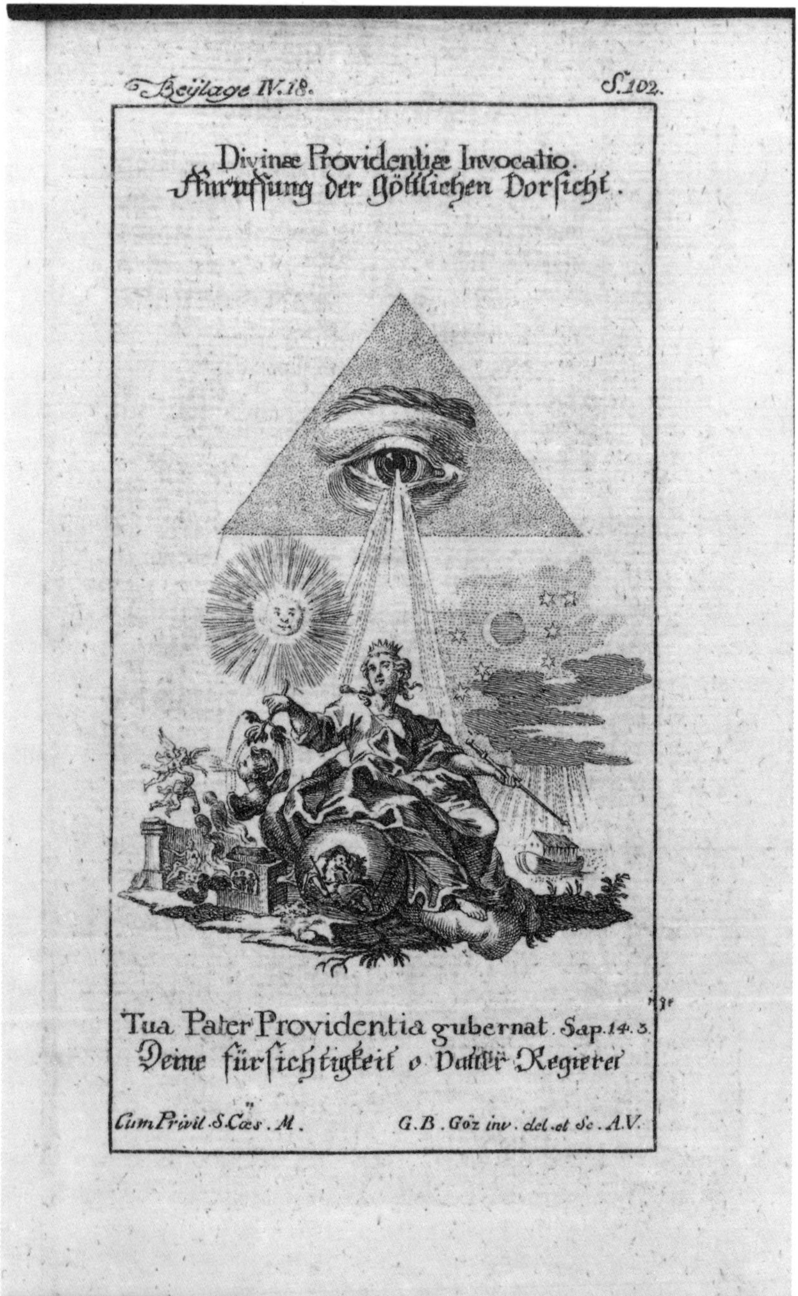


Gebetsbild: Die Göttliche Vorsehung

schiedenen Kunstschätzen, die in der Bibliothek verwahrt werden, fiel mir besonders ein antiker Pferdekopf auf, den man vor einigen Jahren nach einer Überschwemmung im Schlamm des Lechs gefunden hat. Man glaubt, ich weiß nicht aus welchem Grunde, der Kopf stamme aus den Zeiten Vespasians.

Die Bibliothek ist gewöhnlich nicht öffentlich zugänglich, was ihren Gebrauchswert natürlich sehr mindert. Aber Herr Mertens hat als Bibliothekar nicht mehr als 24 Gulden jährliche Besoldung, und der gute Mann muß außerdem noch täglich sieben Stunden in der Schule unterrichten; so wäre es freilich ein wenig zu viel verlangt, wenn er auch noch viel Zeit auf die Bibliothek verwenden sollte. Der Obrigkeit einer so reichen Handelsstadt würde es durchaus anstehen, wenn sie einer so wertvollen Sammlung einen gelehrten Bibliothekar voranstellen, ihn aber auch angemessen besolden würde, damit er genug Sorgfalt auf die Bibliothek verwenden kann.

Von den Schulen in Augsburg habe ich keine besonders gute Meinung fassen können. Es gibt zwei lateinische Schulen, wovon eine evangelisch, die andere katholisch ist. In dem evangelischen Gymnasium bei St. Anna wird Latein, Griechisch, Hebräisch, Französisch, Italienisch, Schreiben und Rechnen, Mathematik, Zeichnen und Musik gelehrt. Herr Rektor Mertens zeigt wenigstens guten Willen und hat alles in seinen Kräften Stehende getan, um diese Schule zu verbessern. Er hat sogar einige Schulbücher für sie geschrieben. Doch will es mit der Schule nicht so recht vorangehen. Woran es liegt, kann ich nicht sagen, vielleicht daran, daß zu wenig Lehrer angestellt und diese also mit zu vieler Arbeit überhäuft sind. Wenn dem Rektor einer solchen Anstalt, der das Ganze ja übersehen und leiten soll, zugemutet wird, täglich selbst sechs bis sieben Stunden zu unterrichten, so kann man nicht erwarten, daß er Mut und Kräfte haben soll, etwas Außergewöhnliches zu leisten.

Indessen ist es ausgemacht, daß dieses evangelische Gymnasium unendlich viel besser ist als das katholische Lyzeum zu St. Salvator. Dieses ist eine Jesuitenschule im engsten Sinn des Wortes und um nichts besser als andere Jesuitenschulen, wo blinder Gehorsam, Aloysiusandachten, nebst ein wenig kümmerlichem Latein, scholastischer Philosophie und Geschichte die Hauptsache sind. Alles wird aus Büchern gelernt, die von den Jesuiten selbst verfaßt wurden. Da nun die ganze augsburgische katholische Jugend in solchen Schulen erzogen wird, erklärt sich der große Unterschied zwischen den Einwohnern beider Religionen, aber auch zugleich der höchst schädliche Einfluß der Jesuiten. Ich wollte die Schulstunden dieser Schule besuchen, aber es wurde mir nicht erlaubt, so wenig wie im ehemaligen Theresianum in Wien. Wenn man aber bedenkt, daß vor wenigen Jahren der Jesuit Leonhard Bayrer, Verfasser einer sehr hämisch gegen die Protestanten geschriebenen Geschichte von Augsburg, Lehrer an dieser Schule war und daß jetzt noch der Jesuit Franz Xaver Jann, der Verfasser des albernen *Etwas wider die Mode*, daselbst unterrichtet, so sieht man, daß diese Leute, die andere lehren sollen, selbst noch an Kenntnis beinahe hundert Jahre zurück sind.

Die Trivialschulen oder niederen Schulen sind bei beiden Religionsparteien schlecht beschaffen. Die evangelischen Schulen sind ganz nach alter unzweckmäßiger Art eingerichtet, wo man an Resewitz*[24], Rochow*[25], Campe*[26] und ihre Verbesserungen noch gar nicht denkt. Die katholischen niederen Schulen sind vollends unbeschreiblich elend. Es stimmt einen Menschenfreund wahrlich traurig, die Kinder des Mittelstandes und des gemeinen Mannes, die nicht zum Studium bestimmt sind und die doch die wesentlichen Teile einer Nation ausmachen, fast überall so elend unterwiesen zu sehen. Es gibt übrigens, der Parität gemäß, für Knaben und Mädchen sechs evangelische und sechs katholische Trivialschulen. Außerdem unterhält das Domkapitel noch eine.

Augsburg hat schon seit ältesten Zeiten in den bildenden Künsten bedeutende Männer hervorgebracht, und es entstanden hier viele gute Kunstwerke, besonders in der letzten Hälfte des vorigen und in der ersten Hälfte des jetzigen Jahrhunderts. Die Namen der Maler Riedinger, Rugendas und Holzer, der Kupferstecher Kilian, Wolfgang, Hainzelmann, Herz und des Bildhauers Verhelst sind jedem Kunstliebhaber bekannt. Die Werke der Augsburger Maler waren selten vom hohen antiken Ideal angehaucht. Sie malten die Natur, wie sie sie vorfanden. Einige wurden in dieser Art Künstler ersten Ranges. So war es Riedinger, der in Deutschland zuerst lehrte, wilde Tiere nicht nach einer kalten, dürftigen Vorstellung abzumalen. Er studierte in den Wäldern ihre Art zu leben und ihre wahren Stellungen und brachte sie in lebendiger Darstellung getreu auf Leinwand und Papier. Das gilt auch für Rugendas mit seinen Abbildungen von

Pferd und Mann und seinen Schlachten sowie für Holzer und dessen lebendiger, freier Darstellung der Natur. Sie ist nicht schmutzig und kriechend oder plump wie bei Teniers und Ostade, sondern fröhlich und belebt wie bei La Frage, aber nicht so übertrieben, ungewiß und unanständig.

Von jeher gab es besonders in Augsburg Historienmaler mit großem Talent für Komposition und Farbgebung. Weniger talentiert waren sie in der Hell-Dunkel-Technik, noch weniger in der Darstellung edler Posen, am wenigsten aber darin, edle Gesichtszüge wiederzugeben. Der größte Teil der Deckengemälde und Altarblätter in Augsburg, besonders in den katholischen Kirchen, zeugt davon. Die Gesichter sehen entweder so unbedeutend oder so stier, so mönchisch, so niedrig pfäffisch aus, daß man gleich merkt, daß diese Maler ihre Ideale innerhalb von Klostermauern fanden. Selbst Holzer, der zwar in einem Kloster erzogen, aber dessen freier Geist dem klösterlichen Zwange zu sehr entgegengesetzt war, schien, wenn er Bilder malte, die er nicht gerade aus der Natur abkopierte, die Augsburger Patrizier zum Vorbild genommen zu haben. Eine Madonna mit dem Christkind ist bei ihm vornehm wie eine etwas wohlbeleibte gnädige Frau, wenn sie einen Wochenbesuch empfängt.

Die vielen Malereien an den Häusern in Augsburg gaben seit dem sechzehnten Jahrhundert den Malern viel Beschäftigung. Von den alten ist nicht mehr sehr viel erhalten, und das, was noch einigermaßen erhalten blieb, ist nicht immer vorzüglich. Ein ziemlich großes Gemälde mit vielen Figuren von Kager – am Weberhause, wenn ich nicht irre – betrachtete ich aufmerksam und fand viel Geist darin. Die Holzerschen Gemälde sind die berühmtesten, aber obgleich kaum 50 Jahre alt, sind sie bei weitem nicht so gut erhalten wie etliche aus dem vorigen Jahrhundert. Der schlechte Geschmack trug auch dazu bei, daß manche gute alte Gemälde abgekratzt wurden, um neuere darüber zu tünchen. Diese neuen Gemälde sind zwar ganz frisch und sehr bunt, das ist aber auch meist ihr vorzüglichstes Verdienst.

Vor etwa 17 Jahren entstand eine neue Kunstakademie, welche am 27. März 1780 die ersten Preise verteilte. Sie gibt jährlich Nachricht von den öffentlichen Ausstellungen und Preisverleihungen und ist aus Liebe zur Kunst und zum allgemeinen Besten entstanden. Die Kosten für die notwendigen Ausgaben und die Preise werden durch freiwillige Beiträge von Kunstliebhabern und Patrioten zusammengebracht. Verschiedene Herren des Rats, verschiedene Kunstliebhaber und die verdientesten Künstler der Stadt sind Mitglieder. Ich bekenne, daß ich keine sehr hohe Meinung vom Nutzen der Kunstakademien habe, wie er in manchen akademischen Reden verbreitet wird, obgleich ich den wahren Nutzen derselben nicht verkenne. Der scheint mir darin zu liegen, die Liebe zur Kunst zu wekken, durch öffentliche Ausstellungen zum Nacheifern anzuregen und das Auge des Betrachters zu schulen und der Jugend wahre Kunst zu zeigen. Die Akademie in Augsburg hat außer den bildenden auch die mechanischen Künste zu ihrem Gegenstand gewählt, was meines Erachtens höchstes Lob verdient, zumal in einer Reichsstadt, die ihren Wohlstand nicht auf leeren Luxus, sondern auf nützliche Industrie gründen will. Mittelmäßige Köpfe mittelmäßig zeichnen oder malen zu lehren ist wenig Gewinn für den Staat. Aber ein mittelmäßiger Kopf kann ein guter Tischler, Goldschmied, Maurer werden, und wenn er zur Übung einer sicheren Zeichnung von Jugend auf Gelegenheit bekommt und durch frühe Bekanntschaft mit trefflichen Kunstwerken sich einigen Geschmack erwirbt, so kann er Werke hervorbringen, die nützlich und angenehm sind. Die Unterweisung der Jugend im Zeichnen bringt viel Nutzen, wie man aus den Verzeichnissen der Stücke, die ausgestellt worden sind, ersieht. Hierzu gehört auch die Einrichtung, daß an Sonn- und Feiertagen für junge Leute, die bereits in einem Beruf arbeiten, in den Stunden, in denen kein Gottesdienst ist, Zeichenstunden abgehalten werden. Es ist sehr löblich, daß man den Mut gehabt hat, sich über das eingewurzelte Vorurteil, es sei Sünde, den Sonntag mit nützlichen Geschäften zuzubringen, hinwegzusetzen. Wenn man bedenkt, wie schlecht der Sonntag von so vielen Leuten in Wirts- und Spielhäusern zugebracht wird, so ist es ein wahres Verdienst, junge Leute dadurch von Ausschweifungen abzuhalten, indem man ihnen zu einer Beschäftigung Gelegenheit gibt, die ebenso nützlich wie angenehm ist.

Herr Rektor Mertens hatte vor einigen Jahren angefangen, für die Zöglinge dieser Akademie Vorlesungen über die bildende Kunst zu halten, und hat sie sogar drucken lassen. Es war recht gut gemeint. Ich halte aber dergleichen Vorlesungen für beinahe ganz unnütz, besonders wenn sie ein Mann hält, der selbst weder Übung in den bildenden Künsten noch einen festen, richtigen Geschmack besitzt, sondern bloß eine Reihe Bücher gelesen und daraus seine Begriffe zusammengeholt hat. Zöglinge der bildenden Künste müssen zeichnen, viel und richtig zeichnen, das ist die Hauptsache. Mit weitläufigem Wortgepränge und mit einer weit hergeholten, aus Büchern zusammengeschriebenen Schönheitslehre ist ihnen wenig geholfen. Man macht sie dadurch sehr leicht zu Schwätzern, welche sich einbilden, etwas zu wissen, obwohl es ihnen an gründlicher Einsicht fehlt. Etwas ganz anderes wäre es, wenn ein wirklicher Künstler oder ein Kunstkenner den Zöglingen echte Kunstwerke vorzeigte, verschiedene miteinander vergliche und ihnen auf diese Art die Schönheiten anschaulich machte. Gleichzeitig könnte er sie zum Nachbilden anleiten und sie dabei auf das, worin sie hinter dem Original zurückbleiben, aufmerksam machen. Nur die Übung des Auges und der Hand kann wirkliche Künstler hervorbringen.

Vom Theater in Augsburg ist nicht viel zu sagen. Es existiert ein schlechtes Schauspielhaus, wo schlechte Wandertruppen, wie z. B. die böhmische oder die Schikanedersche*[27], spielen. Eine solche wandernde Truppe war zur Zeit meines Aufenthalts in Augsburg gerade nicht anwesend, sondern nur ein Marionettentheater, welches aber wahrscheinlich nicht schlechter war als die lebendigen Marionetten, die sonst von ihren Theaterdirektoren nach Augsburg gebracht werden. Da ich auf dem Zettel den *Dr. Faust*, einen alten Bekannten meiner Jugend, angekündigt sah, den ich noch immer gerne sehe, wenn er ohne viel Umstände zu sehen ist, so ging ich hinein. Ich fand eine viel vornehmere Gesellschaft, als ich mir vorgestellt hatte, die auch mit ihrem hohen und gnädigen Beifall nicht sparsam war. Wer ein gutes Gedächtnis hat und sich der alten aus dem Stegreif gespielten Stücke seiner Jugendzeit erinnert, den amüsiert es zu sehen, auf wie vielfältige Art diese Stücke beim Aufführen verändert werden. Selten werden sie an zwei Orten in völlig gleicher Weise aufgeführt. Der Verfasser des Augsburger Fausts schien eine Art Erfinder zu sein; er hatte nämlich mancherlei Szenen eingerückt, die ich sonst noch nie gesehen hatte, obwohl ich Aufführungen dieses Stücks in verschiedenen einfachen Schauspielhäusern gesehen habe. Ich erinnere mich besonders einer Szene Fausts mit einem Kaufmann, die ans Pathetische grenzte und vielleicht von Ludovici, dem Shakespeare der deutschen Haupt- und Staatsaktionen, stammte. Die letzte Szene hatte der Verfasser *captandae benevolentiae gratia**[28] ganz neu gewendet. Nachdem der Teufel den Dr. Faust geholt hatte, wollte er auch den Hanswurst holen. Dieser verlegte sich aufs Verhandeln. Der Teufel fragte ihn endlich: „Wer bist du?“ – „Ein Augsburger“, antwortete der Hanswurst, und sogleich ließ ihn der Teufel los und entfloh, worauf der Hanswurst, zum Parterre gewendet, sagte: „Sehen Sie, meine Herren! Der Teufel hat Respekt vor den Augsburgern!“ Hiermit endete das eigentliche Stück zum großen Wohlgefallen der Zuschauer. Aber nun kam noch eine Moral in alexandrinischen Versen. Wer das Groteske dieser Art von Schauspielen recht kennenlernen will, muß versuchen, auf oder neben die Bühne zu kommen, um die Schauspieler in ihrer eigentlichen Laune zu sehen. Dies gelang mir in der letzten Hälfte des Stückes. Hier war die Hauptperson ein dickes, untersetztes Weib, eine wahre Hogarthsche Figur*[29], welche die Person des Teufels *con brio**[30] spielte und die am Ende auch die Moral, ich weiß nicht, ob in der Person des Teufels oder in eigener Person, verkündete. Wegen der Deklamation und des unangemessenen Gestus, die sie wohl zu ihrer eigenen Befriedigung reichlich hinzutat, denn das Publikum konnte sie gar nicht sehen, glaubte ich, Bergobzomers Richard III. wie ich ihn in Wien gesehen hatte, wieder vor mir zu sehen und zu hören.

Ungefähr in die Klasse der Marionettenspiele gehören auch die Jesuitenschauspiele, welche die Jesuiten in ihrem Lyzeum St. Salvator von ihren Schülern aufführen lassen; ja, sie sind in der Tat noch schlechter. Denn jene können noch des Grotesken wegen auf einen Augenblick belustigen; diese hingegen sind steif, hölzern, pedantisch und langweilig. Ein Lehrer von St. Salvator, P. Franz Xaver Jann, hat einige solcher abgeschmackter Schauspiele unter dem Titel *Etwas wider die Mode, Gedichte und Schauspiele ohne Karessen und Heiraten* im Jahre 1782 drucken lassen. Kurz gesagt, eine Jesuitenkomödie ist ein so heterogenes *Mixtum compositum**[31], wie man es sich kaum vorstellen kann, und unter aller Kritik. Die armen Kinder sind zu bedauern, die sich mit solchem Unsinn den Verstand verderben müssen.

Den Zustand der Musik in Augsburg kann ich nur schlecht beurteilen. Ich hörte in der St. Moritzkirche eine Messe mit Musik. Es war eine ziemlich gute Komposition, sanft und herzrührend, aber die Ausführung war über allen Glauben schlecht: Kein Instrument war rein gestimmt, und die Musiker spielten sehr oft nicht zusammen. Ich hörte auch ein Konzert in einem Garten vor der Stadt. Es war stark genug besetzt. Ich las nachher, daß der Verfasser der *Reise durch den Bairischen Kreis* die Konzerte in Augsburg mit folgendem Epigramm charakterisiert hatte:

*Die Herren stimmen zu lang, am Ende kommt*
*doch nichts heraus:*
*Sind freie Reichsbürger, meinen sie wär'n*
*auf 'm Rathaus.*

Wenigstens schien mir dies auf das Konzert, das ich hörte, gut zu passen. Es war eine weibliche Singstimme dabei, so schreiend und mißtönend, daß ich mich wunderte, wie es die Zuschauer aushalten konnten. Freilich begleiteten die Violinen sie kräftig, und ein gnädiges Publikum redete zwischen Gesang und Spiel, sowohl im Konzert- als in den Nebenzimmern, so laut dazwischen, daß man von den falschen Tönen der Sängerin und von den ungestimmten Geigen zum Glück nicht zu viel hörte. Die Sängerin wurde jedoch noch stärker beklatscht, als sie beplaudert worden war, was mir die auf meiner Reise oft gefühlte Wahrheit wieder in Erinnerung brachte, daß man nur an wenigen Orten in Deutschland weiß, was zum Singen gehört, und daß es selbst an diesen Orten nur wenige Personen recht wissen.

Ganz anders waren meine Empfindungen, als ich den berühmten Instrumentenmacher Herrn Stein in seinem Hause auf seinem schönen Pianoforte mit seiner zwölfjährigen Tochter Maria Anna ein Doppelkonzert von Christian Bach[*32] spielen hörte. Besonders die Kleine spielte mit solchem Feuer, mit solcher Genauigkeit, die Passagen so rund, daß wir mit Vergnügen und Bewunderung zuhörten. Wenn in den öffentlichen Konzerten in Augsburg ein schlechter Geschmack herrscht, so liegt es also wenigstens nicht daran, daß es in der Stadt nicht Leute gäbe, die es besser verstünden.

In den älteren Zeiten, als Augsburg gleich anderen Reichsstädten in höchster Blüte stand, wurde dort auch ein überaus großer Luxus getrieben, wie das bekannte alte Sprichwort bezeugt:

*Nürnberger Witz*
*Straßburger Geschütz*
*Venediger Macht*

*Augsburger Pracht*
*Ulmer Geld*
*Geht durch die ganze Welt.*

Seit den Zeiten der Fugger, besonders gegen Ende des fünfzehnten und im ganzen sechzehnten Jahrhundert, gelangten durch die weitläufigen Handelsbeziehungen Augsburgs mit Italien alle in den südlichen Gegenden bekannten, zur Bequemlichkeit und zu den Vergnügungen des Lebens gehörenden Dinge viel früher in diese Stadt als in das übrige Deutschland. Man ist erstaunt, wenn man erfährt, welche kostbaren Häuser, Gärten, Kunstkammern, Gemäldesammlungen usw. die Fugger damals besaßen und auf welch fürstlichem Fuß sie lebten. Auch an den in Augsburg noch vorhandenen, meist zu Ende des sechzehnten Jahrhunderts gebauten öffentlichen und privaten Gebäuden erkennt man, daß die Menschen dort mehr Geschmack hatten und mehr Aufwand trieben als in jeder anderen Reichsstadt des südlichen Deutschlands. Wenn man die Münster zu Straßburg und Ulm ausnimmt, so findet man in keiner Stadt so ansehnliche öffentliche Gebäude und so viele große, alte und gut aussehende Privathäuser wie in Augsburg. Seit dem Dreißigjährigen Krieg allerdings ist Augsburgs Wohlstand sehr gesunken, und in gleichem Maß hat auch der Luxus abgenommen. Übrigens gleichen die Sitten in Augsburg ungefähr denen in anderen Reichsstädten. Zwar nehmen sich die Patrizier gegenüber den Bürgern nicht so viele Freiheiten heraus wie in Nürnberg, ja nicht einmal so viel wie in Ulm, aber dennoch unterscheiden sich die verschiedenen Stände durch eine steife Etikette und sind ziemlich voneinander getrennt. Der Adel in Augsburg, das heißt der Kaiserliche Gesandte, die Domherren und Stiftsfräulein, haben wenig Umgang mit den Patriziern. Diese halten sich weit von den Kaufleuten fern, und die wiederum versuchen, sich von den gemeinen Bürgern zu unterscheiden. Der Gelehrte, der Künstler, der Mann von Talenten kann in Augsburg wenig Ansprüche anmelden. Jeder Stand hat seinen besonderen Klüngel, und in jeder Partei gibt es zuweilen wieder Parteien. Dies macht den Umgang steif und zeremoniell und hindert die allgemeine Geselligkeit, welche den wahren Genuß des Lebens ausmacht.

Die Sitten und Gewohnheiten des mittleren und niedrigen Standes haben sowohl von dem benachbarten Bayern als von Schwaben etwas an sich. Ich habe schon bemerkt, daß die Katholischen sich mehr nach den Bayern, die Protestanten mehr nach den Schwaben zu bilden scheinen. Man findet auch in Augsburg Spuren ehrlicher Naivität und einer gewissen Zufriedenheit und Gleichmütigkeit, die für die Schwaben so charakteristisch sind. Aber es scheint, daß von den benachbarten Bayern noch etwas Ernsthaftigkeit in den Charakter der Augsburger einfließt, von der man tiefer in Schwaben, in der Gegend der weinreichen Hügel an den Ufern des Neckar, wenig spürt. Übrigens fand ich in der Mittel- und Unterschicht noch sehr viel Häuslichkeit und eine gewisse Schlichtheit, die mir sehr gut gefiel. Man empfängt einen Fremden, der nicht ganz ohne Empfehlung kommt, mit Freundschaft und mit einer Herzlichkeit, die zu gleicher Gesinnung auffordern. Etwas reich an Komplimenten ist man freilich hin und wieder, so wie in Nürnberg, aber auch dabei ist oft etwas Vertrauliches. Man pflegt den Fremden bei einem Besuch die Treppe hinunter und wohl bis an die Haustür zu begleiten, und wenn er meint, daß das nicht nötig wäre, hört man vielleicht den Satz: „Das ist bei uns Schwaben so üblich."

Die Kleidung des Mittelstandes ist ziemlich einfach. In Augsburg, so wie in ganz Oberdeutschland, gehen noch viele ehrbare Bürgersleute bei feierlichen Anlässen in Mänteln. Wenn z. B. wohlhabende katholische Bürger in die Kirche oder in Prozessionen gehen, so tragen sie weiße, rote oder blaue Mäntel, welche oft auf den Kragen mit goldenen Tressen besetzt sind und vorn noch zwei oder drei breite Litzen mit goldenen Tressen haben. Das sieht dann recht stattlich aus. Auch die Schüler gehen hier oft in hellblauen Tuchmänteln.

Beim weiblichen Geschlecht sieht man nicht mehr die alten Augsburger Trachten, welche aus Kupferstichen bekannt sind. Aber die einfachen Frauen haben doch noch eine besondere Tracht, welche viel häßlicher aussieht als die Tracht der bayerischen Bürgerweiber. Die Augsburgerinnen tragen ein großes Mieder, das vorne mit silbernen Ketten geschnürt wird. Es sieht wie ein Harnisch aus und unterscheidet sich von dem in Bayern üblichen dadurch, daß es vorne eine große, weit vorstehende Schneppe*[33] hat, an der die Röcke ganz frei hängen, wodurch aber die Taille verschwindet, zumal sie noch sehr dicke Röcke mit vielen Falten tragen. Doch sieht man dieses unförmige Mieder meist nur noch bei alten Frauen. Die Mützen der Augsburgerinnen sind teils schwarz, teils ganz golden. Eine solche Mütze hat eine sonderbare Form. Sie hat drei Spitzen, die an der Stirn und an den Wangen tief ins Gesicht gehen und fast das ganze Gesicht verdecken. Eine andere Sorte hat vorn eine Haube aus feinem Klar; von der ganz goldenen Mütze geht vorne eine Spitze über die Haube und hinten über den Haarknoten und bildet so eine Art Horn. Jungen Mädchen, die etwas runde Wangen und einen zarten Teint haben, steht diese schwäbische Haube nicht übel. Die vornehmen Frauenzimmer und auch die meisten aus dem Mittelstande gehen freilich französisch gekleidet. Sosehr auch die Augsburger Patrioten über die Modesucht klagen, so gingen doch, wenigstens im Jahre 1781, die Frauen dort höchstens nach der vorvorletzten Mode gekleidet.

Den höheren Ständen fehlen die in diesen Kreisen üblichen modischen Vergnügungen keineswegs, z. B. Gesellschaften, Spiele, Bälle, Konzerte usw. So veranstaltet der Wirt von den *Drei Mohren* alljährlich im Januar und Februar Maskenbälle, die er seinem einheimischen und auswärtigen Publikum durch besondere Anzeigen auch immer rechtzeitig ankündigt. Der Augsburger Mittelstand scheint rauschende Vergnügungen nicht besonders zu lieben, er lebt, wie in den meisten übrigen Reichsstädten, recht bescheiden. Der niedere Stand schließlich sucht, wie überall, sein Vergnügen in der Schenke.

In der Stadt selbst gibt es keine einzige Promenade, und die Bürger scheinen das Promenieren auch nicht besonders zu vermissen. Die Promenade um die Stadt ist sehr öde und traurig, daran gefallen haben mir nur die schönen hohen Bäume im Schießgraben. Auch die Gärten sind nicht besonders gepflegt. Ausflugsziele in die nähere Umgebung sind der Hohe Ablaß und die Sieben Tische, wo die Gegend sehr angenehm ist.

Aus moralischer Sicht muß man sagen, daß die Sitten in Augsburg sich von denen in vielen anderen Städten nicht unterscheiden. Schwere Verbrechen werden von Einheimischen selten begangen, aber aus dem benachbarten Bayern kommen oft Räuber auf Augsburger Gebiet. Werden sie in der Stadt in flagranti ertappt, so wird das peinliche Halsgericht über sie abgehalten. Wie in Bayern werden auch hier Lebensdaten der Unholde und das Urteil gedruckt. Das letztere heißt in Augsburg der Verruf.

Die Sprache, die in Augsburg gesprochen wird, ist kein reines Hochdeutsch, sondern mit vielen bayerischen und schwäbischen Dialektausdrücken vermischt, die jemand, der aus Norddeutschland kommt und nur Hochdeutsch gewöhnt ist, gar nicht verstehen kann. Doch scheinen mir die schwäbischen Ausdrücke in der Überzahl zu sein. Vielleicht lag das auch daran, daß ich in Augsburg mehr mit Protestanten Umgang hatte. So sagt man hier *necken* für *raufen*, ein *Mull* zu einer *Katze* oder *gewunschen* statt *gewünscht*. Aber die schwäbische Aussprache ist sehr mit Bayerisch vermischt. So sagt man in Schwaben für *geschwind weidlich*; das wird in Augsburg sehr hart, *woadli*, ausgesprochen. Es mag wohl keinem Land schwerer fallen, ein vollständiges Idiotikon*[34] zu erstellen, als Schwaben. Jeder kleine Bezirk, jede Reichsstadt hat besondere Wörter; manche Ausdrücke werden zwei Meilen weiter schon nicht mehr verstanden. So wäre es sehr schwer, die in ganz Schwaben gebräuchlichen Ausdrücke und Redensarten herauszusondern und ihre Herkunft zu bestimmen. Würde dennoch z. B. ein Mann wie Fulda alle eigentümlich schwäbischen Ausdrücke und Redensarten sammeln und klassifizieren, so wäre dies gewiß ein sehr nützlicher Beitrag zur Geschichte der deutschen Sprache. Zweifellos ist das Oberdeutsche dafür grundlegend, und viele Wurzeln des Oberdeutschen sind im Schwäbischen zu finden. Augsburg würde für eine solche Sammlung von Ausdrücken bestimmt einiges hergeben können.

Ich wünsche, daß immer wahr bleiben möge, was Blainville, dem es in Augsburg sehr gefiel, von dieser Reichsstadt sagte:

*Nichts ist gewöhnlicher Art: Gefallen erreget die große Weite der Stadt; das Wasser fließt reichlich aus marmornen Becken; Königlich ragen die Bauten; gerechte Gesetze erläßt die starke Regierung; die Künste bergen, im Innern erleuchtet, Heiliges; und in den Schriften künden sie uns ihr Geheimnis.**[35]

4. KAPITEL

## Ulm

*Die Fahrt nach Ulm – Die Münsterkirche – Das Stadtregiment – Zeitungen und die Zensur – Bibliotheken und Schulen – Sitten und Gewohnheiten – Der Charakter der Schwaben – Der Murrle – Das Fischerstechen in Ulm – Die Weiterreise nach Stuttgart – Geislingen – Esslingen – Das St. Urbanusfest*

Wir reisten am 16. Juli, einem heiteren Sommerabend, ab. Die grünen Hecken, von einem kurzen Regen erfrischt, ergaben mit der vor uns liegenden fruchtbaren Landschaft einen erfreulichen Anblick. Eine Allee von schönen, gesunden Weiden führte bis an die Wertach, ein kleines Flüßchen, das damals sehr seicht war, während der Schneeschmelze aber oft sehr stark anschwillt. Wir kamen über eine recht breite Brücke, auf der an beiden Enden ein kleines Zollhäuschen steht, wo für den Fürstbischof von Augsburg Brückenzoll erhoben wird. Von hier an war zu beiden Seiten des Hochweges eine Allee angelegt, die aber gar nicht recht gedeihen wollte. Jede Spur von Sorgfalt für die Nachwelt ist angenehm, aber unangenehm ist es zu sehen, daß sie vergeblich ist.

Etwa eine Viertelmeile von Augsburg entfernt liegt der zum österreichischen Schwaben gehörige Ort Grieshaber. Er wird als Weiler bezeichnet, aber der Ort ist besser, als die Benennung annehmen läßt, denn es gibt dort verschiedene Häuser von vier bis fünf Geschossen. Da wohnen, wie schon erwähnt, einige Uhrmacher sowie einige wenige Juden, die in Augsburg nicht wohnen dürfen, aber doch gegen eine gewisse jährlich zu zahlende Summe in die Stadt gehen und handeln können. Der Weg führte nun durch fruchtbare Äkker und von grünen Hecken eingeschlossene Wiesen, auf denen die Bauern mit Mähen beschäftigt waren. Der fröhliche, ländliche Anblick und die sinkende Sonne, die vor uns den Horizont vergoldete und die höheren Wolken mit Purpur färbte, öffneten unser Herz zum reinen Genuß der Natur. Ungefähr eine Viertelmeile weiter entfernt liegt der österreichische Ort Steppach, der auch von Uhrmachern und Juden bewohnt wird. Er ist kleiner als Grieshaber, hat aber einige hübsche Häuser. Unweit Steppach wird das Land und selbst der Fahrweg plötzlich sehr sandig. Der Weg windet sich um eine Anhöhe, und unvermutet wurden wir durch eine angenehme Aussicht überrascht. Auf der linken Seite lag ein mit Nadelholz bewachsener Grund, rechts ein hübsches Tal mit dem Dorf Einhofen und davor ein von der untergehenden Sonne ganz vergoldeter Teich. Danach führt der Weg zwischen grünen, etwas feuchten Niederungen bis an das Flüßchen Schmutter, über welches eine hölzerne Brücke geht. Jenseits fängt ein Wäldchen von Tannen und Birken an, die mit ihren balsamischen Düften den heiteren Sommerabend noch angenehmer machten. Unweit dem hübschen Dorf Biburg, wo verschiedene Augsburger Patrizier Gärten und Landgüter haben und wo ein wundertätiges Marienbild ist, erblickten wir eine sehr große Herde von Kühen – für uns ein erfreulicher Anblick, da wir ihn bei unserer Reise durch Österreich und Bayern so selten gehabt hatten. Hinter Biburg geht der Weg ziemlich bergan und erreicht bald darauf ein Wäldchen von jungem Nadelholz, erfreuliches Zeichen für die sorgfältige Erhaltung der Wälder. Bald darauf kamen wir in einen hohen Tannen- und Birkenwald, und die untergehende Sonne tilgte jede sinnliche Empfindung, ausgenommen den balsamischen Geruch, den die Bäume um uns aushauchten.

Wir kamen bei Einbruch der Nacht in Zusmarshausen an, einem Marktflecken mit Postwechsel, der dem Bischof von Augsburg gehört. In der Nacht durchfuhren wir den zum österreichischen Schwaben gehörigen Marktflecken Burgau, von dem die Markgrafschaft Burgau ihren Namen hat. Die Pferde wechselten wir in Günzburg, der, soviel ich weiß, einzigen Stadt in dieser Markgrafschaft, und kamen frühmorgens in Ulm an, wo wir im Greifen abstiegen. Unser wieder in Ordnung gebrachter Wegmesser zeigte folgende Strecken:

| | | |
|---|---|---|
| von Augsburg bis Zusmarshausen | $3\ \frac{3}{8}$ | Meilen |
| bis Günzburg | $7\ \frac{1}{8}$ | " |
| bis Ulm | $9\ \frac{29}{32}$ | " |

Nach der Posttaxe wird für jede dieser Etappen $1\ \frac{1}{2}$ Post oder 3 Meilen gerechnet.

Johann Herkules Haid hat 1786 die Stadt Ulm und ihr Gebiet beschrieben. Sein Buch ist zwar einigermaßen brauchbar, aber oft sehr weitschweifig und mit wenig oder gar keiner Ordnung verfaßt. Es enthält eine Menge unnützer Kleinigkeiten, während auf der anderen Seite wesentliche und wichtige Sachen vergessen wurden. Außerdem fehlen diesem so verwirrend geschriebenen, aber doch hauptsächlich als Nachschlagewerk gedachten Buch ein vollständiges Register und ein ausführliches Inhaltsverzeichnis. So ist es höchst beschwerlich, darin das zu finden, was man sucht.

Es ist unbegreiflich, daß sich Leute, die eine Stadtbeschreibung verfassen wollen, sich noch immer damit begnügen, die Gegenstände in eine oberflächliche Ordnung zu bringen. Doch ohne eine genaue Ordnung und das richtige Verhältnis und die Übereinstimmung der Nachrichten kann kein richtiges, geschweige denn ein anschauliches Bild einer Stadt entstehen. Diesen Mangel an Übereinstimmung zeigt Haids Werk in großem Maße. So erwähnt er unter der Rubrik „Beschaffenheit der Stadt“ deren Umfang, zehn Seiten weiter erfährt man unter „Gestalt der Stadt“ die Länge und Breite ihrer Ausdehnung. Den Umfang hat er in Schritten angegeben, allerdings ohne genauer zu sagen, welches Maß damit gemeint ist, die Länge und Breite der Stadt dagegen gibt er in Ruten und Schuhen*[1] an. Daß eine solche Rute 14 Ulmer Schuh mißt, erfährt man auch erst weitere 250 Seiten später. 50 Seiten vorher hatte er schon berichtet, daß ein Ulmischer Werkschuh $\frac{931}{1000}$ eines Rheinischen Schuhs sei. Wer sich nicht sehr sorgfältig zurückerinnert, was Herr Haid an verschiedenen Stellen des Buches jeweils gesagt hat, findet sich in diesen Bestimmungen nimmermehr zurecht.

Man hat einen Grundriß von Ulm unter dem Titel *Ulma memorabilis ac permunita libera Imperii civitas* etc. von Seutter, der aber lediglich die Kopie eines alten in Merians *Topographia Sueviae* 1643 erschienenen Grundrisses darstellt. Er ist, wie ich belehrt worden bin, hin und wieder unrichtig; es fehlen darauf z. B. mehrere kleine Gassen, und einige sind unrichtig benannt.

Das Gebiet der Stadt Ulm sieht man ziemlich deutlich auf der Karte von ganz Schwaben in neun Blättern, welche Jakob Michael gezeichnet und Matthäus Seutter in Augsburg verlegt hat. Zusätzlich gibt es eine besondere Karte von dem Ulmer Ingenieur und Architekten Johann Christoph Lauterbach, nebst einer kleinen Karte der ehemaligen Ulmer Herrschaft Wain. Diese letzte Karte soll in bezug auf die Vollständigkeit und Lage der Ortschaften sehr genau sein. Frei-

Ansicht der Stadt Ulm

lich sind beide keine Situationskarten[*2]. Der sehr häufig in Höhen und Tiefen wechselnde Weg nach Geislingen, den ich von Ulm aus bereiste, sieht auf dieser Karte z. B. ganz flach aus.

Wenn man nun die Größe dieses Gebietes betrachtet, welches meist fruchtbarstes Land enthält, so fallen zweierlei Dinge sofort auf: 1) In welchem Wohlstand muß diese Stadt ehemals gewesen sein, daß sie ein so großes Gebiet hat erwerben können. Durch Waffengewalt allein wird es schwerlich geschehen sein. Das bekannte Sprichwort vom Ulmer Geld läßt vermuten (und von einem Teil des Gebietes ist es auch bekannt), daß es im vierzehnten Jahrhundert, zur Zeit des größten Wohlstandes der Stadt, als sich diese auch von Ansprüchen des Klosters Reichenau durch Geld befreite, gekauft worden ist. 2) Diese Stadt ist, trotz der großen Einkünfte, welche dieses Land gewährt und bei zweckmäßiger Einrichtung noch mehr gewähren könnte, sehr tief in Schulden geraten, so sehr, daß sie Teile ihres Landes verkaufen mußte. Selbst wenn man alle Unglücksfälle abrechnet, so muß man doch, die Redlichkeit und den guten Willen des Magistrats vorausgesetzt, auf wichtige Fehler in der Finanzverwaltung schließen, besonders wenn man das benachbarte Augsburg dagegenhält, das viel größer ist und trotz manchem Verfall immer noch eine blühende, schuldenfreie Stadt darstellt.

Wäre Winkelmann in Ulm, so wie es ihm in Augsburg erging, über die äußere Gestalt der Häuser melancholisch geworden, hätte es mich nicht sonderlich gewundert. Das Äußere der Häuser in Ulm ist sehr viel schlechter als in Augsburg. Fast alle sind entweder plumpe Steinmassen oder elende hölzerne Gebäude mit Giebeln, denen jegliche Zierde fehlt. Den steinernen Häusern, denen man Solidität nicht absprechen kann, fehlt es an Symmetrie, ihrer inneren Einteilung meist an Bequemlichkeit und fast immer an Zierlichkeit. Die Ausnahmen sind sehr selten, wie z. B. das v. Besserersche Haus, dem Wirtshaus zum Greifen gegenüber gelegen, das eine ziemlich moderne Fassade hat. Sonst sind selbst das Rathaus und alle öffentlichen Gebäude so nichtssagend und unansehnlich, wie ich es noch in keiner anderen Reichsstadt gefunden hatte. Die recht breiten Gassen lassen die Gebäude noch unangenehmer ins Auge fallen.

Zwei Gebäude sehr unterschiedlicher Art verdienen aber wirklich Aufmerksamkeit. Das erste ist die im vierzehnten und fünfzehnten

Jahrhundert erbaute Münsterkirche, ein sehr ansehnliches gotisches Gebäude, das in seinen Ausmaßen als Münster in Deutschland einmalig ist. Es ist viel größer als das berühmte Münster in Straßburg und die Sophienkirche in Wien. Es nimmt beinahe ein Drittel mehr Raum ein als das Straßburger Münster, was unglaublich klingt und doch wahr ist. Das Mittelschiff des Ulmer Münsters ist beinahe doppelt so hoch wie die Schiffe der beiden vorher genannten Kirchen, die doch wegen ihrer Größe und Höhe berühmt sind. Frick gibt die Höhe mit 141 Ulmer Werkschuhen*[3], Merian sogar mit 152 Schuhen an. Sulzer ist der Meinung, das Ulmer Münster sei mit weit mehr Geschmack angelegt als das in Straßburg. Dieser Meinung kann ich mich bloß im Hinblick auf die beiden äußeren Seitenfassaden anschließen, denn sie haben ein zierlicheres Verhältnis als die des Straßburger Münsters. Aber dessen westliche Fassade unter dem Turme übertrifft meiner Meinung nach die in Ulm an Symmetrie und Wirkung. Im Innern schließlich ist das Straßburger Münster unvergleichlich schöner. Man darf nur die Grundrisse beider Kirchen gegeneinander halten, und sofort fällt beim Münster zu Straßburg eine ausgewogenere Harmonie ins Auge. In Straßburg ist der Chor verhältnismäßig größer, und die eigentliche Kirche wirkt daher weniger in die Länge gezogen. Dies ergibt ein angenehmes Verhältnis zu ihrer Breite. Die beiden mittleren Pfeilerreihen, auf denen das Schiff dieser Kirche ruht, sind in Straßburg verhältnismäßig schlank, viereckig und so gestellt, daß man beim Eintritt in die Kirche auf eine Kante sieht; sie decken sich daher nicht und hindern nicht das Auge, das Ganze zu übersehen. Im Münster zu Ulm sind vier Reihen Pfeiler. Die beiden mittleren sind sehr massiv, sechseckig; man sieht sie daher stets von einer gleich breiten Seite, und sie decken sich, wenn man vom westlichen Eingang her die Kirche betritt. Daher behindern sie das Auge, die ganze Breite zu fassen, um so mehr, da die beiden Reihen von Nebenpfeilern noch mehr die Übersicht des Ganzen stören. Das lange und sehr hohe Schiff des Ulmer Münsters erscheint daher schmaler, als es ist, hat etwas Korridorartiges und nicht das schöne Verhältnis des Straßburger Schiffs, obwohl es ebenso breit ist wie dieses. Der Chor in Ulm scheint im Verhältnis zu der langen Kirche eine Art Kabinett zu sein, auch weil er dazuhin noch viel niedriger als das Hauptschiff ist.

Mir wenigstens fiel es beim Eintritt ins Münster zu Ulm (obwohl ich damals das Straßburger Münster noch nicht gesehen hatte) besonders auf, daß das Schiff gedrängt und eng wirkte. Außer der ungeheuren Höhe trägt dazu bei, daß die mittleren Pfeiler nur die Höhe der Seitenschiffe haben und sich zwischen jedem ein Bogen schließt. Sie sind viereckig, an sich schon stark, und wirken wegen dieser verminderten Höhe noch stärker. Über den Säulen und Bogen erhebt sich ein massives Mauerwerk, über dem die Seitenfenster hervorragen. Dieses gibt eine angenehme Beleuchtung; aber das Ganze wirkt gedrängt. Die Seitenschiffe, von schlanken abgerundeten Pfeilern getragen, sehen, an sich und ohne Rücksicht auf das Schiff betrachtet, viel freier aus; aber vom Hauptschiff aus betrachtet, zeigt ihr gegen das sehr hohe Schiff niedrig wirkendes Gewölbe dem Auge keine angenehme Ausgewogenheit.

Sehr bemerkenswert ist, daß der Prediger in diesem 141 Fuß hohen Gewölbe ohne Anstrengung überall im Kirchenraum deutlich gehört werden kann. Man schreibt es dem etwas tief liegenden, sehr breiten Deckel der Kanzel zu, was für die Stimme des Predigers sicher vorteilhaft ist. Aber viel trägt wohl auch dazu bei, daß es im Ulmer Münster keine Emporen gibt.

Der Turm ist nur bis auf 337 Ulmer Werkschuh hoch gebracht. Er steigt in zierlichen und angenehmen Proportionen empor, mit sichtbarer, aber glücklicher Nachahmung des Straßburger Münsterturms; nur die oberste Spitze ist gedrungener und schwerer. Besonders hervorheben muß man, daß dieser Turm nicht auf eigenem Grund, sondern auf dem hohen Gewölbe der Kirche ruht. Dies ist kühn. Aber es ist auch die eigentliche Ursache dafür, daß er nicht höher gebaut werden konnte. Ein so hohes und verhältnismäßig schmales Gewölbe könnte die ungeheure Last des ganzen Turmes nicht tragen. Auch hier hat der Grund des Münsterturms zu Straßburg einen großen Vorzug, er ruht nämlich auf acht starken Pfeilern, von denen die äußersten fünfeinhalb Klafter oder 33 Fuß breit sind. Schon 1492 begann sich der Turm des Ulmer Münsters zu senken, und die tragenden Pfeiler wurden durch einen Baumeister aus Augsburg, Burkhard Engelberger, so verstärkt, wie sie jetzt sind. Vorher waren sie nicht stärker als die Pfeiler, die das Kirchengewölbe tragen.

Fast immer trug man wenig Sorge, die Namen der Baumeister aufzuzeichnen, welche die wichtigsten Gebäude entwarfen und ausführten. Immerhin war man in Ulm so sorgfältig, durch eine Inschrift im

Münster zu verewigen, daß auf Geheiß des Rats ein Patrizier Ludwig Kraft den ersten Stein gelegt habe. Als ob dies der Mühe wert wäre, aufgezeichnet zu werden, und als ob der große Künstler, der die Idee und den Plan dieses Gebäudes zuerst in seinem Geist faßte und es auszuführen den Mut hatte, nicht ein viel wichtigerer Mann gewesen wäre als Ludwig Kraft und seine leere Zeremonie. Somit ist der Name des großen Baumeisters, der die ersten Pläne des Ulmer Münsters gemacht hat, ganz unbekannt; ja, von allen Baumeistern dieses großen Werkes ist keiner der Nachwelt bekannt geworden, außer Matthäus Ensiger, der 1483 starb und also vermutlich am Turm baute. Sein Name verdient, mit denen Erwins und Johannes' von Steinbach oder David Hülz' zu Straßburg oder Georg Hausers und Anton Pilgrams zu Wien von der Nachwelt mit Ehren genannt zu werden, die sich um keinen Ludwig Kraft kümmert.

Wir bestiegen den Turm. Man geht bequem hinauf und hat von dort oben nach allen Seiten eine herrliche Aussicht auf das umliegende fruchtbare, von Tälern und Bergen durchzogene Land, besonders nach der Donau hin.

Das zweite sehenswerte, auch auf öffentliche Kosten zu Ulm erbaute Gebäude ist ein Schauspielhaus, das sich – freilich auf ganz andere Art – von allen Häusern in Ulm ebensosehr unterscheidet wie das Münster. Der Architekt wollte anscheinend etwas Prächtiges schaffen, denn das Portal hat eine korinthische Säulenfront, vermutlich die einzige, die in Ulm und Umgebung zu finden ist. Man sollte denken, die ionische Anordnung hätte sich für ein Komödienhaus besser geschickt, zumal bei diesem Komödienhause, das einem Gartenhaus ähnlicher sieht als einem öffentlichen Gebäude. Die Höhe des ganzen Gebäudes beträgt nämlich 32 Schuh, so daß man sich leicht vorstellen kann, zu welch bescheidener Höhe die korinthischen Säulen sich haben bequemen müssen. Vielleicht glaubte aber der Baumeister, auf die Pracht der korinthischen Anordnung nicht verzichten zu können, weil am Giebel das Wappen von Ulm, flankiert von einer Fama*[4] und einem Genius, dargestellt werden sollte. Vermutlich soll das soviel heißen wie: Die Fama tue dem schwäbischen Kreise durch ihre Posaune kund, daß Ulms Genius den guten Gedanken hatte, ein Schauspielhaus zu errichten. Die Bürgerschaft war freilich nicht der Meinung, daß der Bau des Schauspielhauses ein guter Gedanke war. Sie meinte in ihrer Einfalt, es wäre besser gewesen, statt dessen ein Arbeitshaus zu bauen, damit armen Bürgern und Notleidenden geholfen würde. Man hatte schon sehr lange vorher darüber ergebnislos beratschlagt und verlangt, an dieser Stelle eine Wollspinnerei anzulegen, weil bei Geislingen eine beträchtliche Schafzucht ist und der hochedle Rat die Tücher zur Bekleidung der Stadtgarnison bisher aus Sachsen kommen ließ. Das schien ganz klug zu sein, aber der Rat hielt es doch, aus unbekannten Ursachen, für besser, ein Schauspielhaus zu haben. Noch auffälliger ist, daß dieses Schauspielhaus recht schnell erbaut wurde, und zwar gerade zu einer Zeit, da die Bürgerschaft einen schweren Prozeß gegen den Magistrat beim Reichshofrat angestrengt hatte, unter anderem wegen allzu vieler Steuern. Der Magistrat seinerseits versicherte, die besagte Steuer auferlegen zu müssen. Dem schien nun freilich der Bau eines von der Bürgerschaft unverlangten Schauspielhauses ein wenig zu widersprechen. Die Bürger bildeten sich ein, es sei ihnen zum Trotz gebaut worden, weil der Magistrat zeigen wollte, wie sicher er sei, den Prozeß zu gewinnen. Das war aber wirklich bloße Einbildung der Bürger, wie sich hernach auch zeigte, denn der Magistrat versuchte, den Prozeß, obwohl er ihn auf sichere Weise gewann, durch einen Vergleich zu beenden.

Dieses Schauspielhaus, obgleich klein, ist doch wirklich mit Geschmack erbaut und bequem und gut eingerichtet. Der herzoglich württembergische erste Maschinist, Herr Keim, ist der Baumeister. Trotz der bescheidenen Ausmaße scheint es für Ulm allzu groß zu sein, denn es fehlt diesem Schauspielhaus an nichts, außer an Schauspielern und Zuschauern. Weder unter den Patriziern noch unter den Bürgern ist der Wohlstand so groß, daß man sich eine feste Schaubühne halten könnte; also kann sie allenfalls in den wenigen Wochen offen sein, wenn die Kreisversammlung dort ist. Da hatten sich sonst sehr oft herumziehende Truppen eingefunden, die in einer öffentlichen Wagenremise durch ihre lustigen Stücke und Haupt- und Staatsaktionen einem hohen und gnädigen Publikum zu besserer Verdauung verhalfen. Herr Heidelof, Hof- und Theatermaler in Stuttgart, der das Ulmer Theater mit einem gemalten Vorhang bereichert hat, scheint sich die Beweglichkeit der Ulmer Schauspielergesellschaften, für die er ein festes Theater verschönern sollte, zum Vorbild genommen zu haben. Auf den meisten Theatervorhängen sind herumfliegende Genien*[5] abgebildet, und irgend etwas wird gekrönt. Auf dem Ulmer Vorhang wird nun nicht etwa das Brustbild des Aischylos oder des Sophokles oder des Corneille oder Shakespeares oder Lessings, sondern das Brustbild des Thespis[*6] von einigen Genien gekrönt, welche wohl keine anderen als der Genius Ulms und die Genien der Ulmer Oberamtmannschaften sein können. Die Wahl des Gekrönten scheint vom Maler wohlüberlegt zu sein, denn bloß Truppen, die auf dem Karren des Thespis herumziehen, werden in diesem Hause spielen.

Übrigens möchte man von diesem Vorhang beinahe sagen, wie von Hogarths Kupferstich „The Enraged Musician“, daß viel darauf zu hören ist, denn alle darauf dargestellten Personen machen ein mehr oder minder großes Getöse. Die Philosophie, in voller Bewegung, mit der einen Hand auf den Thespis, mit der andern auf ein offenes Buch zeigend, unterhält sich, wie die Beschreibung versichert, mit der personifizierten Stadt Ulm, der einzigen geduldig schweigenden Person auf diesem Vorhang, über die Theorie des Schauspiels. Nun weiß man ja, daß die theoretischen Philosophen, dogmatische und kritische in gleicher Weise, ziemlich laut zu werden pflegen. Hier aber muß die Philosophie ihre Stimme gewiß sehr anstrengen, wenn sie sich der guten Stadt Ulm verständlich machen will, denn sie hat sehr laute Nachbarn. Die Dichtkunst schreibt zwar, ist aber in so sichtbarer Begeisterung und öffnet den Mund so deutlich, daß man merkt, sie will neben der theoretischen Philosophie für die Praxis sprechen. Thalia[*7], die Maske in der Hand, deklamiert laut; Fama, neben der Terpsichore[*8] stehend, bläst dieser auf ihrer Posaune einen Rigaudon[*9], zu welchem die Tänzerin im Springen auf einem Tamburin den Takt schlägt; Melpomene[*10], was macht sie? Der Leser vermutet vielleicht, daß sie sich, wie Hogarths „Enraged Musician“, vor dem allgewaltigen Getöse die Ohren zuhält? Keineswegs! Viel ernster! Sie will sich soeben entleiben und wird also gewiß aufschreien, sobald der Dolch eindringt. Wenn die Dichtkunst nicht etwa aufspringt, der Muse in die Hand zu fallen, so ist diese verloren. Sonst hält Melpomene den Dolch nur in der Hand und gebraucht ihn ebensowenig zum Erstechen als Thalia die Maske zum Maskieren. Warum schreitet dann die Muse hier zur Tat? Vermutlich nur aus Verdruß darüber, daß die Herren von Ulm Philosophie, Lustspiel, Tanz und Ruhm, aber weder Trauerspiel noch Gesang haben wollen, denen Melpomene bekanntlich vorsteht. In der Tat ist es seltsam genug, daß bei soviel dargestelltem Lärm auf diesem Vorhang nichts vom Singen angedeutet ist; vielleicht soll es vom Ulmer Theater verbannt sein.

Doch genug von einem Schauspielhaus, das nicht viel mehr ist als *une niche attendant son saint.*

Die Steuern in Ulm sind mannigfaltig: von Gütern, von Kapitalien, von Gewerben, Abzüge des zwanzigsten Teils von den Besoldungen, Stempelpapier, Ohmgeld von Getränken, Akzise von Getreide und Mehl. Die Abgabe von den Gütern soll 45 Prozent des Ertrags sein. Die beträchtlichen Schulden der Stadt erfordern diese Abgaben und vermehren sie. Es bleibt aber unbegreiflich, wie bei einer so einträglichen Landschaft diese Reichsstadt so sehr hat in Schulden geraten können. Man kann nur annehmen, daß mangelhafte Einsichten in die Finanzwissenschaft und Ökonomie schon seit längerem vorliegen müssen. Jetzt sind, wie man mir versicherte, unter den jungen Ratsherren verschiedene Männer, die sich Kenntnisse dieser Art erworben haben und sie vermutlich künftig zum Besten ihrer Vaterstadt anwenden werden. Ich habe aus zuverlässiger Quelle erfahren, daß im Jahre 1787 die jährlichen Einkünfte der Stadt zwischen 400 000 und 500 000 Gulden betrugen, die Schulden sich hingegen auf 3 500 000 Gulden beliefen. Das scheint freilich etwas gefährlich, doch scheint es nur so. Wenn es nicht mehr ist, so würde doch durch gute Staatswirtschaft, durch Verbesserung der Ökonomie der Ländereien und Ämter und durch Verlängerung des Kredits in 30 bis 50 Jahren diese Schuldenlast teils getilgt, teils nicht mehr lästig sein. Man müßte die Sache nur bald und mit Ernst angreifen. Man dürfte nur die vortreffliche Staatswirtschaft des Kurfürsten von Sachsen oder des Herzogs von Braunschweig nachahmen und würde schon innerhalb zehn Jahren die beste Wirkung spüren. Aber freilich müßten Männer da sein, die in den Finanzprinzipien bewandert sind. Ich spreche hier bloß von einem Finanzplan, der die Schulden und die Zinsen vermindern würde. Könnte man nun noch hin und wieder manches sparen, was ich nicht bezweifle, und könnte man ferner durch bessere Verwaltung der Ländereien die Einkünfte mehren, so wäre der Erfolg noch geschwinder und heilsamer.

Eine ganz sonderbare Einrichtung in Ulm ist ein besonderes Kollegium von Rechtsgelehrten, die aber in Zivil- und Kriminalsachen nur beratende Stimme haben und ihr Gutachten den Mitgliedern des Magistrats vorlegen, die nach Gefallen darüber entscheiden. Der Theorie nach müßte man diese Einrichtung für unschicklich und einem unparteiischen Rechtsweg nachteilig ansehen. Der Magistrat ist der Souverän in Ulm. Ich kenne kein Land, selbst keine Monarchie, wo der Souverän nicht aus einem Gefühl natürlicher Billigkeit die Entscheidung über Rechtshändel den Richtern überließe. Es wäre etwas anderes, wenn Juristen, wie in England, die Prozesse vorbereiteten und das Urteil dann durch eine Jury aus dem Stand des Beklagten gefällt würde. Es kann sein, daß in Ulm die persönlichen Eigenschaften der Ratsherren, vielleicht auch ihre zufälligen juristischen Kenntnisse, die Ulmer Einrichtung unschädlich machen. Da aber die Bürger in Ulm, ob mit Recht oder Unrecht, über ihren Magistrat sowieso schon mißvergnügt sind, ist wenigstens das Vorurteil leicht verständlich, das sie gegenüber der Unparteilichkeit einer Rechtspflege haben, die vom Magistrat willkürlich verwaltet wird. Der Fall wird delikat, wenn z. B. ein Bürger, der etwa für die Bürgerschaft wider den Magistrat spricht oder sonst aus irgendeiner Ursache mehreren Ratsherren mißfällt, nun in einen Rechtshandel verwickelt wird. Es ist für diesen schwer zu glauben, daß er von seinen ohne Rechtsgründe urteilenden Regenten ein unparteiisches Urteil erhalten wird. Er kann seinen Prozeß vielleicht zu Recht verlieren, für den Gemeinsinn des Publikums aber und für den Glauben an eine unparteiische Rechtspflege wäre es wohl besser, wenn das Urteil von Richtern gesprochen würde, welche selbst die Sache untersucht hätten und so für ihren Spruch Rechtsgründe anführen könnten.

Auf der anderen Seite ist es gewiß genauso unschicklich, daß viele Ulmer Ratsherren von ihren Stellen keine ausreichenden Einkünfte haben. Jeder Arbeiter ist seines Lohnes wert. Es finden sich zwar mehrere Republiken, wo die Einkünfte der Ratsherren äußerst gering sind, z. B. Zürich und Hamburg, aber dort ist die Regierung der Republik auch nicht an ein erbliches Patriziat gebunden. Man wählt die Männer zu Ratsherren, zu denen man Vertrauen hat und die entweder wohlhabende Leute sind oder ein Geschäft treiben, das ihnen hinlängliches Einkommen gibt. Die Patrizier in Ulm hingegen treiben gar kein Gewerbe und sind größtenteils nicht besonders vermögend. Sie waren es vermutlich im sechzehnten Jahrhundert, als Kaiser Karl V., um das Interim*[11] zu fördern, ihnen die höchsten Stellen im Rat und damit das eigentliche Regiment der Stadt gab. Sie nahmen dies an, um zu herrschen und Einfluß zu haben, und dachten nicht an Besoldungen, vermutlich weil sie es damals nicht nötig hatten. Sie hätten auch von der Bürgschaft noch mehr Widerspruch befürchten müssen, wenn eine neue Steuer erhoben worden wäre, um die neuen Herren zu besolden. Jetzt aber, da durch die Vermehrung der Familienzweige und die Erbteilungen der Güter viele Patrizierfamilien nicht mehr reich sind, muß ihnen das Regieren ohne Bezahlung lästig werden. Man hat mir glaubwürdig versichert, ein Patrizier könne mehrere Jahre Ratsherr sein, ohne andere Einkünfte zu haben als einen halben Gulden für jede Ratssitzung, der er beiwohnt. Das aber ist noch nicht einmal ein Drittel dessen, was ein Mitglied der Akademie in Berlin für jede Sitzung bekommt, bei der er anwesend ist. Der Akademist hat jedoch nicht einmal das Wohl des Staates zu verwalten wie ein Ratsherr in Ulm. Einige patrizische Ratsherren sollen freilich Ämter haben, die sehr einträglich sind.

Ich fand im heutigen Ulm eine große Menge Ämter und Posten. Wieviel diese die Stadt kosten und ob nicht bei dem jetzigen Finanzstand einige zu entbehren wären, kann ich nicht entscheiden. Seit dem August des Jahres 1794 ist zwischen der Bürgerschaft und dem Magistrat ein abermaliger Streit entstanden. Es geht vor allem um Beschwerden über das zerrüttete Finanzwesen, weshalb die Bürgerschaft um Mitwissenschaft bei der Verwaltung des Gemeinguts bat, über die nahen Verwandtschaften im Rate, über das Einkaufen in denselben, über die Aufnahme untauglicher Mitglieder und Ausschließung mancher bürgerlichen Zünfte, über die Annahme eines jungen Patriziers zum Oberforstmeister, da ein erfahrener Mann bürgerlichen Standes schon einige Jahre Verweser dieses Amtes war, ohne daß über ihn geklagt wurde; über kostspieliges und entbehrliches Bauen im Oberforsthause und schließlich über eine einer Patrizierwitwe gewährte Pension von 700 Gulden.

Die Reichsstadt Ulm hat das Verdienst, daß sie sich eifrig um den Chausseenbau in der umliegenden Gegend bemüht. Der Ausbau der Straße nach Nürnberg fand viele Schwierigkeiten wegen der mannigfaltigen umliegenden Herrschaften, durch deren Gebiet die Wege gehen mußten. Endlich wurde in den achtziger Jahren auf der Kreisversammlung durch Vermittlung des Herzogs von Württemberg eine Einigung gefunden: Das Reichsstift Elchingen, der Deutsche Orden, das fürstliche Haus Öttingen-Wallerstein, die Reichsstifte Salmansweil und Kaisersheim nebst den betroffenen Reichsrittern an der Donau einigten sich auf einen bestimmten Geldbetrag, und die Stadt

Ulm übernahm den weiteren Bau der Chausseen, den sie vorher schon auf ihrem eigenen Gebiet bis Albeck, zwei Stunden weit, angefangen hatte.

Die Einkünfte der Ulmer nehmen ab, und zwar aus unterschiedlichen Gründen. Dazu gehört, daß der Geldkreislauf in Ulm nicht eben schnell ist, da die Ratsmitglieder und Bürger wechselweise wenig Aufwand machen, daß also der Bürger wenig zu verdienen hat und doch einen gewissen Wohlstand gewöhnt ist. Die Leinwandweberei ist in der Stadt und auf dem Land immer noch ansehnlich, und vom Ertrag aus dem Leinwandhandel wird Gutes berichtet. Ich setze nur noch hinzu, daß auf einer Insel, welche die Blau umfließt, zwei Leinwandbleichen dem Magistrat gehören, der sie einem Pächter – auf ulmisch *Beiständner* – auf Lebenszeit verleiht. Die Ulmer Leinwand, sowohl ungebleichte als auch weiße und gestreifte, wird in die Schweiz und in alle Teile Italiens, bis nach Kalabrien und Sizilien versandt. Nach Spanien geht sie nicht. Es versteht sich, daß diese Leinwand im kleinen auch in der umliegenden Gegend guten Absatz findet. Schon bei meiner Anwesenheit im Jahre 1781 wurden Klagen über die Abnahme dieses Handels geführt, welche nachher noch fortwährten und vermutlich jetzt, da der Leinwandhandel in ganz Europa stockt, auch dort noch stärker werden. 1784 erschien in Ulm eine kleine Schrift, *Freimütige Gedanken über den Verfall des Leinwandhandels, den Ulmischen Leinwandwebern in Stadt und Land gewidmet*, in der der Ulmer Kaufmannschaft zur Last gelegt wird, sie sei allein am Verfall des Leinwandhandels schuld, weil sie den Weber drücke und die Leinwand nicht hoch genug bezahle. Ich bin freilich von der Beschaffenheit der dortigen Lage nicht genau unterrichtet, um so weniger als das vorliegende Traktätchen dazu bei weitem nicht ausreichend ist. Ich will gewiß die Mächtigen und Reichen nicht verteidigen, die den geringen und armen Mann unterdrücken. Besonders verdient es ernstliche Aufmerksamkeit, wenn in den Gedanken gesagt wird, daß die Herren Leinwandnegozianten zu Ulm meistens Ratsmitglieder sind und daß einer aus ihrer Mitte beim Steueramte, also demjenigen Departement sitzt, welches über das Leinwandwesen die Aufsicht hat. Daher hätten die Leinwandweber, wenn sie klagten, keine unparteiische Gerechtigkeit zu erwarten; ihre Gegner seien zugleich ihre Richter. Weiter wird behauptet, daß die Weber von den Leinwandhändlern oft verächtlich behandelt würden, daß man ihnen gedroht hätte, sie zum Fenster hinaus oder ihnen die Ware vor die Füße zu werfen. Dies wird niemand billigen. Es heißt aber, daß man beide Seiten hören muß, und das wird auch hier wohl nötig sein.

Es ist meist sehr schwer, in Manufaktursachen zwischen den Unternehmern oder den großen Kaufleuten und den Arbeitern zu entscheiden, auf wessen Seite jedesmal Recht und Billigkeit ist. Die öffentliche Meinung erklärt sich freilich gewöhnlich gegen den Unternehmer, weil in die Augen fällt, daß er sich besser stellt, oft sogar reich wird. Man vergißt dabei aber, daß der Unternehmer schon sehr wohlhabend sein muß, ehe er Einkäufe im Großen unternehmen kann. Es ist ihm also nicht zu verdenken, daß er sein Vermögen erhalten und vermehren will. Man vergißt, daß der Einkäufer ständig bares Geld in der Hand haben muß, um den Weber bar zu bezahlen, und ihn daher die Zinsen, wenn die ausstehenden Zahlungen spät eingehen, oft sehr hoch zu stehen kommen können. Man vergißt, daß der Kaufmann ein großes Risiko tragen muß; der Arbeiter hingegen trägt keins, sondern wird vom Kaufmann bezahlt, sobald er die Arbeit abliefert. Der Kaufmann muß den arbeitenden Teil oft zu seinem Schaden in Existenz erhalten. Daher ist er dann freilich genötigt, auch auf seinen Vorteil zu sehen, wenn die Umstände ihm solchen anbieten. Der Erfolg ist meist bekannt und wird dem Unternehmer vom Publikum hoch angerechnet. Vom Mißerfolg hingegen spricht niemand, und der Unternehmer verhehlt ihn oft sehr sorgfältig, um seinen Kredit zu behalten.

Die Arbeiter tragen auch selbst viel zu ihrem Unglück bei. Wer einigermaßen mit Manufakturgeschäften praktisch bekannt ist, wird wissen, wie mannigfaltig dabei die Betrugsmöglichkeiten sind und wie oft es sehr schwer wird, mit den Leuten im guten auszukommen. Sie bedenken meist nicht, daß sie ohne den Unternehmer gar keine Arbeit haben würden, weil nur dessen weitverzweigter Vertrieb ihrer Arbeitsergebnisse ihnen überhaupt Arbeit verschafft. Sie denken im allgemeinen nicht an den andern Morgen, wohingegen der Unternehmer auf Jahre im voraus planen muß. Sie leben selten wirtschaftlich und legen nie etwas zurück, während der zunehmende Reichtum des Unternehmers doch notwendig gutes Wirtschaften voraussetzt und zum Grunde hat. Das lebhafte Bild, das der Verfasser der „Gedanken" vom Müßiggang und der Verschwendung des gemeinen Mannes in Ulm entwirft, ist sehr lehrreich; und wenn es, woran nicht zu zweifeln ist, auf dem Lande um Ulm ebenso hergeht, so ist darin schon eine hauptsächliche Quelle des schrumpfenden Leinwandhandels und der Einkommen in Ulm überhaupt zu sehen. Wenn der gemeine Handwerksmann und Handarbeiter durch den Fleiß eines Unternehmers eine Zeitlang genug Arbeit hat, denkt er oft, das müsse so bleiben. Er fängt an, besser zu leben, anstatt etwas für Notzeiten zurückzulegen; und was noch schlimmer ist, aus Lust am guten Leben fällt er oft in Müßiggang und arbeitet weniger. Will er diese Lebensart fortführen, so wird der Arbeitslohn und folglich die Ware zu teuer. Der Gewinn schwindet, und der Unternehmer kann und will nichts mehr riskieren und erteilt also weniger Aufträge. Die Nachbarn ein paar Meilen weiter, in diesem Falle in Memmingen und Kempten, sind fleißiger und sparsamer und ziehen so die Einkommensmöglichkeiten ab. Ich befürchte, manche der obigen Betrachtungen passen nur zu gut auf Ulm und die Gegend. Ist es da nicht sinnvoll, unter der großen Menge unnützer Predigten, die im Münster gehalten werden, monatlich eine nützliche Predigt wider den Müßiggang und die Sorglosigkeit halten zu lassen?

Der Verfasser der „Gedanken" ist übrigens, obgleich er es recht gut meint, von der wahren Beschaffenheit des Handels dieser Art schlecht unterrichtet. Er meint, daß der Bauer, der Spinner und Weber den Leinwandhändler weit eher entbehren können als dieser sie. Eigentlich kann ja keiner den andern entbehren; nur braucht nach der Verschiedenheit der Zeiten einer den andern mehr als sonst. Im Grunde kann aber der Weber und Spinner den Kaufmann, der ihm die Ware abnimmt, gar nicht entbehren, denn wie sollte er weiterarbeiten, wenn dieser ihm nicht Aufträge gäbe oder wöchentlich so viel bar abkaufte, wie er an gewissen Orten absetzen zu können glaubt? Der Verfasser der „Gedanken" ist so schlecht unterrichtet, daß er sich einbildet, der Garnpreis sei die eigentliche Basis, wonach sich der Leinwandpreis richte, und wundert sich dann, daß in Ulm der Wert der Leinwand nicht nach diesem natürlichen Maßstab, sondern nach der steigenden oder sinkenden Nachfrage gemessen wird. Ist es denn irgendwo anders, und kann es anders sein? Die Nachfrage veranlaßt die Aufträge. Fehlt jene, so fehlen auch diese, und dann kann der Garnpreis noch so hoch sein, die Leinwand wird im Preise fallen. Auch scheint dieser Schriftsteller von den speziellen Umständen des Ulmer Leinwandhandels nicht genau unterrichtet zu sein, denn er meint, durch neue Gesetze könnte der Sache abgeholfen werden. Aus einigen in den „Gedanken“ erwähnten Umständen wird deutlich, daß man in Ulm von der Art, wie der Leinwandmanufaktur aufzuhelfen sei, keinen richtigen Begriff hat. Der Verfasser meint, die Leinwandhändler sollten die nötige Verbesserung des Flachsanbaus besorgen und Prämien darauf setzen. Dies ist aber offenbar eine Sache der Landwirtschaft und in Ulm die Sache des Magistrats, der die Landwirtschaft durch Patrizier verwalten läßt. Die Obrigkeit müßte die Prämien aussetzen, und die Beamten müßten den Flachsbau aufs eifrigste besorgen und sich selbst durch Reisen, Studieren und praktische Versuche die nötigen Kenntnisse für seine Verbesserung erwerben. Vom Kaufmann sind solche Kenntnisse nicht zu verlangen, und ohne Kenntnisse helfen alle Prämien nichts.

Daß der Weber von jedem Stück Leinwand, das er auf den Stuhl legt, eine Abgabe zahlen muß, ist so sehr wider alle Prinzipien des Manufakturwesens, daß man sich wundern muß, wie bei einer so drückenden Einrichtung die Ulmer Leinwandmanufaktur überhaupt bisher bestehen konnte. Es ist vollends widersinnig, daß der Arbeiter diese Abgabe leisten soll. Nun sieht man die Ursache, warum das Steueramt die Aufsicht über die Leinwandmanufaktur hat. Es ist eigentlich der Abgabe wegen! Eine Prämie sollte man eher für jedes Stück geben, das gewebt wird. Der Verfasser der „Gedanken“ sagt nicht, wie groß diese Abgabe ist; auch nicht Herr Haid, der so viel Unnützes schwatzt und nur in wenigen Zeilen von der so wichtigen Leinwandmanufaktur redet. Doch sie mag so groß oder so klein sein, wie sie will: Sie ist absolut wider alle grundlegenden Prinzipien der Manufakturwissenschaft. Das erste, was man tun müßte, um den Ulmer Webern aufzuhelfen, wäre, diese widersinnige Abgabe aufzuheben.

Den Webern im Ulmer Gebiet ist es verboten, ihre Leinwand auswärts zu verkaufen, und alle noch so dringenden Bitten um freien Verkauf fanden kein Gehör. Ein solches Gesetz zeigt freilich, daß die im Rat sitzenden Leinwandhändler wohl einen ungebührlichen Einfluß haben. Dieses Gesetz kann, schon seiner Natur nach, die Industrie unmöglich fördern; noch abwegiger ist es aber, daß der Weber seine Leinwand auswärts verkaufen darf, wenn er für jedes Stück von 60 Ellen sechs Kreuzer zahlt. Dazu muß er sich noch einen Erlaubnisschein in Ulm holen, selbst wenn er zwei und mehr Meilen von Ulm entfernt wohnt. Es ist höchst unsinnig, den armen Leuten diesen Weg zuzumuten, um eine Erlaubnis zu holen, die ihnen statt dessen am Wohnort umsonst, zusammen mit einer Prämie für die Ausfuhr, gegeben werden sollte. Es kann doch dem Ulmer Staat egal sein, ob der Weber oder der Kaufmann den Staat bereichert. Was würde man sagen, wenn der König von Preußen die Treuenbrietzenschen Tuchmacher für ihre Tücher eine Abgabe wollte zahlen lassen, wenn sie sie auf den Stuhl legten, und eine weitere dafür, daß sie sie auf den Leipziger Messen verkaufen dürften, und sie noch nötigte, den Erlaubnisschein aus Beelitz oder Potsdam zu holen.

Zusätzlich hat man in Ulm eine Dunkenvisitation angeordnet, die mit größter Strenge alles, was gewebt wird, kontrolliert, damit die Abgabe gewiß geleistet und nichts auswärts verkauft werde. Nun, daß es Gott erbarme! Man unterwirft den Weber einer Abgabe auf das, was er fabriziert, man verlangt eine Abgabe für die Ware, die er dem Ausländer verkauft, und man unterwirft ihn schließlich drükkenden Formalitäten, durch die er den Plagereien von Unterbeamten ausgesetzt ist. Man kann nicht zweckmäßiger verfahren, wenn man die gesamte Tuchindustrie ruinieren will. Solchen Formalien und vielleicht dem ungebührlichen Einflusse der kaufmännischen Ratsherren mag es zuzuschreiben sein, daß der schon erwähnte Schüle, als er sich 1757 in Ulm niederlassen wollte, davon abgeschreckt wurde und sich nachher nach Augsburg wandte.

Bei Ulm wird die Donau schiffbar; aber sie hilft weder den Ulmer Produkten noch den dortigen Fabrikaten, die meist zu Lande transportiert werden. Die Donau dient hauptsächlich für die nach Bayern und Österreich bestimmten Güter, welche durch Fuhrleute aus Frankreich über Straßburg, aus Italien über Augsburg und sonst zur weiteren Spedition nach Ulm kommen. Das Haus Kindervater hatte die größte Spedition für Güter und Gelder, die auf Rechnung des Kaisers aus den Niederlanden nach Wien gingen. Es fuhren sonst, solange die Donau offen war, wöchentlich drei bis sechs Schiffe von Ulm ab. Bei den jetzigen veränderten Umständen hat sich dieser wichtige Speditionshandel vermutlich auch vermindert. Auf der Donau zwischen Ulm und Regensburg sind höchstromantisch schöne Stellen. Sollte ich in meinem Leben jemals wieder die herrliche Fahrt auf der Donau nach Wien machen können, so würde ich nicht erst von Regensburg, sondern schon von Ulm abfahren, und ich rate dies jedem Reisenden, der diese so reizvolle Fahrt machen will.

Zu der kleinen Industrie in Ulm gehört die Herstellung schöner Tabakspfeifenköpfe, die aus Masernholz geschnitten werden. Ferner ist die Zundermanufaktur – oder wie man in Ulm sagt, die Zundelmacherei – eine für Ulm ganz typische Industrie. Der Zunder besteht aus Lindenrinde, die gekocht, getrocknet und sodann mit feinem Schießpulver eingerieben wird. Diese so zubereitete Rinde ist viel weicher als der gewöhnliche Luntenschwamm und fängt auf den kleinsten Funken Feuer. Mir ist nicht bekannt, daß man diesen Zunder auch an anderen Orten macht; es wäre aber wohl zu wünschen. Der Leinwandzunder verdirbt eine Menge guter Lumpen, die zur Papierverarbeitung viel nützlicher gebraucht werden könnten, da Papier überall Mangelware ist. Der Zunder aus Lindenrinde, so wie der Schwammzunder, ist allemal billiger.

Die Ulmer feinen Gräupchen, hier geremmelte Gerste genannt, werden aus Gerste auf gewöhnlichen Mahlmühlen in und um Ulm gemacht und sehr weit verkauft. Das Ulmer Zuckerbrot, aus dem feinsten Dinkelmehl mit Anis vermischt, wird von den Süßbäckern, welche bloß Weizen- und Dinkelmehl verarbeiten, gebacken und teils in ganzen Broten, teils zerschnitten und geröstet weit versandt. Die Gartenfrüchte in Ulm sind von gutem Geschmack, besonders ist der dortige Spargel sehr berühmt. Die Ulmer bauen ihn auf ganzen Feldern an und verkaufen ihn auch in die nähere Umgebung.

Es gibt in Ulm zwei ansehnliche Buchhandlungen, die Stettinsche und die Wohlersche. Als ich in Ulm war, bestanden dort auch zwei Buchdruckereien, die Wagnerische und die Schuhmacherische, jene mit vier, diese mit zwei Pressen. Als Schuhmacher im Herbst 1781 starb, kaufte Herr Wagner diese Druckerei, so daß es jetzt nur noch eine gibt. Die Wagnersche Druckerei ist schon seit langem bekannt und gehört unter die vorzüglichsten Deutschlands. Der jetzige Besitzer, Herr Christian Ulrich Wagner, hat im Jahre 1765 ein Verzeichnis und Proben der in seiner Offizin*[12] befindlichen Schriften in einem Oktavbande drucken lassen, welches schon deren damalige Vollständigkeit und gute Beschaffenheit zeigt. Es ist in der Buchdruckerei ein Zögling Breitkopfs in Leipzig, der außer seinen typographischen Kenntnissen manche andere in Wissenschaften und Künsten besitzt und auch Mitglied verschiedener gelehrter Gesellschaften ist. Sein Vater, der 1750 starb, war besonders berühmt durch die in den vierziger Jahren zu Berlin im Haudenschen Verlag von dem seligen Rektor Miller in Ulm herausgegebenen lateinischen klassischen Autoren. Sie wurden in seiner Druckerei aus kleiner Nonpareille-Schrift sehr sauber gedruckt; daher gab man ihm den Namen: deutscher Elzevir*[13].

Als ich in Ulm war, erschienen in dieser Stadt zwei Zeitungen: die *Ulmische privilegierte Zeitung* im Quartformat in der Schuhmacherischen Buchdruckerei und die *Ulmisch-deutsche Chronik.* Diese Zeitung wurde ja bekanntlich von dem wegen seines späteren Schicksals sehr berühmt gewordenen Schubart im Jahre 1774 in Augsburg angefangen und, nachdem der Druck dort verboten worden war, in Ulm im Wagnerschen Verlag fortgedruckt. Der Verfasser wurde, weil er in dieser Zeitung die Wahrheit über die Schädlichkeit des Jesuitenordens gesagt hatte, durch die Intrigen der Jesuiten in Augsburg von da verjagt und folgte bald selbst nach Ulm nach. Die Zeitung hatte einen gesucht schwülstigen Stil, welcher damals gefiel. Sie wurde mit viel platter Witzigkeit und einer Freimütigkeit geschrieben, die nahe an Ausgelassenheit grenzte. Dies verschaffte der Zeitung ungemein viele Leser, solange sie Schubart schrieb, zumal er auch eine unbeschreibliche Dreistigkeit besaß, Tatsachen und Vermutungen von neuen politischen Begebenheiten geradezu zu erdichten. Heute versuchen auf diese Weise einige politische Schriftsteller sich dadurch bei Lesern, dürftig an Verstand, in den Ruf zu setzen, ihnen stünden wer weiß wie viele geheime Korrespondenzen zu Diensten. Schubart wurde mit nicht zu entschuldigender List, oder mit nicht zu entschuldigender Unvorsichtigkeit, von einem seiner Freunde oder Scheinfreunde ins Württembergische gelockt. Wegen einiger unbesonnener Stellen in seiner Chronik hat man ihn mit beispielloser Härte zu einer langen Gefängnisstrafe auf dem Hohenasperg verurteilt. Der Verleger in Ulm setzte seine Zeitung zwar fort, aber dessen Nachfolger wurde, durch Schubarts Schicksal abgeschreckt, sehr zahm. So hatte die Zeitung, deren ganzer Wert in der schwülstigen Schreibart und in den ausgelassenen Gedanken aller Art bestand, für die Leser, denen sie vorher gefallen hatte, keinen Reiz mehr. Beide Zeitungen hörten mit dem Ende des Jahres 1781 auf zu erscheinen. Man versuchte zwar, an deren Stelle eine *Ulmische privilegierte Zeitung* im Oktavformat zu drucken, welche den spaßhaften Ton der Erlanger Zeitung haben sollte, aber der Versuch mißfiel dem Lesepublikum, und das Unternehmen kam nicht zustande. So hat Ulm nun gar keine Zeitung mehr.

Das *Ulmische Intelligenzblatt* erscheint wöchentlich donnerstags in einem Umfang von einem halben Bogen schon seit vielen Jahren.

Die Zensur in Ulm wird vom Magistrat ausgeübt, und die Erlaubnis oder das Verbot des Druckes hängt dort, wie an so vielen anderen Orten, vom guten Willen oder der bösen Laune, dem Mut oder der Ängstlichkeit des Zensors ab. Besonders ängstlich ist man wegen aller Dinge, die auch nur im weitesten Sinne die Stadt und das Land zu Ulm betreffen. Herr Haid hatte einmal angefangen, im Ulmischen Kalender etwas über die Geschichte Ulms zu schreiben, aber es wurde ihm bald „gelegt", wie sich einer von meinen Korrespondenten ausdrückt. Wer dieses Verfassers Schriften kennt, weiß, daß sie sehr zahm und harmlos sind; er kann also wohl nichts Anstößiges über die ältesten Zeiten geschrieben haben. Vermutlich aber hat man vorausgesehen, er werde in der Folge bis auf das Jahr 1548 kommen, wo Kaiser Karl V., so wie auch in Augsburg und Nürnberg, die Regierung den Patriziern verlieh, um die Einführung des Interims zu begünstigen. Man wollte vielleicht nicht, daß die damalige Veränderung ausführlich erzählt werde.

Im Jahre 1780 wollte ein einsichtsvoller Arzt in Ulm einige Bemerkungen über offenbare Mißbräuche beim Ulmer Gesundbrunnen zu Überkingen im Intelligenzblatt erscheinen lassen. Der Aufsatz, der mir zufällig in die Hände fiel, enthielt, sehr bescheiden gesagt, nützliche Wahrheiten, besonders über die Unreinlichkeit, die damals im Badehause herrschte, und daß das Mineralwasser zum Trinken durch einen kupfernen Seiher gelassen werde, wozu der Verfasser mit Recht lieber einen eisernen oder steinernen empfahl. Der Aufsatz durfte nicht gedruckt werden. Man hielt es für bedenklich, die unschuldigen Bemerkungen über das Bad in Überkingen drucken zu lassen, vermutlich um diesem Gesundbrunnen nicht einen üblen Leumund zuzuziehen. Jedoch erlaubte man, daß in Haids Beschreibung von Ulm gemeldet werden durfte, im Ulmer Gebiete sterbe auf dem Land jeder neunzehnte, ja sogar jeder fünfzehnte Mensch. Dies ist doch wohl eins der nachteiligsten Dinge, die man von der Ulmer Republik sagen kann. Das hat aber der Zensor vermutlich nicht eingesehen, sondern in seiner Unschuld gedacht, es käme so genau nicht darauf an, ob mehr oder weniger Bauern stürben. Wahrhaftig, wenn der Überkinger Brunnen auch noch so rein gehalten würde, so wird er doch die große Sterblichkeit in Ulm und auf dem Land bei Ulm nicht merklich vermindern, ja nicht einmal einen einzigen ängstlichen oder milzsüchtigen Zensor kurieren können, sei er aus Ulm oder sonst woher!

Ulm hat von jeher eine Menge Gelehrter aus verschiedenen Wissenschaftsgebieten in seinen Mauern beherbergt. Zu den älteren gehört z. B. Martin Zeiller, ein Mann, der zu seiner Zeit für die Geschichte und Geographie in Deutschland viel leistete. Unter den neueren nenne ich meinen seligen Freund Abbt. Auch findet sich unter den Patriziern und Bürgern mancher Kenner und Liebhaber der Wissenschaften. Jedoch wird hin und wieder geklagt, daß die Liebe zu den Wissenschaften nicht weit verbreitet sei. Ein Reisender, der sich eine Zeitlang in Ulm aufhielt und manche Gelegenheit hatte, dortige Gesellschaften zu besuchen, versicherte mir, Kenntnisse der guten deutschen wie auch englischen und französischen Literatur finde man äußerst selten. Es gäbe sogar Leute, die sich ein Verdienst daraus machten, nichts lesen zu wollen. Man kann sich so etwas kaum vorstellen. Im Jahre 1781, als ich Ulm sah, war noch keine einzige Lesegesellschaft gegründet worden, wo man Bücher herumreicht. Es gab auch keine Leihbibliothek, die doch sonst in Deutschland schon häufig genug zu finden sind. Die Ratsbibliothek habe ich nicht gesehen. Leider wurde ein Teil davon bei einem unglücklichen Brande im Jahr 1785 vernichtet. Dieses Schicksal traf auch die Wagnersche Stiftungsbibliothek, worin alle Bücher und Traktate aufbewahrt werden, die seit 1677 in dieser Buchdruckerei gedruckt wurden. Ich sah hingegen mit Vergnügen die Kraftsche Stiftungsbibliothek.

Am Gymnasium zu Ulm haben sehr oft gelehrte Männer als Lehrer gewirkt, worunter besonders Peter Miller noch in sehr rühmlichem Andenken steht. Doch der ganze Zuschnitt des Gymnasiums ist noch zu sehr darauf angelegt, Theologen vom gewöhnlichen Schlage, nicht aber wahre Gelehrte und noch weniger brauchbare Geschäftsmänner heranzuziehen. Es würde daher eine gründliche Reform verdienen, damit es in der heutigen Zeit, wo sich so vieles geändert hat, von wirklichem Nutzen für die Erziehung gelehrter Männer sein könnte, wie sie heutzutage gebraucht werden. Dies kann geschehen, wenn in dieser Schule nicht mehr nur leere Wortgelehrsamkeit und ebenso leere scholastische Spitzfindigkeiten getrieben werden, sondern wenn man vielmehr darauf achtet, die Verstandeskräfte der Schüler zu entwickeln. Aber eine solche allgemeine Reform ist überall schwer, und besonders in einer kleinen Republik, wo man meist sehr am alten hängt. Wenn nur wenigstens ein Anfang gemacht würde! Sollten unter den Vätern der Stadt Ulm keine sein, die beherzigten, daß Sulzers Vorübungen zum Nachdenken auch für ein großes Gymnasium geschrieben wurden und ihren Gymnasiasten nützlicher sein könnten als ein unverdautes und unverdauliches Collegium exegeticum oder metaphysicum? Übrigens gibt es zwar gutgemeinte, aber unverhältnismäßig hohe Unterstützungen für die Schüler dieses Gymnasiums oder, wie sich die größeren emphatisch nennen lassen, die Studenten. Sie sind eine Verlockung, diese lateinische Schule zu besuchen, in der so viel unnützes Zeug gelehrt wird, das jeder fünfte Bürger Ulms, Student oder nicht, ohne großen Schaden entbehren könnte. Die bedürftigen Schüler der oberen Klassen bekommen wöchentlich zehn Kreuzer, die der niederen zwei, dazu bis zu drei Pfund Brot vom Hospital. So bekamen im Jahr 1777 die armen Schüler 40 248 Pfund Brot. Diese armen Schüler tragen schwarze Mäntel, die anderen blaue. Die Mäntel stammen aus dem bürgerlichen Almosenkasten, denn zu jeder etwas vornehmen Leiche in Ulm wird ein neues Leichentuch über den Sarg gekauft, welches dann dem bürgerlichen Almosenkasten abgeliefert wird. Aus diesen Leichentüchern wird den armen und zuweilen auch nicht ganz armen Bürgern, wenn sie heiraten, ein schwarzes Hochzeitskleid oder ein Mantel, manchmal auch beides, geschenkt, und den Schülern macht man schwarze Mäntel daraus. Seltsam genug! Daher versuchen selbst die ärmsten Bürger, ihre Kinder ins Gymnasium zu schicken, mögen sie nun die Fähigkeit haben oder die größten Dummköpfe sein; sie werden auf alle Fälle vom Hospital ernährt, wickeln sich in die Leichentücher und können, vermöge ihrer metaphysischen Kollegien, einmal Herren werden. So gewöhnen sie sich schon früh an die niedrige Gesinnung, sich vom Hospital ernähren zu lassen, müssen dann, ob sie etwas gelernt haben oder nicht, wenn sie erwachsen sind, von ihrer Vaterstadt gefüttert werden oder auswandern oder kommen zuletzt ganz ins Hospital. So entsteht aus der besten Absicht der Vorfahren ein Mangel an Fleiß, Energie und Tatkraft.

Schlechte Lateinschulen sind freilich ein Übel, aber ein nicht ganz so großes wie schlechte deutsche Schulen, in denen nicht nur wenige zukünftige Gelehrte, sondern die ganze Masse des Volkes durch schlechten Unterricht verdorben und somit für ihr Vaterland unbrauchbar wird. In einer Reichsstadt braucht man ohnedies nur sehr wenige lateinische Gelehrte, aber man braucht Bürger aller Stände, welche früh ihren Verstand entwickelt haben, früh zu den im täglichen Leben nützlichen Kenntnissen angeleitet werden und bei welchen sehr früh die Übung des moralischen Gefühls mit vernünftigem Unterricht verbunden worden ist. Durch wohlunterrichtete, verständig erzogene und fleißige Bürger wird jeder Staat blühen, und nur durch sie kann einer verfallenen Reichsstadt wieder aufgeholfen werden. Sollte Resewitzens Buch von der Erziehung des Bürgers, sollten des Herrn von Rochow vortreffliches Schulbuch, der *Katechismus der gesunden Vernunft* und *Kinderfreund* in Schwaben und Franken ganz unbekannt sein? Gewiß nicht. Wenn sie aber einem Ratsherrn von Nürnberg, Augsburg oder Ulm in die Hände fielen, dem die deutschen Schulen seiner Vaterstadt anvertraut sind, – muß ihm nicht das Herz bluten, wenn er die Beschaffenheit dieser Schulen gegen die vernünftigen und durch die Erfahrung geprüften Forderungen jener Bücher hält? Wie würden sich die armen Schulkinder in Nürnberg, Augsburg, Ulm und in so vielen anderen Städten freuen, wenn sie einmal anstatt der trübseligen Schulbücher, mit denen sie geplagt werden, und anstatt des seelenlosen Wissens, das man unter beständigem Poltern in sie hineinbläuen will, nun Rochows *Kinderfreund* in die Hände bekämen und ihren Verstand danach ausbilden dürften! Besonders aber wäre es wichtig, ein Seminar für Schullehrer anzulegen, wo sie die Rochowsche Methode gründlich studieren könnten, damit sie wissen, wie sie die Jugend unterweisen sollen, so daß der Unterricht für das künftige Leben nützlich ist. Der König von Dänemark ließ den Herrn Prof. Sevel reisen, um alle Schulen und Schulmethoden kennenzulernen. Der Herr Kammerherr von Buchwald in Jütland schickte einen Lehrer nach Rekahn, damit er die dort praktizierte Methode erlerne und sie auf seinen Gütern in Jütland einführe. Sollte dieses Beispiel eines edlen, patriotischen Privatmanns den Magistrat einer Reichsstadt nicht bewegen können, den Unterricht in ihrer Stadt zu verbessern?

Nirgends wäre wohl auch eine gut eingerichtete Realschule zweckmäßiger als in einer Reichsstadt, die außerdem noch wichtige Manufakturen hat. Sollte es da nicht doppelt notwendig erscheinen, mit jeder Schule auch zugleich eine Industrieschule*[14] zu verknüpfen? Wagemanns vortreffliche Schriften über die Industrieschulen können im fränkischen und schwäbischen Kreise doch nicht ganz unbekannt sein. Fällt es denn niemandem ein, daß in Ulm, wo soviel Tuch gebraucht wird, es sehr verdienstvoll und vernünftig wäre, die Kinder beiderlei Geschlechts von früher Jugend an in den Schulen zum Spinnen und zu anderen im gemeinen Leben nützlichen Arbeiten anzuhalten? Sollen denn die armen Kinder ewig in den Schulen nur lernen, was sie vergessen, sobald sie draußen sind, und nie das lernen und praktisch üben, was sie zeitlebens brauchen? Man fange das Werk nur einmal ernsthaft an, so wird man bald den Nutzen sehen. Besonders aber gehe man schrittweise vor und mache sich nicht selbst dadurch zu viel Schwierigkeiten, daß man gleich anfangs allzuweit ausholt. Der edle Wagemann fing seine Industrieschule mit sechs Kindern an, und in ein paar Jahren hatte er 200. Man könnte z. B. in einem Teil des großen, weitläufigen Hospitals in Ulm, dem es weder an Raum noch an Einkünften fehlt, Industrieschulen einrichten. Man wende ja nicht ein, das gehöre nicht zur Stiftung eines Armenhauses; gesunde Vernunft und Erfahrung beweisen das Gegenteil. Warum ist denn im Waisenhaus zu Ludwigsburg, wenige Meilen von Ulm entfernt, eine sehr gute Industrieschule, ja sogar eine Art Manufaktur? Man muß in Ulm nur wollen, dann wird man auch können. Es wäre ein wahrer Segen für die Nachkommen; denn die Kinder, die in den Industrieschulen zum Fleiße erzogen worden sind, werden als Männer nicht ins Hospital kommen, höchstens wenn sie ganz verarmten. Es fielen dann dem Almosenkasten nicht, wie jetzt, so viele unvermögende und faule Bürger zur Last. Sollte nicht wenigstens das Waisenhaus, in dem fast 140 arme Kinder ernährt werden, eine Industrieschule haben? Diese würde ihnen nützlicher sein als das gedankenlose Beten für Dinge, von deren Zweck und Ausgang sie nichts wissen, womit sie sich bis jetzt immer noch eine Sparbüchse zusammenbeten. Die Waisenkinder haben ein Einkommen, das aus dem größten Aberglauben fließt. Wenn jemand in Ulm etwas Wichtiges vorhat, z. B. wenn die Schiffer auf der Donau abfahren, wenn jemand ein Haus bauen, kaufen oder verkaufen, eine Frau nehmen oder ein Kind verheiraten will, so geht er ins Waisenhaus und läßt die Kinder um den guten Ausgang seines Unternehmens beten. Da stellt sich dann der Waisenvater in einem schwarzen Rock und Predigerkragen hin und sagt, so gut es ihm einfallen will, ein Gebet für den Fortgang des den Waisenkindern bezahlten Vorfalls her, und die Kinder plärren es gedankenlos aus vollem Halse nach. Das erhaltene Geld wird unter alle Kinder verteilt, ihnen aber nicht gegeben, sondern für jedes in einer Sparbüchse gesammelt, bis sie einmal das Waisenhaus verlassen. Wenigstens 1781 geschah dies seelenlose Gebet der Waisenkinder noch wöchentlich einige Mal, ja bisweilen täglich zwei- bis dreimal. Es ist immerhin ein wenig besser als ehemals in Wien, wo die Erben die reichen Väter und Vettern, die ihnen allzu lange zu leben schienen, im Klagbaume von alten Weibern totbeten ließen.

Wenn es mit den Schulen in der Stadt Ulm so schlecht aussieht, so kann man sich leicht vorstellen, daß es mit den Schulen auf dem Lande noch schlechter aussehen muß. Da wäre Hilfe noch nötiger, denn die zweckmäßige Entwicklung der Verstandeskräfte des Bauern und gemeinen Mannes überhaupt, die den größten und in mancher Hinsicht wertvollsten Teil eines Volkes ausmachen, gibt einem Staat neuen Schwung und Tatkraft; sie bringt den Menschen aus dem Pflanzenleben heraus und hat den vorteilhaftesten Einfluß auf seine Gesundheit, auf bessere Betreibung seiner Geschäfte, folglich auf seinen vermehrten Wohlstand und somit auch auf die Vermehrung der Bevölkerung und der Einkünfte eines Staates, sei er groß oder klein.

Ich habe schon hin und wieder einiges von den sonderbaren Sitten und Gewohnheiten in Ulm berichtet. Ulm ist, wie gesagt, eine Reichsstadt, und das heißt, daß, obgleich dort eine Menge verständiger, wackerer Leute wohnen, die zum Teil auch genug von der Welt gesehen haben, ein gewisses steifes Zeremoniell vorherrscht, welches trotz des natürlichen, gutmütigen Frohsinns der Einwohner nie zu übersehen ist. Der Unterschied zwischen Patriziern und Bürgern oder zwischen den Ratsherren und den Bürgern ist für alle Lebensbereiche in dieser Republik sehr einschneidend. Bei einer Gesellschaft wird z. B. an der Tafel jedem, seinem Rang entsprechend, ein Platz zugewiesen. Auch in der Anrede in Briefen wird genau nach dem Rang unterschieden. Die drei Bürgermeister und zwei sogenannte Alterherren werden als Wohlgeborene Herrlichkeiten betitelt, die Ratsherren dagegen als Hoch- und Wohlweise. Ein Bürger, der ein Handwerker ist, ist ein Ehrbarer, ein Kaufmann ein Edler und Bester. Erwirbt aber ein Sohn eines Ehrbaren oder eines Edlen und Besten einen akademischen Grad, so wird er augenblicklich Hochedelgeboren tituliert, als ob der akademische Grad etwas an seiner Geburt geändert hätte. Wohlgeboren, ein Prädikat, das im nördlichen Deutschland nunmehr fast jeder Mensch bekommt, der Manschetten trägt, gebührt in Ulm bloß den Patriziern, und wehe dem Nichtpatrizier, der sich auch nur auf einem Brief so nennen wollte. In Nürnberg hat man das Prädikat „ehrbar“ und „best“, auch „ehrbar und wohlvornehm“ und „ehrbar und vornehm“, wodurch eine Rangfolge entsteht, die sich bis auf die Bezahlung der Ballenbinder bei den Leichenbegängnissen auswirkt. „Ehrbar und wohlvornehm“ ist dabei elf Kreuzer vornehmer als „ehrbar und vornehm“. Ein Ehrbarer und Wohlvornehmer darf auch noch Aufwärter neben den Kutschen hergehen lassen, was ein Ehrbarer und Vornehmer darf.

Bei Anzeigen von Hochzeiten, Kindstaufen und Todesfällen sind die Förmlichkeiten durch undenkliche Gewohnheit genau vorgeschrieben und werden auch genau beachtet. Die Ulmer Dienstmädchen, die alle diese Anzeigen zu besorgen haben – denn nur in sehr wenigen Häusern hat man männliche Bediente –, tragen sogar zu jeder Art von Anzeige eine besondere Kleidung, so daß man es ihnen auf der Straße gleich ansehen kann, was für ein Kompliment sie anbringen wollen. Ein jedes Dienstmädchen zu Ulm muß daher eine so vielfältige Garderobe haben wie wohl sonst nirgends in Europa. Im Hause eines Freundes veranlaßte man uns zu Gefallen, daß die Mädchen in allen diesen Trachten gekleidet erschienen, damit wir sie sehen konnten. Jedes Ulmer Mädchen muß besitzen: erstens ein Mieder aus farbigem Zeug, z. B. grauem Barakan, zuweilen gar mit silbernen Tressen besetzt, über einem ziemlich unförmigen, vorn spitzen Schnürleibchen; dazu trägt das Mädchen um den Hals einen großen, breiten, runden Kragen, ebenso wie ihn die Prediger in Augsburg tragen, der in Ulm *Kröß*, d.h. Krause oder Gekröse, genannt wird. Diese feierliche Tracht zieht das Mädchen an, wenn es eine Entbindung ansagt, ein Hochzeitsgeschenk überbringt oder sonst irgendein fröhliches Kompliment zu machen hat. Zweitens benötigt es ein schwarzes Kleid nebst einem Gürtel und dem großen, breiten Kröß. Dies zieht sie an, wenn sie in die Kirche geht; dazu trägt sie eine Art breiter Kopfhaube aus Leinwand, in Ulm ein Schleier genannt, vorn mit einer Schnebbe. Drittens, wenn sie selbst trauert oder für ihre Herrschaft eine Leiche ansagt, zieht sie das genannte schwarze Kleid mit dem Schleier und Kröß an, hat dazu aber noch ein langes Vortuch aus Leinwand vorgebunden, das über den Mund und beinahe bis über die Nase reicht und bis über die Knie hinabhängt. Dieser Trauerlappen heißt *Mummel*, bei den Augsburger Mädchen Vorbinder. Viertens hat das Mädchen zu gewöhnlichem Gebrauch einen Ohrlappen, fast *Aurlappen* ausgesprochen. Dieser ist aus schwarzem Samt und hinten offen, so daß die Haare gewunden und mit einer Nadel zusammengesteckt werden. Fünftens gehört zur Garderobe eine Judenhaube: Sie ist bunt und etwas größer als der *Aurlappen* und bedeckt auch den Hinterkopf, hat aber sonst die gleiche Form wie die schwäbischen Hauben in Augsburg. Zu den feierlichen Gelegenheiten, und besonders im Winter, kommt noch sechstens eine Bockelhaube. Diese hat keinen so großen Ausschnitt auf der Stirn wie die Judenhaube, dafür oft eine ganz goldene Mütze, und wird über einer leinenen, mit Spitzen besetzten Kopfbinde getragen.

Wenn nun z. B. eine Frau entbunden hat, so ist schon vorher ein Verzeichnis aller Personen, denen der Vorfall angezeigt werden soll, gemacht, sauber abgeschrieben und in Goldpapier geheftet worden. Sobald die Frau entbunden hat, zieht die Magd ihren bunten oder mit Silber besetzten Staat an und legt ihr Kröß um den Hals. Dann wird ihr ein Student zur Begleitung gegeben, der das goldene Verzeichnis in der Hand trägt. Bei geringen Leuten fällt der Student weg, weil er bezahlt werden muß. So wandern sie nach Anweisung des Verzeichnisses von Haus zu Haus. Der Student klingelt, denn gewöhnlich sind die Haustüren verschlossen. Dann wird entweder die Tür geöffnet, oder weil man schon weiß, wer es ist, kommt nur jemand an ein geöffnetes Fenster, und die Magd sagt nun auf der Straße, mit dem Gesicht zum Fenster, in dem breiten schwäbischen Dialekt ihren Spruch auf: *Herr unn Frau Soundso loßt anzoige, daß sie Gott erlößt unn erfreuut hot mit ein'm jungen Soh'* (oder Tochter). Darauf wird der Magd ein Trinkgeld von vier bis 24 Kreuzer gereicht oder aus dem Fenster in einem Papierchen zugeworfen. Man sieht, kinderlose Paare haben viele Ausgaben in Ulm, ohne das Vergnügen zu haben, andere in Kosten zu setzen.

Wird ein Todesfall angesagt, so zieht die Magd ihr schwarzes Kleid an, tut Schleier, Kröß und Mummel hinzu und sagt ihren Spruch auf die beschriebene Art vor jedem angewiesenen Hause her. Aber für solche Trauerpost wird kein Trinkgeld bezahlt. Nach einigen Tagen kommt die vermummelte Magd mit dem Studenten nochmals, um den Tag anzusagen, an dem die Leiche beerdigt werden soll; die Stunde ist bekannt, weil alle Leichen um ein Uhr begraben werden,

d. h. nach dem Mittagessen. Am folgenden Tag kommt auch noch der Hochzeitlader, um das Gefolge zur Leiche zu bitten. Keine dieser Anzeigen wird mit einem Trinkgeld belohnt. Die Hochzeitlader sind von der Obrigkeit bestellte Leute, deren Gewerbe es ist, zu Hochzeiten und Beerdigungen zu bitten und dabei alles in die gehörige Ordnung zu bringen. Der vornehmste unter ihnen, dessen sich nur die vornehmen Leute bedienen, führt den Titel: der Reiche-Hochzeitlader. Das mühsamste und wichtigste Geschäft hat der Hochzeitlader bei Leichen, besonders bei denen, die von nicht ganz geringem Stande sind. Es versteht sich, daß er dann in tiefer Trauer erscheint.

Ein großes Leichenbegängnis in Ulm hat etwas so ganz Eigenes, daß ich meinen Lesern näher beschreiben will, was dabei üblich ist. Zu einer jeden Leiche, ohne Unterschied, gehören sechs leidtragende Männer, sechs leidtragende Frauenzimmer, worunter auch unverheiratete sein können, beide aus den nächsten Anverwandten gewählt, und sechs leidtragende Mägde. Die sechs leidtragenden Männer sind schwarz mit langen Mänteln gekleidet, haben einen abgeklappten Hut aufgesetzt, an dem vorn noch ein kleiner Lappen schwarzes Tuch angenäht ist, der über die Augen hängt, so daß der Träger nur vor seine Füße sehen kann. Die Männer stellen sich am Beerdigungstag gegen ein Uhr in einem besonderen Zimmer in einer Reihe ganz steif und fest nebeneinander auf. In einem anderen Zimmer setzen sich zu gleicher Zeit die sechs leidtragenden Frauen in schwarzer, tiefer Trauerkleidung ebenfalls in einer Reihe dicht nebeneinander nieder. Ebenso sitzen auf einer Bank im Hausflur die sechs leidtragenden Mägde, alle, wie man sich denken kann, mit der Mummel unter der Nase. Der Hochzeitlader, im langen Trauermantel, hält sich an der Türe des Hauses auf, um jeden Hereinkommenden zu beobachten und ihn entweder in seinem Verzeichnis anzustreichen, damit er beim Abrufen weiß, wer da ist, oder, da es üblich ist, daß Bekannte oder, bei vornehmen Leichen, Klienten und Untergebene auch ungeladen zur Leiche kommen, um jeden Nachkommenden seinem Rang gemäß in das Verzeichnis einzutragen. Denn beim Leichenzug ist alles aufs strengste nach dem Rang geordnet. Wie aufmerksam der ehrliche Mann dabei sein und wie geschwind er schreiben und in größter Eile überlegen muß, damit er niemanden an seinem Rang zu viel oder zu wenig tue, läßt sich leicht ermessen. Schwerlich wird ein anderer Mensch in Europa oder in Schwaben bei der Ausübung seines Amtes einen so harten Tag und bei einer geringfügigen Sache so viel Verantwortung haben, wie ein Hochzeitlader in Ulm beim Ordnen des Begleitzugs einer vornehmen Leiche, denn dabei ist so ziemlich ganz Ulm anwesend. So, wie von ein Uhr an die zur Begleitung kommenden Herren, alle in schwarzen Kleidern und Mänteln, nacheinander anlangen, werden sie in das Zimmer geführt, wo die sechs Leidtragenden stehen. Jeder gibt dem ersten Leidtragenden zuerst und so fort den anderen fünfen jedem die Hand und murmelt dazu bei jedem eine Kondolenz oder etwas Kondolenzähnliches, dreht sich um und geht in ein anderes Zimmer oder wo sich sonst der Gelegenheit des Hauses nach die männliche Leichenbegleitung versammelt.

Die zur Leichenbegleitung ankommenden, schwarz gekleideten Frauen gehen auf gleiche Art zu den leidtragenden sitzenden Frauenzimmern und geben gleichfalls unter gehörigem Murmeln jeder die Hand. Aber in diesem Zimmer sind Stühle und Bänke aufgestellt, denn die Ulmer Würde erlaubt es doch, daß die leichenbegleitenden Frauen den leidtragenden Frauenzimmern Gesellschaft leisten und dabei etwas schwatzen; doch, versteht sich, sehr traurig. Auch Frauen geringeren Standes, geladen oder nicht, statten bei Personen höheren Ranges auf diese Art den treuherzigen Händedruck nebst gemurmelter Kondolenz ab. Nur bei sehr vornehmen Leichen trauen sich die ganz gemeinen Bürgerfrauen nicht in das Zimmer der leidtragenden Damen, sondern bleiben auf dem Hausflur bei den sechs leidtragenden Mägden. Diese sitzen auf ihrer Bank, bis unter die Nase und bis unter die Knie eingemummelt, und nehmen von ihren ebenso eingemummelten Standesgenossinnen das Patschhändchen und das bißchen Kondolenzklatscherei an. Denn aus jedem Hause, wo etwa die Herrschaft nicht kommen kann oder will, schickt sie wenigstens eine eingemummelte Magd; und aus manchem Hause, das dem Verstorbenen nahesteht oder es recht gut mit ihm meint, kommen Herr, Frau und Magd. Man kann sich leicht vorstellen, daß es auf dem Hausflur und wohl auch in den Zimmern sehr eng hergehen muß und daß dem Leichenlader unter seiner großen Perücke und dem langen Trauermantel ziemlich heiß werden kann.

Ein Leichenzug in Ulm ist gewiß übel dran, wenn am Tage der Beerdigung einer vornehmen Leiche der Vormittag schwül ist, aber gnade Gott, wenn ein starker und anhaltender Platzregen niedergeht, etwa eine halbe Stunde bevor die Leiche weggetragen werden soll, wenn sich der Leichenzug ordnet. Ist es soweit, bewegen sich die sechs leidtragenden Mannspersonen von dem Platz, wo sie so lange reglos standen, und gehen bedachtsam, damit sie wegen des schwarzen Lappens vor der Nase nicht fallen, langsam und traurig, einer nach dem anderen, ohne geführt zu werden, zur Haustür hinaus. Dicht neben der Tür stellen sie sich, ihrem Rang entsprechend, auf. Dann ruft der Leichenlader mit erhabener Stimme jeden Teilnehmer des Leichenzuges, seinem Namen und Titel und folglich seinem Rang gemäß, auf. Jeder Aufgerufene begibt sich zur Tür hinaus, verneigt sich vor jedem der Leidtragenden und schließt sich dann an sie an. So geht es der Reihe nach, so daß jeder auf die Straße Heraustretende sich vor den schon da Stehenden verneigt und so die zuletzt kommenden, geringen Personen weit zu gehen und sich viel zu verneigen haben, die Vornehmen aber lange stehen und, wenn sie höflich sind, sich auch viel verneigen müssen. Bei den vornehmen Leichen wird die Reihe fast endlos. Regen oder Hagel oder Sonnenschein mag kommen, alle müssen so lange stehen, bis alle Männer abgerufen sind. Währenddessen hat ein Chor singender Schüler ununterbrochen Sterbelieder gesungen, oder bei vornehmen Leichen wohl auch geistliche Motetten und Arien. Da nicht gerade leise gesungen wird, muß der arme Leichenlader noch lauter rufen, als die Schüler singen, damit ihn jeder versteht. Jeden ruft er seinem Rang nach auf, bis auf die Bürger, die Zunftmeister sind; sie werden nach der Dauer ihrer Amtszeit geordnet. Sind noch andere Bürger da, so sagt er ermüdet und heiser: „Die Herren werden so gut sein, sich wegen der Begleitung zu vergleichen." Diese komplimentieren sich dann gegenseitig selbst, jeder nach seinem etwaigen Range, zur Tür hinaus und an allen schon Stehenden vorbei. Unterdessen hat sich der Leichenlader ins Gynäzeum begeben und ruft nun alle begleitenden Frauen nach dem Range ihrer Männer ab und ordnet sie im Zimmer. Sobald der letzte leichenbegleitende Mann aus der Tür getreten ist und seinen Platz eingenommen hat, setzt sich zuerst der singende Chor, der bei den vornehmsten Leichen 60 Knaben stark ist, bei den geringeren weniger, mindestens aber 20, in Bewegung. Darauf folgt der Sarg, den bei Leichen mittleren Standes 24 Kandidaten und Studenten tragen, die sich je zu zwölft ablösen. Sehr vornehme Leichen werden von einer Art Ratsdienern oder Kanzleiboten getragen, doch nicht in roten Mänteln wie in Nürnberg oder in spanischer Tracht wie in Hamburg. Bei geringen bürgerlichen Leichen tragen wohl auch Bürger oder Handwerksgesellen.

Nun sollte man meinen, die Reihe von Männern, die so lange auf der Straße gestanden und des Tages Hitze, Kälte oder Nässe ertragen hat, würde zuerst dem Sarg folgen. Keineswegs! Demselben folgen nun unverzüglich die eingemummelten Mägde, voran die sechs leidtragenden, zwei und zwei, und so alle anderen Mägde nebst den gemeinen Bürgerfrauen. Darauf folgen alle Schüler der sieben Klassen des Gymnasiums, je zwei und zwei; darauf die Studenten in schwarzen Kleidern und langen Trauermänteln. Nun erst setzt sich die auf der Straße stehende männliche Begleitung in Bewegung: die sechs Leidtragenden zuerst, einer hinter dem andern, unbegleitet, darauf die anderen, zwei und zwei, nach ihrem Range. Dahinter folgen die sechs leidtragenden Frauen, zwei und zwei, und darauf die begleitenden Frauen nach dem Range ihrer Männer, zwei und zwei. Aber das Beste ist, daß dieser ganze lange Konvoi gar nicht bis zum Grabe geht. Nur die Mägde nebst den Schülern und Studenten gehen mit der Leiche zum Tor hinaus bis auf den Gottesacker. Wenn die Leiche nicht von ganz geringem Stande ist, trägt man sie erst durch das Münster. Ist es aber die Leiche eines Religionsherrn, d. h. eines Ratsherrn vom Konsistorium, die als Kirchenpfleger eingesetzt sind, so geht der Zug erst durch die Barfüßer- oder Garnisonskirche, wo die Leichenpredigten gehalten werden, und dann erst durch das Münster nach dem Gottesacker. Die begleitenden Herren und Frauen, die Leidtragenden nicht ausgeschlossen, kümmern sich um den Zug zum Gottesacker weiter gar nicht. Sie folgen der Leiche nur etwa eine oder zwei Straßen lang, je nachdem ob es ihr Weg zur Garnisonskirche und der darin zu haltenden Leichenpredigt erfordert. Sobald es sich schickt, oder auch vorher, gehen viele ab, welche die Leichenpredigt nicht hören mögen. Bloß bei geringen Leichen, denen keine Leichenpredigt gehalten wird, folgt der Begleitzug der Leidtragenden ganz bis zur Grabstätte.

So haben Ulmer Bürger oder Bürgerinnen, wenn sie auch wer weiß wie vielen Leichenbegängnissen beiwohnten, sofern sie nicht einer Leiche ohne Leichenpredigt gefolgt sind, noch nie eine Leiche begraben sehen. Ist die Leichenpredigt vorbei, so kehrt der ganze Zug derjenigen, die sie angehört haben, wieder zum Trauerhaus zurück. Die sechs leidtragenden Männer, einer hinter dem andern, führen den

Zug an, und alle anderen folgen nach Rang und Würden paarweise. Im Trauerhaus stellen sich die leidtragenden sechs Männer in ihrem Zimmer in die gehörige Reihe, und die sechs leidtragenden Frauen setzen sich in gleicher Weise in ihren Raum. Nun erfolgt von jedem Begleitenden für jeden Leidtragenden abermals das Händedrücken und Kondolenzmurmeln, so, wie die Zeremonie ihren Anfang genommen hatte. Gleiches geschieht bei den Frauen, und schließlich geht jeder friedlich und müde nach Hause.

Meine Leser werden verzeihen, daß ich die Ulmer Art der vornehmen Leichenbegleitung, einer Feierlichkeit, bei der sich, den jährlichen Schwörtag ausgenommen, gewiß die meisten Menschen versammeln, so umständlich beschrieben habe. Sie mögen sich damit trösten, daß ein solcher Leichenzug noch viel länger ist als die Beschreibung. Es schien mir die Form dieser Feierlichkeit original und einzig in ihrer Art, ohne daß ich irgendeine Reichsstadt bevorzugen will. Zwischen Nürnberg und Ulm scheint mir der wesentliche Unterschied darin zu liegen, daß die Herren von Nürnberg die Feierlichkeit einer Leichenbegleitung hauptsächlich durch stärkere Bezahlung, die Herren in Ulm hingegen bloß durch einen langen Zug von ansehnlichen Personen zu verherrlichen suchen. Ich würde der letzteren Art, als einfacher und dem Hauswesen weniger schädlich, den Vorzug geben.

In Ulm wird die tiefe Trauer sehr lange getragen, und alle Hausgenossen, die geringsten nicht ausgenommen, müssen Trauerkleider erhalten. Im Jahre 1788 vereinigte sich eine Gesellschaft vernünftiger Patrioten durch eine gedruckte Anzeige. Sie wollten die lange Trauerzeit vermindern und nicht in schwarzen Kleidern trauern, sondern die Männer nur mit einem Flor um den Arm und die Frauen mit einem schwarzen Band am Kopfputz. Ich sah in den mitabgedruckten Unterschriften von Leuten aller Stände besonders auch die Herren Professoren Kern und Miller aufgeführt, aber keinen Patrizier. Ich hoffe aber, es werden inzwischen mehrere einer so lobenswerten Vereinigung beigetreten sein.

Es fällt einem Fremden in Ulm gleich auf, daß die innere Beschaffenheit der Zimmer und ihre Möblierung so einfach ist, daß man sie fast schlecht nennen möchte. Auch bei ganz redlichen Leuten, bei Gelehrten usw., sah ich hölzerne Schemel und Holzbänke in den Zimmern, höchstens einen oder zwei Stühle von verschiedener Art. Dabei sieht man aber allenthalben so viel ruhige und frohe Gesichter, daß man bald merkt, der anscheinende Mangel an Bequemlichkeiten entsteht nicht aus Bedürftigkeit, sondern ist bloß Landessitte. Es zeigt sich in der ganzen häuslichen Einrichtung deutlich, daß alles da ist, was sie brauchen, eben weil sie so wenig nötig haben. In jedem Gesicht sieht man so sehr die Zufriedenheit, daß man hier anschaulich empfindet, der Mensch braucht wenig, um glücklich zu sein, wenn er sich nur selbst keine künstlichen Bedürfnisse schafft.

Der Charakter der Schwaben ist oft auf die unbilligste Art mißgedeutet worden. In Wien nennt der Pöbel jeden Fremden aus Süddeutschland einen Schwaben – wie ehemals der Pöbel in England jeden Fremden einen Franzosen – und stellt sich darunter einen armseligen, hilflosen Menschen vor, der zur Kaiserstadt kommen müsse, um gebackene Hähnchen zu sehen. Schon sehr alt und weit verbreitet ist die Behauptung, die Schwaben seien dumm. Im *Württembergischen Repetitorium* wird zugegeben, daß die Schwaben im Ruf einer sehr späten Geistesreife, einer Ungeschliffenheit der äußeren Sitten und einer gewissen Plumpheit in den Fertigkeiten des Leibes und der Seele stehen. Es wäre sehr interessant, historisch zu untersuchen, wann diese Beschuldigung ihren Anfang genommen hat und wie die Schwaben wohl zu einer Nachrede gekommen sind, die durch nichts in ihrem jetzigen Charakter gerechtfertigt wird. Wenigstens kann ich, soweit meine Kenntnis der Geschichte reicht, keine Veranlassung dafür finden. Daß die Schwaben eigentlich plumper oder ungeschliffener in ihren Sitten oder weniger anstellig sein sollten, oder daß bei ihnen Verstandeskräfte später reiften als bei anderen Deutschen, z. B. bei ihren Nachbarn, den Bayern und Franken, kann man niemals behaupten. Man findet vielmehr unter den Schwaben viele scharfsinnige Köpfe, die ihre Denkkraft zum Teil unter sehr ungünstigen Umständen entwickelt haben. Die Schwaben zeichnen sich im allgemeinen, soviel ich bemerken konnte, bloß durch eine unter dem gemeinen Manne weit verbreitete Gemächlichkeit, Zufriedenheit und Ruhe aus. Sie haben eine gewisse Treuherzigkeit und ein unbefangenes Wesen an sich, ohne Arglist, die sie auch bei andern nicht vermuten. Dies zeigt sich in Schwaben mehr als in den anderen deutschen Provinzen, besonders beim weiblichen Geschlecht in einer gewissen Naivität. Wegen dieses gutherzigen, zuvorkommenden Wesens, das sich selbst preisgibt, wenn der andere sich zurückhält, hat man wohl öfters bemerkt, daß ein Schwabe seinen Vorteil nicht genau wahrnahm oder aber einem anderen einen Vorteil überließ, den er sich hätte selbst sichern können. Daher mag es wohl gekommen sein, daß man die Schwaben als dumm bezeichnet hat. Denn sonst ist diese Nation von der Natur gar nicht mit geringeren Verstandeskräften versehen als andere, sondern hat vielmehr eine Menge vortrefflicher Denker aufzuweisen. Aus der auffallenden Gutherzigkeit des einfachen Schwaben erkläre ich mir auch das allgemein bekannte Sprichwort: Die Schwaben werden erst im fünfzigsten Jahre klug. Damit ist nämlich nicht eine spätere Entwickung der Verstandeskräfte gemeint, sondern deren späte Anwendung im täglichen Leben. Ein Schwabe, der sehr oft durch seine angeborene Gutherzigkeit von anderen überlistet worden ist, wird endlich durch Erfahrung aufmerksam genug, um sich durch seinen angeborenen Verstand vor der Schlauheit anderer zu hüten. Ich finde keine andere Erklärung; denn daß an sich die Geisteskräfte in Schwaben später reiften als an anderen Orten, ist eine ganz und gar grundlose Behauptung. Verschiedene Schriftsteller erklären, daß im Schwäbischen Kreis und seiner sonderbaren Mischung von kleinen Herrschaften, Prälaturen, Reichsstädten usw. viel von der mittelalterlichen *confusione divinitus consecrata**[15], die man für das Hauptmerkmal der deutschen Reichsverfassung hält, übrig sei. Es kann sein. Aber der unbefangene, zutrauliche Charakter der Schwaben gibt auch ein lebhaftes Bild der ehemals so allgemein gepriesenen deutschen Treue und Redlichkeit, wovon auch Ulm seinen Anteil hat.

Weckherlin läßt den Frauenzimmern in Ulm Gerechtigkeit widerfahren. Er nennt sie die Lesbierinnen unter den Schwäbinnen und erklärt diese Bezeichnung in seinem etwas poetischen Stil meines Erachtens richtig und treffend: „Ein schlanker, harmonischer Wuchs, der nicht immer ein Merkmal schwäbischer Nymphen ist, eine leichte und gefällige Wendung und eine gewisse Zärtlichkeit der Seele unterscheiden die Ulmerinnen von den anderen schwäbischen Frauenzimmern. Diese Eigenschaften sind es, die dem Verfasser des Siegwarts, dem Lieblingsmaler des schönen Geschlechts, der hier wohnt, die Züge zum Bilde der Marianne und der Therese dargeboten haben." Und ich setze hinzu: Er fand diese Züge in seiner eigenen liebenswürdigen Gattin. Fest steht: Man findet bei den Schwäbinnen, besonders bei den Ulmerinnen, ein schönes Blut, etwas, das man in den übrigen deutschsprachigen Ländern nirgends so weit verbreitet findet wie im Elsaß und in Schwaben, höchstens noch in Österreich. Die Schönheit der Frauenzimmer jedes dieser Länder hat einen besonderen, eigentümlichen Charakter. Bestimmen zu wollen, worin dieser besteht und besonders welche Schönheit den Vorzug vor der anderen hat, würde sehr mißlich sein, und ich wage es nicht. *Non nostrum est tantas componere lites!**[16]

Niemand wird glauben, daß alle weiblichen Personen in Schwaben schön sind, so wenig wie im Elsaß oder in Österreich. Jedoch darf ich behaupten, wenn eine Schwäbin schön ist, so ist sie reizend. Man wird selten ein schönes und zugleich bedeutungsloses Gesicht finden. Dazu kommt, daß der Hauptcharakter der Schwäbinnen, besonders der Ulmerinnen, Zufriedenheit und Ruhe ist, begleitet von einem sanften und holden Wesen. Im Gesicht und in den Augen, besonders den blauen, ist gewöhnlich etwas Anmutiges, Unschuldiges und Anmaßungsloses, das sich besser empfinden als beschreiben läßt. Mir schien, als wären mir in Ulm mehr feinere weibliche Physiognomien aus dem Mittelstand vorgekommen als anderswo. Das Prunklose und Einfache des Anzugs und die Häuslichkeit der Sitten, was sich in Ulm noch mehr findet als in Augsburg und anderen schwäbischen Städten, unterstreicht noch diesen Charakter. Ich sah in Ulm ein junges, schönes Weib, gekleidet in simple, weiße Leinwand mit einer Schürze aus buntbedrucktem Kattun, um ihr schönes, jugendliches Gesicht ein sehr einfaches Häubchen, das, wenn sie ausging, durch einen schlichten Hut ersetzt wurde. Sie verriet bei der ersten Unterhaltung feine Empfindung und Beurteilung, doch ohne alle Anmaßung. Dabei erschien sie mir verehrungswürdig, als ich sie auf einem Schemel an einem ganz schlechten Tische sitzend, mit häuslicher Näharbeit beschäftigt, antraf. Ich will nicht sagen, daß ich diesen hohen Charakter der weiblichen schönen Einfalt überall gefunden hätte. Ich sah freilich auch genug Frauen, bei denen die schwäbische Naivität in Niaiserie*[17] überging, und manche gute breite Gesichter schwäbischer Hausfrauen, die zu zanken verstanden, wenn's im Haus nicht ging, wie es gehen sollte, und die, wenn sie den Fremden loben, ihre gutgemeinten Komplimente beinahe im Ton des Zanks ganz gutmütig herausschrien. Wahr ist auch, daß die Häßlichkeit der Gesichter in Schwaben einen ganz eigenen Charakter hat, der sich, soviel ich mich erinnern kann, in anderen deutschen Ländern nicht findet. Es ist etwas Breites, etwas mehr Schlappes als

Verzogenes in häßlichen schwäbischen Gesichtern. Aber nirgends habe ich, soweit ich mich erinnere, in breiten, runzligen, braunen Gesichtern so viel heitere Augen bemerkt. Es ist auch nicht zu leugnen, daß die schwäbischen, auf den Seiten zugespitzten schwarzen Hauben, die die Frauen des Mittelstands tragen, gewöhnlich das Gesicht ziemlich verdecken. Man trägt auch hier die harnischgleichen, mit silbernen Ketten – in Ulm Preisketten – geschnürten Mieder wie in Augsburg; aber es schien mir fast, als ob die Ulmerinnen diesem Mieder schon eine leichtere, weniger steife Form gegeben hätten, so daß es ihren schönen Wuchs nicht so verbirgt. Vielleicht kam es zum Teil auch daher, daß die Ulmerinnen in ihrem Betragen und in ihrer zutraulichen Freundlichkeit überhaupt weniger steif waren als ihre Nachbarinnen in Augsburg.

Auf die häusliche Reinheit der Sitten achtet man sehr, wenn auch Amor unter einer schwäbischen Haube und einem spitzen Mieder wie überall seinen Unfug treiben wird.

Im Mittelalter hatte Ulm, wie fast alle Städte in Deutschland, ein auf öffentliche Kosten errichtetes allgemeines Frauenhaus. Zur Ehrenrettung der damaligen Ulmer hat sich durch den Eifer der Sammler von Diplomen die Bitte einer solchen gemeinen Frau erhalten. Wegen der Enthaltsamkeit und Sparsamkeit der Ulmer war sie genötigt, den Rat um ein jährliches Gehalt zu bitten, weil sie sich von ihrem übrigen Gewerbe nicht nähren könne. Dieses Haus ist längst aufgehoben, und wenn heutzutage eine Sünde dieser Art in Ulm geschehen sollte, ist sie längst nicht mehr mit der Verfassung vereinbar. Im Gegenteil hat die *providentia**[18] des jetzigen Jahrhunderts einen städtischen Beauftragten eingesetzt, der auf alle Ausschweifungen dieser Art, besonders auf die sichtbaren, ein wachsames Auge haben muß. Er ist einer von den Boten oder Offizialen des Armenkastens und hat, als eine wichtige Person, zwei Amtsnamen. Er wird der Murrle oder der H...schneider – ich weiß nicht, weshalb Schneider – genannt. Er hat darauf zu achten, daß dem Armenkasten bei bekannt gewordenen Ausschweifungen dieser Art eine Geldstrafe gezahlt werden muß. Sie soll aber oft nicht bezahlt worden sein, wenigstens gewiß nicht von allen. Recht viel richtet also dieser Ulmer Keuschheitswächter nicht aus. Wenigstens hat er, der freilich auch nur ein einfacher lutherischer Ketzer ist, es nicht soweit bringen können wie in Augsburg der heilige Narziß. Der soll im vierten Jahrhundert, wie der fromme Exjesuit P. Leonhard Bayrer berichtet, aus einer damaligen tüchtigen H…, der Afra, geschwind eine tüchtige Heilige gemacht haben. Sie bewirkt unter dem Namen der heiligen Afra für den katholischen Teil von Augsburg immer noch viele wunderbare Wohltaten, obgleich ihr hölzernes Bild so aussieht, daß man es unwahrscheinlich findet, daß sie ihr erstes Gewerbe mit einigem Erfolg betrieben haben kann. Solche Wunder geschehen jetzt nicht mehr. Sie wurden noch im gläubigen achten Jahrhundert geglaubt, als der heilige Tosso – ja nicht Tasso zu lesen – eine wunderbare Wachskerze hatte, die abends von selbst anfing zu leuchten und morgens von selbst verlosch, sich dabei nie verzehrte, ja nicht einmal geputzt werden mußte. Dieses Wunder, das mein oben erwähnter alter Gönner, P. Leonhard Bayrer, in seiner *Geschichte von Augsburg* nach Würden rühmt, ist vermutlich abgeschafft worden, um die Zunft der Wachslichtzieher nicht ganz an den Bettelstab zu bringen. Warum aber das Wunder, daß aus H… Heilige werden, trotz allen Murrle in und außer Ulm, sich heutzutage nicht mehr findet, kann ich nicht entscheiden. Die beste Auskunft können wohl die Jesuiten zu St. Salvator in Augsburg als höchstgelehrte Leute geben.

Ich sah in Ulm in einem vor dem Tor liegenden Wirtshaus, Schießhaus genannt, einen Teil des Kinderfestes, das für Ulm ganz typisch ist. Am Johannistag nämlich fängt ein Schulfest an. Von dieser Zeit an sind Schulferien, und zwar sechs Wochen lang je zwei Tage in der Woche, an denen die Schulkinder von ihren Eltern und Verwandten vor das Tor hinaus ins Schießhaus geführt werden, wo sie sich mit Tanzen, Springen und Essen vergnügen. Man nennt diese fröhlichen Tage in Ulm *den Berg*, z. B. *den ersten Berg, den letzten Berg* usw. Diese Benennung hat folgenden Ursprung: Früher führten die Schulmeister die Kinder auf einen schattenreichen Berg vor dem Gänsetor am Anfang der Albecker Steige; da sprudelt eine schöne Quelle, in Holz gefaßt und mit laubreichen *Albern* – Ulmen, Rüstern werden im Ulmer Dialekt Albern genannt – bewachsen. Die Quelle heißt daher auch Alberkästle. Da tanzten und vergnügten sich die Kinder. Da man aber die Erfrischungen immer auf den Berg hinaufschleppen mußte, wählte man später das jenseits der Donau sehr angenehm gelegene Schießhaus für diese fröhlichen Zusammenkünfte. Nur die Waisenkinder, die den letzten Berg machten, werden zuweilen noch wirklich zum Alberkästle geführt. Im *Deutschen Museum* (1787,

S. 551) hat jemand dieses Kinderfest beschrieben und etwas nachteilig darüber geurteilt, vermutlich allzu streng. Es ist bei solchen Festen ein Mißbrauch möglich, so wie bei allen Dingen, aber er ist doch am wenigsten zu erwarten, wenn die Kinder in Gesellschaft ihrer Eltern und Lehrer sind und wenn diese an der Freude teilnehmen. Ich bekenne, dieses Kinderfest war mir ein sehr angenehmer Anblick. Die Kleinen waren alle aufs beste nach ihrer Art und zum Teil nach Phantasie ihrer Eltern gekleidet. Das sah recht hübsch aus. Nur hatte man mehreren Mädchen, deren Haare hinten zusammengeflochten und mit einer Haarnadel durchstochen waren, künstliche blonde Seitenhaare, mit allerlei farbigem Band durchflochten, aufgesetzt, wodurch sie wie kleine Puppen aussahen. Aber der natürliche Frohsinn der Kinder überdeckte diese Unnatur. Ich bin ein großer Freund von Nationalfesten, welche den Gemeinsinn mehr fördern, als man glaubt. Wären die Patrizier in Ulm nicht so ganz von den Bürgern getrennt, sondern hielten zuweilen einen Berg mit ihnen, so würden sie vielleicht beim Reichshofrat nicht miteinander streiten müssen. Aber die Herren vom Patriziat sind weit davon entfernt, diese Vereinigung in Gesellschaften zu suchen, obgleich es dem guten Einvernehmen sehr dienlich wäre. Sie haben sogar ihr eigenes Gebäude, wo sie zusammenkommen. Es heißt die Bürgerstube, doch darf kein bürgerliches Geschöpf in diese Bürgerstube und in die Gesellschaft der Patrizier kommen ohne ganz besondere Erlaubnis der wohlgeborenen Herren, z. B. wenn etwa ein reicher Bürger sich mit einer armen Patrizierfamilie verschwägert hat. Diese Freiheit muß dann aber durch Beratschlagen und Abstimmen erlangt und ganz förmlich protokolliert werden. Ich kann die sonderbare Bezeichnung Bürgerstube für den Versammlungsort der Patrizier nicht anders erklären, als daß in ältesten Zeiten die Bürgerstube wirklich für die Bürger da war, welche damals, zur Zeit des höchsten Wohlstands der Stadt, ihr eigenes Regiment hatten. Mir scheint, daß die Edelleute, als sie vom Land in die Stadt kamen und darin Bürger wurden, um den Schutz der Städte zu genießen, auch Zugang zur Bürgerstube suchten und ihn erhielten. Da ihnen später in Ulm im Jahre 1548, durch die Absichten des kaiserlichen Hofes, das höchste Regiment ausschließlich in die Hände fiel, behielten sie die Bürgerstube ganz für sich allein, weil sie sich nun als die Regenten, die Bürger hingegen als Regierte betrachteten.

Das Fischerstechen auf der Donau

Ein weiteres Ulmer Volksfest ist das Fischerstechen auf der Donau, das alle zwei Jahre im August am Schwörtage abgehalten wird. Die Fischer werden von einem verkleideten Bauern, einer Bäuerin und einigen Mohren und Narren begleitet. Ausschweifende Lustigkeit ist der Charakter dieses Volksfestes. Herr Hausleutner, der im 2. Teil seines *Schwäbischen Archivs* dieses Fest beschreibt und eine Abbildung des Bauern in altschwäbischer Tracht liefert, sagt sehr naiv, daß den Zug ein Fischermeister dirigiert, als die einzige kluge Person bei demselben. Gar artig ist, daß nach Hausleutners Bericht die den Zug begleitenden Narren eingeteilt sind in Narren kurzweg und in gemietete Narren.

Die Sprache in Ulm ist noch schwäbischer als in Augsburg. Eine Menge Worte versteht ein Fremder gar nicht. Besonders sind die im gemeinen Leben überall üblichen Verstümmelungen der Vornamen in Ulm beinahe am unverständlichsten, z. B. *Madele* für *Magdalene*, *Lubig* für *Ludewig*, *Benkele* anstatt *Benigna*, *Naze* anstatt *Narzissus*, *Leahnt* für *Leonhard* usw. Es würde schwerfallen, ein eigentliches Ulmer Idiotikon zusammenzustellen, weil die schwäbischen Dialekte ungemein vielfältig sind und doch ineinanderlaufen, wie ich schon sagte und wie das Schwäbische Idiotikon des Herrn Professor Schmid in Ulm noch genauer beweist. Der bescheidene Herr Verfasser nennt es nur einen Versuch. Es ist freilich insofern nur ein Versuch, als es bei weitem noch nicht vollständig sein kann. Aber es ist auch mehr als ein Versuch, ein mit großer Einsicht und großem Verstande ausgearbeitetes Werk. Dies zeigt schon der Vorbericht, der so gründlich auseinandersetzt, was von einem guten Idiotikon gefordert wird. Falls ein deutscher Sprachforscher dieses Idiotikon selbst genau durchsieht, wird er noch weitere Beweise dafür finden. Der Herr Professor verfaßte es auf meine Bitte hin. Ich hatte von mehreren meiner Gönner und Freunde in Schwaben viele einzelne Beiträge zu einem schwäbischen Idiotikon erhalten. Teils waren sie nicht genug redigiert, teils würden sie als Beilage zu dieser Reisebeschreibung zu viel Raum eingenommen haben. Ich sandte sie also Herrn Professor Schmid. Er machte aus diesen Materialien und aus eigener Erfahrung ein Ganzes, das meine Leser vermutlich als sehr nützlich anerkennen werden. Ich habe aus vielen Werken Hinweise erhalten, wie viele alte, im Hochdeutschen ausgestorbene oder nicht mehr gebräuchliche Wörter in den verschiedenen schwäbischen Dialekten noch jetzt leben. Die schwäbischen Dialekte würden, eben weil noch so viel vom alten Alemannischen darin ist, zur Erklärung altdeutscher Schriften ganz sicher von Nutzen sein.

Das Wappen der Stadt Ulm ist ein in zwei Querfelder geteiltes deutsches Schild. Daher gehen die Ratsdiener nach altdeutscher Gewohnheit in Röcken von zweierlei Farbe: auf einer Seite ist Rock und Ärmel schwarz und auf der anderen weiß; am Schwörtag haben sie auch dergleichen Mäntel um. Ein Ulmer Geistlicher namens Wollaib gab im Jahr 1709 eine Erklärung des Ulmer Stadtwappens nach Inhalt des XIII. Psalms. Ich kenne leider nur den Titel, nicht das Büchlein selbst, denn ich wäre neugierig zu sehen, wie es der gute Wollaib angefangen hat, den Inhalt dieses Psalms auf das schwarzweiße Stadtwappen zu beziehen. Dem Prediger-Schematismus ist freilich alles möglich.

Wir fuhren am 18. Juli in Begleitung lieber Freunde, welche uns den Aufenthalt dort so angenehm gemacht hatten, wieder von Ulm ab. Die Chaussee führte durch herrliche, fruchtbare Kornfelder, die noch nicht abgemäht waren, bis zu dem hübschen Dorf Neuwesterstetten, das dem Benediktinerstift Elchingen gehört. Es ist 1½ Meilen von Ulm entfernt, aber man muß dennoch eine Post, d. h. zwei Meilen, bezahlen. Während des Pferdewechsels verbrachten wir eine geruhsame Stunde mit der Aussicht in die herrliche Gegend und mit unserer trefflichen Gesellschaft. Sie war durch einen glücklichen Zufall um den berühmten Herrn von Schüle vermehrt worden, der gerade nach Augsburg zurückreiste. Ich war sehr erfreut, einen so bemerkenswerten Mann kennenzulernen. Ich hatte in Wien den berühmten Grafen Frieß getroffen, ebenfalls ein unternehmender Kaufmann, der für mich aber lange nicht so interessant war wie Herr von Schüle, da dieser durch eigenen Fleiß eine so große Manufaktur zustande gebracht hatte und damit einem wichtigen Erwerbszweig in Augsburg neues Leben gab. Vom Wirtshaus in Neuwesterstetten sahen wir linker Hand den Turm von Vorderdenkental. Diesen Ort hat, wie ich später erfuhr, der Rat von Ulm sehr zum Nachteil der Stadt im Jahre 1774 dem Abt von Elchingen verkauft. Durch den Ort führt nämlich die Straße nach Geislingen und weiter. Da nun das Stift auch auf der Poststraße die Ortschaften Hinterdenkental und Neuwesterstetten besitzt und somit die Landstraße völlig in seiner Gewalt hat, so können die Kaufleute in Ulm dem elchingischen Zoll nicht entgehen, es sei denn, die Stadt würde eine ganz neue Straße anlegen, was aus verschiedenen Gründen aber nicht tunlich ist.

Von Neuwesterstetten ab wurde der Weg romantisch und schön. Zwischen Bergen, an denen dicht bewaldete Stellen mit kahlen, hervorragenden Felsen abwechselten, sahen wir in den Tälern Wiesen voll weidenden Viehs. An der Geislinger Steige geht der Weg dann sehr steil hinab.

Geislingen ist bekanntlich eine zu Ulm gehörige Stadt. Die Geislinger Beindrechslerarbeiten sind sehr berühmt. Wir besichtigten sogleich diese Arbeit bei einem der vorzüglichsten Meister, dem Bürgermeister Knoll, einem verständigen und geschickten Manne. Wir sahen dort Arbeiten in Elfenbein von unglaublicher Feinheit und Sauberkeit. Haid, der von Geislingen so viel unnützes Zeug sagt, vermerkte nicht einmal, wie viele Arbeiter diese bekannten Waren herstellen, die einen bedeutenden Erwerbszweig ausmachen und mehr Verbrauch und Umsatz haben, als man dem ersten Anschein nach denken sollte. Darum will ich hier kurz berichten, was ich bei meinem kurzen Aufenthalt an Informationen erhielt.

1781 gab es in Geislingen 36 Meister, die mit Elfenbein, Knochen und Holz arbeiteten, aber nicht alle hatten Gesellen oder Lehrlinge. Selbst die feinsten Elfenbeinarbeiten werden auf einer gewöhnlichen Drehbank hergestellt. Die Leute machen auch Kleinigkeiten, die lediglich durch die Mühe bei der Herstellung bemerkenswert sind, z.B. 100 kleine Gesichter auf einem kleinen Stück Elfenbein oder Holz von der Größe einer Muskatnuß, oder drei Kegelspiele in einem Pfefferkorn. Diese *difficiles nugae**[19] sowie eine Menge Spielsachen, die weit in die Welt gehen, finden immer noch ihre Liebhaber.

Die meisten Stücke werden aus Knochen der Vorder- und Hinterbeine von Ochsen und Kühen hergestellt. Daher sagt man in Geislingen etwas seltsam: Das sind Beinwaren von Knochen. Die Arbeiter heißen Beindrechsler. Die Knochen werden in unglaublicher Menge und von weit her nach Geislingen geliefert, z. B. von München, von Lindau am Bodensee und von Straßburg. Allein von dort waren im Jahre 1780 über 30000 Stück nach Geißlingen geliefert worden. Es macht einen sonderbaren Eindruck, zu beobachten, auf welch unterschiedliche Weise und von welch verschiedenen Orten die unterschiedlichsten Dinge hin- und hergeschickt werden, welche Bedürfnisse es gibt oder welche sich die Menschen schaffen. Ehemals wurden nicht nur aus dem Herzogtum Württemberg, sondern auch aus dem fränkischen Kreis, besonders aus dem Hohenlohischen, eine große Menge Ochsen nach Straßburg und weiter nach Frankreich verkauft. Diese letzteren wurden wahrscheinlich nicht weit von Geislingen vorbeigetrieben. Nachdem sie dann in Straßburg geschlachtet worden waren, wären ihre Knochen von wenig oder gar keinem Wert gewesen, wenn nicht die Industrie in Geislingen Gelegenheit gegeben hätte, die Knochen oder Beine, worauf die fränkischen und württembergischen Ochsen nach Straßburg wandelten, beinahe den ganzen Weg oder doch gute zwei Drittel zurückzubringen, und vermutlich noch manches elsässische Ochsenbein dazu. Die Knochen werden nach Geislingen geschickt, wie sie vom Schlächter kommen. Dort erst wird das Mark ausgekocht, und dann werden sie gebleicht.

Vor Zeiten reisten die Geislinger mit ihren Waren bis nach Amsterdam, und von da ging viel über England bis nach Amerika. Dieser Handel soll aber seit der Zeit der Amerikanischen Revolution sehr geschrumpft sein. Ein Teil wird noch die Donau hinunter nach Wien und Ungarn verschifft. Viele Käufer kommen heute selbst nach Geislingen zum Einkaufen. Bei meinem Aufenthalt in Geislingen sah ich mit Verwunderung zwei französische Gängler, kleine Krämer aus der Gegend von Dieppe, die zu Fuß herumreisen und hauptsächlich Kruzifixe, Kapellchen und Altärchen für das fromme Frankreich einkaufen wollten. Die Waren schienen ihnen aber doch zu teuer zu sein. Gibt es irgendeinen Ort, wo man ein Kruzifix billiger als für fünf und ein Dutzend Fingerhüte wohlfeiler als für zwölf Kreuzer kaufen könnte?

Den größten Teil ihrer Produktion senden die Geislinger an ihre Korrespondenten nach Nürnberg und in die Schweiz. Mit den Nürnbergern treiben die Geislinger einen vorteilhaften Tauschhandel, deshalb findet man in Geislingen auch nicht unbeträchtliche Lager für Nürnberger Kurzwaren. Viele Schweizer Händler, die zum Teil selbst nach Geislingen kommen, kaufen zugleich die Nürnberger Waren mit ein. Leipzig, Hamburg, Danzig und andere norddeutsche Städte wiederum erhalten die Geislinger Waren von Nürnberg aus. Herr Müller, einer der besten Elfenbein- und Knochendrechsler in Potsdam, wo sich diese Kunst schon seit vielen Jahren gut entwickelt, stammt aus Geislingen. Er hat im Jahre 1748 bei dem ebenfalls sehr kunstreichen Vater des Bürgermeisters Knoll, zusammen mit einem Berliner namens Insel, gelernt.

Die Zunftbücher der Beindreher reichen in die Mitte des fünfzehnten Jahrhunderts zurück, in eine Zeit, als Geislingen zusammen mit einem Teil der Grafschaft Helfenstein an die Stadt Ulm kam. Damals war die Beindrechslerei schon in vollem Gange. Ihren Anfang muß sie also schon lange vorher genommen haben.

1781 gab es auch drei Meister, die hölzerne, lackierte Waren herstellten, z. B. Nadelbüchsen, Teller und Kaffeebretter, also lauter einfache und billige Gegenstände. Auch diese Waren werden auf den oben genannten Handelswegen überallhin versandt und gelten größtenteils als Nürnberger Erzeugnisse. Geislingen hat auch zwei geschickte Uhrmacher, wovon einer sehr gefällig den Zeiger unseres Wegmessers reparierte.

Wir verbrachten in Geislingen einen sehr angenehmen Abend in der Gesellschaft, die uns seit Ulm begleitete, und mit einigen wackeren Geislinger Männern. Dazu gehörte besonders der Oberprediger Abele, damals schon 73 Jahre alt, aber ein Mann voller Munterkeit und Kraft, der, seines hohen Alters ungeachtet, nie aufgehört hatte, in der theologischen Gelehrsamkeit fortzuschreiten, und der, wie seinen Unterredungen zu entnehmen war, einen warmen Eifer für die Aufklärung hatte. Erst um Mitternacht nahmen wir Abschied und reichten uns die Hand, als würden wir uns morgen wiedersehen. Zutiefst gerührt reisten wir weiter.

Bei Tagesanbruch bemerkten wir an den schönen Alleen, daß wir im Württembergischen waren. Wir kamen durch das hübsch gelegene Städtchen Göppingen, das 1782 fast vollständig abbrannte, hernach aber wieder aufgebaut wurde. Von dort ging es über Plochingen in die kleine Reichsstadt Esslingen, die am Neckar liegt, welcher hier sehr seicht war. An den Weinstöcken, die aus dem ausgetrockneten Stadtgraben bis an die Mauer hochgezogen waren, erkannten wir sofort, daß diese Stadt mit jedem in Frieden leben will. Sie bestand, soviel wir bei unserem kurzen Aufenthalt bemerken konnten, meist aus schlecht gebauten Fachwerkhäusern, doch sah man auch ein paar hübsche moderne Häuser. Auch das Rathaus ist gut gebaut. Ich erinnerte mich auch eines bemerkenswerten, aus Esslingen gebürtigen und leider zu früh verstorbenen Gelehrten, des Herrn Steudel, der Kenntnisse in sich vereinigte, die sonst selten in einer Person zusammentreffen. Er hatte nämlich ein ganz vorzügliches mathematisches und astronomisches Wissen und war zugleich ein großer Botaniker und

Esslingen am Neckar

Entomologe. Dazu kamen recht gute physikalische und chemische Kenntnisse. Er kam als Apothekergeselle nach Berlin, verließ dort seine Kunst und studierte in Berlin mit großem Eifer. Sulzer hatte ihm Hoffnung gemacht, bei der Akademie als Astronom angestellt zu werden, aber der selige Schulze lief ihm den Rang ab. Deshalb ging Steudel von Berlin weg. 1781 traf ich ihn in Mannheim, wo er chemische Kollegien las. Er kehrte später in seine Vaterstadt zurück, wo der würdige Mann mit manchen Enttäuschungen und Krankheiten zu kämpfen hatte. 1790 starb er im Alter von 47 Jahren. Von seinen Schriften ist meines Wissens nur eine Übersetzung der *Witterungslehre* des Toaldo erschienen.

Esslingen hat wie Ulm auch einen Schwörtag, und da es nur eine Meile von Stuttgart entfernt ist, so gibt dieser Tag den Einwohnern Stuttgarts Gelegenheit zu einer angenehmen Spazierfahrt und zur Teilnahme an dem dortigen Fest. Man sagt, die jungen Herren aus Stuttgart würden an diesem Tag wenn schon nicht dem Magistrat, so doch den Schönen von Esslingen Treue schwören.

Die Gegend um die Stadt und bis hin nach Stuttgart ist von unbeschreiblicher Schönheit. Weingärten wechseln mit Maisfeldern, hier Welschkorn genannt, und Weizenfeldern ab. Die nahe liegenden, hohen Berge sind teils mit Wäldern bedeckt, teils nähren sie die edlen Reben. Der selige Herr Prälat Sprenger sagte mir später in Stuttgart, dieser Weg von Esslingen her gehöre zu den schönsten Gegenden Württembergs. Hinter dem Dorf Wangen beginnt eine Weidenallee, die bis nach Stuttgart hin fortläuft. Eine ganze Weile fährt man entlang einer dichten Plantage von Weiden, vermischt mit Apfel- und Birnbäumen, welche damals so voller Früchte waren, daß sie gestützt werden mußten. Die Weiden sind dazwischen gesetzt, da sich Esslingen wegen Mangel an Feuerholz der Reisigbündel aus Weidenzweigen bedienen muß.

Ein großer Teil der Einkünfte dieser Stadt besteht nebst dem Weinbau im Obsthandel, der jährlich zwischen 80000 und 100000 Gulden einbringen soll. Besonders die gebackenen Birnen werden weithin verkauft. Weil den Einwohnern nur sehr am Gedeihen von Wein und Obst gelegen ist, geben sie auf den St. Urbanstag besonders acht, welches der 25. Mai ist. Eine alte Bauernregel setzt fest, daß, falls an diesem Tag die Sonne warm scheine, auf einen schönen Sommer und Herbst zu hoffen ist. Ist es hingegen kalt und regnerisch, müsse auch für Sommer und Herbst ein solches Wetter befürchtet werden, und Wein und Obst gedeihen nicht. Die Kinder der Weingärtner tragen daher in Esslingen am St. Urbanstag ein schön verziertes Bild des Heiligen, schwäbisch *Urbe* genannt, in der Stadt umher. Wenn das Wetter schön ist, werden sie von den Bewohnern der vornehmsten Häuser beschenkt. Regnet es aber, so schimpfen sie den Heiligen tüchtig aus und werfen sein Bild in den Brunnen am Marktplatz. Eine wohlverdiente Strafe dafür, daß er die Sonne nicht scheinen läßt ...

Die katholische Kirche hat ja bekanntlich mehr Heilige als das Jahr Tage, daher müssen sich mehrere zur Feier ihres Namens einen Tag teilen. Auf den 25. Mai sind noch 56 andere Heilige angewiesen, nicht gerechnet die 5067 Heiligen, deren Namen man nicht kennt. Sowenig für die Menge der Heiligen die Anzahl der Tage ausreicht, sowenig reicht die Zahl der Namen. Daher führen mehrere Heilige denselben Namen. Es wäre also kein Wunder, wenn bei der himmlischen Parade, bei der die Heiligen auf Wache ziehen müssen, ein Irrtum geschehe. Dies ist auch bei den heiligen Urbanen geschehen, von denen der Heilige Stuhl in Rom nicht weniger als 19 zu Heiligen erklärte. Der älteste ist der heilige Urban I., Papst und Märtyrer, der im dritten Jahrhundert gelebt haben soll und für sein Fest auf den 25. Mai angewiesen ist. Ein anderer heiliger Urban lebte im fünften Jahrhundert, war weder Papst noch Märtyrer, sondern Bischof in Langres*[20] in der Champagne und starb auf seinem Bett. Dieser fromme Mann, der vermutlich den guten Wein seines Vaterlandes recht reif und wohlschmeckend trinken wollte, war sehr besorgt, sobald Platzregen und Sturmwinde den Weinstöcken drohten, die er durch sein Gebet abzuwenden versuchte. Glückliches fünftes Jahrhundert, das Bischöfe hatte, deren Gebet solche Kraft hatte! Da die tyrannischen Franzosen so vielen deutschen Wein verdorben haben, so ist es schade, daß von den vielen ausgewanderten französischen Bischöfen nicht ein einziger die Weinstöcke zu Hochheim und Bacherach, deren Weine sie doch jetzt trinken, durch sein kräftiges Gebet vor der Wut der Ohnehosen*[21], die ärger ist als Sturmwind und Platzregen, hat bewahren können. Ich hätte dem Bischof gerne meine Stimme zur Heiligsprechung gegeben. Der heilige Urban von Langres war ein gar anderer Bischof! Er wurde billigerweise für sein wohltätiges Gebet in den Himmel gesetzt, hat aber das Unglück, daß ihm der 23. Januar zum Heiligenfest angewiesen ist, eine Zeit, in der die Weingärtner hinter dem Ofen liegen. Diese vergessen ihn deshalb und rufen noch immer am 25. Mai den heiligen Papst Urban an, der aber zum Heiligen emporstieg, weil er sich tüchtig ausprügeln ließ und hernach enthauptet wurde und, nachdem er schon lange tot war, so manchen Lahmen oder Gichtbrüchigen heilte, nie aber auf das Gedeihen des Weins und Obstes Einfluß hatte. So kommt der heilige Bischof Urban um seine Verehrung, und der heilige Papst Urban kann den Weingärtnern nicht zu gutem Wetter verhelfen. Aber auch diesen heiligen Papst Urban haben die Jesuiten in Vergessenheit gebracht und den 25. Mai einem anderen, ihnen viel lieberen Heiligen eingeräumt. Ich finde weder den Namen des heiligen Papstes Urban noch den des heiligen Bischofs Urban, des Weinbeschützers in Pater Matthäus Vogels *Legende der Heiligen*, dieses sonst in allen Heiligenfragen klassischen Buches. Pater Matthäus setzt auf den 25. Mai den heiligen Papst Gregor VII., den Hildebrand, durch dessen so listig erdachte geistliche Herrschaft nichts gedeiht, sondern die Gewalt der rechtmäßigen, weltlichen Regenten ungerechterweise geschmälert wird und das wahre Wohl aller Stände welkt, wie von den kalten Nordwinden das erquickende Obst und der alles belebende Wein.

Wir fuhren in einem fruchtbaren Tal weiter und wünschten St. Urban, dem Champagnerpatron, einen guten Abend, auf daß er Wein und Obst dennoch gut gedeihen lasse, obgleich er am Himmelfahrtstag, dem 24. Mai, einen schweren Nachtfrost nicht hatte verhindern können, der in einem großen Teil Deutschlands alle Blätter hatte einschrumpfen lassen. Nahe bei Stuttgart öffnete sich nach links abermals eine herrliche Aussicht. Über Weingärten und Maisfelder hinweg, weilte das Auge auf sehr hohen grünenden Hügeln, deren weit ausgebreitete grüne Decken nur spärlich von einzelnen, verstreuten Häusern und Schlössern unterbrochen wurden. Bald erschien rechts die Stadt Stuttgart, aus der die hohen Türme der Stiftskirche hervorragten. Im Gasthof des Herrn Rall am unteren Graben stiegen wir ab.

Unser Wegmesser zeigte folgende Wegstrecken:

| | |
|---|---|
| Von Ulm bis Neuwesterstetten | $11\frac{1}{4}$ Meilen |
| bis Geislingen | $21\frac{1}{2}$ Meilen |
| bis Göppingen | $6\frac{1}{4}$ Meilen |
| bis Plochingen | $9\frac{1}{4}$ Meilen |
| bis Stuttgart | $12\frac{3}{4}$ Meilen |

5. KAPITEL

# Stuttgart

*Das Schloß – Das Opernhaus – Die Regierung – Buchhandlungen, Druckereien, Zeitungen – Kunst- und Naturalienkabinette – Die Militärakademie – Die Schönen Künste – Religiosität und Kirchenvisitationen – Sitten und Sprache in Stuttgart*

Zu den angenehmen Empfindungen einer Reise in bisher unbekannte Gegenden gehört besonders der lebhafte Eindruck, den das Neue hinterläßt. Am deutlichsten fühlt man ihn, wenn man nach einer nächtlichen Reise morgens in einer Gegend von ganz anderer Beschaffenheit erwacht. Ich hatte den vorigen Tag mit sehr interessanten Leuten zugebracht und befand mich auch am heutigen wieder unter interessanten Menschen, aber von ganz anderer Art. Am Vormittag des vorigen Tages war ich noch in dem stillen und äußerlich nicht sehr heiter anmutenden Ulm gewesen, und heute schon früh am Morgen befand ich mich in Stuttgart, das viel moderner gebaut ist, und wo es auf den Straßen viel lebhafter zugeht. Ich hatte mich ja in letzter Zeit oft in Reichsstädten aufgehalten, wo der Geist kleiner Republiken selbst in den kleinsten Dingen hervorsticht, wo es nur zwei Stände gibt, die Patrizier und die Bürger, und wo nur die patrizische Geburt einen Vorrang verschafft. Selbst die äußeren Zeichen des Reichtums haben einen eigenen Anstrich.

Doch nun waren wir in der Residenz eines monarchischen Staates, in dem es mehrere Stände gibt, die auch mehr miteinander vermischt sind. Das fällt einem aufmerksamen Beobachter sogar in den kleinsten Umständen sofort auf. Ein Berliner wird in Stuttgart natürlich zuerst auf das aufmerksam, was ihn an Preußen erinnert. Der vorige wie auch der jetzige Herzog*[1] wurden beispielsweise in Berlin erzogen. Der vortreffliche *Unterricht zum Regieren*, den Friedrich der Große dem jüngstverstorbenen Herzog mitgab, verdient es, gelesen zu werden. Er ist mit einer Klugheit und mit einer Fülle des Herzens geschrieben, die den Leser hinreißt. Die verhältnismäßig starke Präsenz des Militärs in Stuttgart ähnelt auch im Äußeren der in Preußen, nur sind die Haare hier gepudert. Die blaue Uniform mit den weißen

Unterkleidern hat preußischen Schnitt, ebenso die spitzen Mützen der Grenadiere. Was noch deutlicher ist: Die Soldaten arbeiten allenthalben in den Häusern und auf den Straßen, was, so viel ich weiß, nur beim preußischen und württembergischen Militär üblich ist. All das, ja sogar die dreieckigen Laternen, womit die Straßen erleuchtet werden, erinnert an Berlin. Stuttgart wird mit Laternen (es sollen ungefähr 700 sein) beleuchtet, aber nur wenn der Herzog zugegen ist. So war es wenigstens im Jahre 1781.

Die Bauart der Häuser in Stuttgart ist sehr unterschiedlich, und die Straßen sind hin und wieder recht uneben. Zu der sogenannten reichen Vorstadt steigt man mehrere Fuß hinauf. In der eigentlichen Stadt sind die meisten Gassen krumm und unangenehm, mit vielen engen und finsteren Winkeln. Die reiche Vorstadt hingegen hat lauter rechtwinklig angelegte Gassen, was um so bemerkenswerter ist, da diese Anlage schon im fünfzehnten Jahrhundert angelegt wurde. Jedoch haben die Häuser, obgleich zum Teil modern, kein besonderes Aussehen. Die schönste Straße ist der sogenannte Obere Graben, und die sehenswertesten Häuser, die mir in die Augen fielen, waren das Gräflich-Hohenheimische, das von Madeweißsche und das Tritschlersche Haus, desgleichen die Niederlassung der Calwschen Handelsgesellschaft. Aber selbst an diesen wirklich schönen Häusern fällt einem Fremden doch auf, daß in einer Stadt, wo eine *Académie des Arts* ist, sich so wenig gute Architektur findet. Was Stuttgart am meisten verschönert, sind die nahe gelegenen grünbewachsenen Hügel: der Hasenberg auf dem Wege zur Solitude und nach Ludwigsburg, die herrliche Weinsteige auf dem Weg nach Hohenheim und Tübingen und der Bopser. Einen oder mehrere von diesen Bergen sieht man von fast allen Straßen.

In der eigentlichen Stadt ist ein großer Teil der Häuser noch aus Holz, dabei sehr unförmig und in schlechtem Zustand. Die Gegend um das Schloß ist die heiterste; da stehen auch einige schöne Häuser, besonders die ehemalige Hohe Karlsschule[*2], die sogenannte Militärakademie. Es ist ein sehr großes Gebäude, das der Einsicht und dem Geschmack des Baumeisters, des Herrn Hauptmann Fischer, Ehre macht. Das *Corps de Logis* war ehemals eine Kaserne, die aber ungemein vergrößert wurde, wobei das Ganze aber so gut angeordnet ist, daß man kein Flickwerk entdeckt, außer daß die Höhe des Gebäudes gegen die 654 Fuß lange Fassade allzu niedrig erscheint, was man aber dem Baumeister nicht zuschreiben darf.

Zum sogenannten Neuen Herzoglichen Schloß hat der berühmte Mathematiker Bilfinger, zuletzt herzoglicher Geheimrat, den ersten Entwurf gemacht, und weil der Herzog bei seinem Regierungsantritt versprach, in Stuttgart und nicht in Ludwigsburg zu residieren, wurde im Jahre 1746 von dem italienischen Baumeister und Major Leopold Retti mit dem Bau begonnen. Er war in wenigen Jahren vollendet. Aber schon 1762 brannte der rechte Flügel ab. So sah es 1781 trübselig aus. Wie ich höre, hat man 1783 angefangen, diesen Flügel wieder etwas herzustellen.

Die Fassade des Schlosses hat gute Proportionen. Der untere Teil ist dorisch, der obere ionisch. Nur über dem Portal ist ein Aufsatz mit kleinen, häßlichen, etwa 16 Fuß hohen korinthischen Säulen, welche das Ganze sehr entstellen. Als der Großfürst von Rußland 1783 in Stuttgart war, wurde um das Schloß herum noch Verschiedenes ausgebessert und gebaut. Wir sahen unweit des Schlosses ein ziemlich großes Maisfeld; ich meine, auf diesem Platze sollten Gärten und Häuser angelegt werden.

Das Opernhaus steht nahe beim Schloß. Es ist das größte in Deutschland und aus einem ehemaligen, schon im sechzehnten Jahrhundert von dem damals berühmten Baumeister Heinrich Schikkard*[3] gebauten Lusthaus unter Zufügung vieler anderer Gebäude eingerichtet worden. Jetzt steht es leer. Das Schauspielhaus, 1779 von Fischer gebaut, ist klein, macht aber, sowohl der äußeren als inneren Einrichtung nach, dem Baumeister Ehre.

Die Stadt Stuttgart hat mit dem größten Teil der Städte Deutschlands gemein, daß ihre wahre Lage nicht genau bestimmt ist und durch die verschiedensten Angaben noch ungewisser wird. Habe ich Unrecht, daß ich auf unsichere Angaben dieser Art in meiner Reisebeschreibung aufmerksam mache? Oder verdiene ich den Spott jenes kurzsichtigen Krittlers, welcher meint, nur wenn man in der Südsee segle, wäre es nötig, Längen und Breiten anzugeben? Wie sollen die Landkarten genauer werden, wenn nicht darauf geachtet wird, die Fehler in der Lage der Städte sorgfältig zu verbessern? Bei meinem ersten Besuch gab es an der Militärakademie vier Mathematiklehrer. Auch findet sich eine Sternwarte auf dem *Gymnasium Illustre*. Das erste, was die Sternwarte leisten sollte, wäre doch wohl eine genaue astronomische Bestimmung der Lage dieser Sternwarte und folglich der Stadt. Merian hat in seiner *Topographia Suevicae* einen Grundriß von Stuttgart geliefert, wie es zu seiner Zeit aussah. Diesen hat Seutter in Augsburg erst vor ungefähr 25 Jahren nachgestochen und fast nichts daran geändert; trotzdem wird er immer noch als gültig in Bilderläden verkauft. Dicht vor Stuttgart, nach Norden zu, gab es zu Merians Zeiten noch einen See. Auf diesem zeichnete er, Gott weiß warum, zwei Gondeln ein. Seutter, um etwas Eigenes zu haben, verwandelt die eine in einen Kahn, zeichnet auch die andere (noch dazu vergrößert) nach, schreibt aber darüber: „Dieser See ist ausgetrocknet, anjetzo ein Grasboden." Ist das nicht schön? Der neueste und beste Grundriß ist auf einem Royalbogen[*4] ungefähr 1780 von J. L. Roth gezeichnet und von M. Balleis, einem damaligen Schüler der Militärakademie, gestochen worden. Daß auf einem Seutterschen Grundriß sich kein Maßstab findet, ist ein ganz gewöhnlicher Fehler, aber daß jemand, der in einem neuen Erziehungsinstitut erzogen wurde, nicht daran denkt, daß ein Grundriß einen Maßstab haben müsse, ist nicht zu verzeihen. Wäre auf diesem Grundriß ein Maßstab angegeben, so könnte man sich von der eigentlichen Größe der Stadt einen Begriff machen und sie mit anderen Städten vergleichen.

Die Polizeianstalten sind in Stuttgart im besten Zustand. Die Straßenbeleuchtung habe ich oben schon erwähnt. Das Pflaster der Straßen ist sehr gut und wird gut unterhalten. Die Straßenreinigung wird auch gut besorgt. Mietwagen und Sänften kann man immer haben.

Die Württemberger lieben ihr Vaterland und tun sehr gut daran, teils, weil es ihr Vaterland ist, teils, weil es ein sehr schönes Land ist, das man wohl lieben kann. Es verursacht mir immer ein sehr angenehmes Gefühl, zufriedene Leute zu sehen, so, wie es den Frohsinn mindert, die Leute über ihre Lage klagen zu hören, was jedem Fremden in Ulm oder Nürnberg ganz sicher passieren wird. Aber nirgendwo, auch nicht in Württemberg, fehlt es gänzlich an Unzufriedenen. Dafür haben auch viele Württemberger nicht nur ein besonderes Vertrauen in ihre Landesverfassung, was sehr löblich ist, sondern auch eine sehr hohe Meinung von ihren Vorzügen. Sie meinen deshalb, eine Art freier Bürger zu sein, die vor den Untertanen anderer deutscher Fürstentümer einen großen Vorzug hätten. Mit einigem Lächeln bemerkte ich bei meinem Aufenthalt in Württemberg, daß diese freien Leute bei der Lobpreisung ihrer landschaftlichen Verfassung auf uns arme Brandenburger herabsahen wie auf Sklaven. Es hielten damals einige dieser Herren den Preußischen Staat tatsächlich für unmäßig despotisch, den ihren hingegen gerade für das Gegenteil.

Meine Leser, die vielleicht hin und wieder dieses oder jenes über Württemberg gelesen oder gehört haben, werden vielleicht glauben, daß ich scherze oder die Sache übertreibe. Keineswegs! Ich kann einen gedruckten Beweis liefern. Der Verfasser der Geographie Württembergs sagt ganz naiv: „Die Regierungsform Württembergs ist wie die englische im Kleinen, nämlich eine Mischung aus Aristokratie und Monarchie. Die Landschaft, das Parlament, steht an der Spitze der Nation und besorgt ihre Wohlfahrt."

Es läßt sich alles vergleichen, und so haben die Landstände von Württemberg ohne Zweifel irgendeine Ähnlichkeit mit dem englischen Parlament, und wäre es nur die, daß von beiden vorausgesetzt werden muß, sie bestehen aus einsichtsvollen und eifrigen Patrioten, die das Wohl ihres Vaterlandes mit größter Tatkraft und Uneigennützigkeit zu besorgen suchen. Dies eingeräumt, wäre es meiner unmaßgebenden Meinung nach dennoch am schicklichsten, die Württembergische Landschaft mit keiner anderen Verfassung zu vergleichen, am wenigsten mit dem englischen Parlament. Das Herzogtum Württemberg hat, soviel ich sehen kann, eine ihm ganz eigene Verfassung, welche eigentlich keiner anderen landschaftlichen Verfassung irgendeines kleineren oder größeren deutschen Staates, am wenigsten aber dem Parlament in England, gleicht. Dem Vergleich würden selbst die Herzöge von Württemberg nicht zustimmen, wenigstens wenn man berücksichtigt, wie sie schon seit Anfang des vorigen Jahrhunderts mit ihrer Landschaft standen. Außerdem zeigen doch J. J. Mosers[*5] und Schubarts[*6] Schicksal, daß Württemberg keine Habeas-corpus-Akte[*7] hat.

Württemberg hat heute keinen Adel, der Landstand wäre, denn die Edelleute behaupteten im sechzehnten Jahrhundert ihre Reichsfreiheit. Von anderen deutschen Ländern unterscheidet sich Württemberg noch in zweierlei Hinsicht: erstens darin, daß es in Württemberg keine Edelleute gibt, die ihrer Geburt wegen die höchsten Ämter am Hofe und in den Landeskollegien innehaben. Somit sind viele dieser Amtsinhaber keine Vasallen des Herzogs und somit hinsichtlich des Landes Fremde. Zweitens haben im Württembergischen Landtag die

Gutsbesitzer, wie in allen anderen deutschen Ländern, weder Sitz noch Stimme, sie mögen adelig sein oder nicht, wie z. B. in Brandenburg oder Holstein. Auch in England sitzen die Lords als Grundbesitzer im Parlament. Selbst die Commoner*[8] in England müssen gewisse Einkünfte aus Grundeigentum haben und werden nur von Grundbesitzern gewählt. In der Württembergischen Landschaft hingegen ist – *qua talis* – kein Grundbesitzer vertreten. Es finden sich da zwar 14 Prälaten, die den oberen Stand ausmachen. Ihr Stand ist aber nicht zu vergleichen mit dem der Prälaten der hohen Stifte, die in den Landtagen in Österreich und in Brandenburg wegen ihrer geistlichen Qualitäten und als Repräsentanten des Grundbesitzes sitzen, der den Stiften gehört und von den Prälaten und Domkapiteln selbst verwaltet wird. Die württembergischen Prälaten sind zwar Äbte der durch die Reformation etwas veränderten Klöster, denen auch Grundbesitz und Dörfer in großer Menge gehören, aber mit der Verwaltung der Ökonomie und der Einkünfte derselben haben die Prälaten nichts zu tun. Dafür gibt es besondere Klosterverwalter, welche dem Kirchenratskollegium, das vom Herzog selbst eingesetzt wurde, Rechnung ablegen. Die Prälaten aber bekommen aus den Einkünften eine festgesetzte, recht mäßige Besoldung. Man kann also nicht sagen, daß sie wegen des Grundbesitzes ihrer Klöster Stimme im Landtag hätten. Das Land wird in Württemberg eigentlich gar nicht repräsentiert, denn die wenigen Dörfer, die das Recht haben, Deputierte zu schicken, haben keinen Einfluß, zumal sie bloß auf den vollen Landtagen erscheinen, die gar nicht so oft abgehalten werden. In den beiden schon im sechzehnten Jahrhundert von den Herzögen eingerichteten ständigen Ausschüssen sitzen sie nicht. Außer der Prälatenbank gibt es in der Württembergischen Landschaft nur noch die städtische Bank, aus Bürgermeistern der zum Landtag zugelassenen Städte bestehend. Diese würden also, wenn Württemberg England im Kleinen vorstellen soll, doch wohl dem Unterhaus entsprechen. Aber da liegt der wesentliche Unterschied: Sie sind nicht von Grundbesitzern gewählt, sondern haben vermöge ihrer Ämter Sitz und Stimme. Sie sind auch nicht, wie das Oberhaus, von dem oberen Stande der Prälaten getrennt, sondern bilden ein Haus, den Landtag. Die Prälaten waren vorher Prediger oder Schullehrer und werden vom Herzog in ihre Prälatur eingesetzt. Wären dies alles Männer vom Format eines Le Bret oder Sprenger, so wäre dies ein noch vorzüglicheres Kollegium, als es ohnehin schon ist. Leider war auch der durch seine beinahe sinnlos mystischen Schriften bekanntgewordene Ötinger*[9] Prälat. Wer die ängstliche, einseitig theologische Erziehung in den Klosterschulen Württembergs und im Stift zu Tübingen kennt, der möchte wohl in der Theorie zweifeln, ob die Kenntnisse, die durch diese Art der Erziehung geschöpft werden können, überhaupt Staatskenntnisse vermitteln. Die praktische Erfahrung scheint indes das Gegenteil zu beweisen, denn diese 14 Prälaten besorgen zusammen mit den städtischen Deputierten die wichtigsten Angelegenheiten des Staates. Die Württemberger schienen zu der Zeit, als ich das Land bereiste, mit ihren Landständen übrigens gar nicht recht zufrieden zu sein. Man befürchtete von der Übermacht, die sie seit einiger Zeit über den Herzog erhalten hatten, ich weiß nicht was für nachteilige Folgen. Dergleichen pflegen die Briten von ihrem Parlament nicht zu fürchten, was eine weitere Unähnlichkeit mit dem englischen Parlament darstellt. Ich führe dies gewiß nicht alles an, um die Württembergischen Landstände herabzuwürdigen, sondern um die Dinge zu zeigen, wie sie sind.

Die herzoglichen Landeskollegien sind bekanntlich in Stuttgart. Der mehrmals angeführte Verfasser der Geschichte Württembergs sagt in seinem Eifer für die Landstände, die er an die Spitze der Nation setzt und denen er die wichtigsten Angelegenheiten des Staates zuweist, daß die Kollegien mit der Kanzlei nur die minder wichtigen Geschäfte des Staates besorgten. Dies will mir nicht recht einleuchten. Die Landschaft hat unstreitig wichtige Geschäfte, besonders bei vollständig versammeltem Landtag. Ich sehe auch sehr wohl ein, daß sie dem Land oft sehr nützliche Dienste geleistet und manches Übel verhindert oder vermindert hat, und deshalb bin ich auch weit davon entfernt, über ihr Ansehen und ihre Verdienste geringschätzig zu urteilen. Aber die Geschäfte der Landeskollegien scheinen mir wichtiger zu sein als die der Landschaft, denn durch sie wird doch die eigentliche Regierung des Staates ausgeübt. Ich kann mich irren und will mich gerne von einem einsichtsvollen württembergischen Staatsrechtsgelehrten belehren lassen, falls er für seine Behauptung Gründe anführen kann.

Die Württemberger haben ihre Herzöge immer geliebt, selbst wenn sie mit manchen Anordnungen nicht ganz zufrieden waren. Herzog Karl*[10] z. B. hatte freilich einiges getan, was ihn mit den

Herzog Karl Eugen (11. 02. 1728–24. 10. 1793)

Landständen besonders in Kollision brachte. Auf der anderen Seite verursachten seine vielen Gebäude und Lustbarkeiten eine starke Zirkulation des Geldes. Beides war aber schon vorbei, als ich 1781 in Stuttgart war. Der Herzog hatte sich nach Hohenheim in die Einsamkeit zurückgezogen, und man beschwerte sich nicht mehr über den Herzog, sehr wohl aber über die Landstände. Mit dem Regierungsantritt des jetzigen Herzogs hat eine ganz neue Epoche begonnen. Er handelt mit weiser Mäßigung, hat manche Mißbräuche abgestellt, ist populär und wird allgemein geliebt.

Es kommt in Stuttgart jährlich ein herzoglich-württembergisches Adreßbuch heraus, worin der Hofstaat, der Kriegsstand, alle Landeskollegien in Stuttgart und alle weltlichen und geistlichen Beamten des Landes verzeichnet sind. Leider ist darin hin und wieder ein ganz unverständlicher Kanzleistil anzutreffen. Auch wäre es gut, wenn in diesem wie in allen anderen Staatskalendern die Beschäftigung eines jeden Landes- oder anderen Kollegiums angezeigt würde. Dies ist noch wichtiger, wenn darin Mundartausdrücke vorkommen, die jedem, der nur Hochdeutsch versteht, unverständlich bleiben müssen.

Unter der großen Zahl würdiger Geschäftsleute, die in diesen Kollegien sitzen, habe ich nur die folgenden etwas näher kennengelernt:

Seine Exzellenz, Herrn Eberhard von Kniestädt, Staatsminister und Präsident der herzoglichen Rentenkammer. Dieser sowohl einsichtsvolle als auch leutselige Staatsmann schenkte mir eine Stunde, welche mir so angenehm wie lehrreich war. Er unterhielt sich mit mir über das preußische Finanzwesen, welches damals, wie ich aus anderen Unterredungen merkte, in Württemberg und auch sonst im Reich einige Aufmerksamkeit erregte. Man wollte verschiedene, später ausreichend bestätigte Nachrichten von einigen Anordnungen Friedrichs des Großen noch nicht ganz glauben. Ganz besonders konnte man gar nicht fassen, daß durch kluges Wirtschaften der Schaden, der durch den Siebenjährigen Krieg verursacht worden war, ausgeglichen worden sein sollte, was damals wirklich schon der Fall war. Dieser würdige Minister ist vor einiger Zeit verstorben.

Seine Exzellenz, Herrn Eberhard Friedrich von Gemmingen, Präsident des Regierungsrates. Er ist Deutschlands Gelehrten rühmlich bekannt durch seine Gedichte, wohingegen nicht so bekannt ist, daß er auch ein großer Musikkenner war, über musikalische Kunstwerke mit Verstand urteilte und auch selbst komponierte. In zwei Gesprächen mit diesem trefflichen Mann konnte ich mich von seinem Kunstgeschmack überzeugen. Außerdem fragte er viel über Friedrich den Großen und den preußischen Staat. Es hat immer in Deutschland eine gewisse Gruppe gegeben, die sich mit großer Schlauheit bemühte, den preußischen Staat und alles, was dessen Regenten tun, von der ungünstigsten Seite darzustellen und darüber ganz falsche Nachrichten zu verbreiten, welche auch bei unparteiischen Leuten Gehör finden, weil sie von so vielen Seiten her wiederholt wurden. So fand ich auch 1781 immer wieder lügenhafte Nachrichten vom König, von Potsdam, von Berlin usw., die mich anfangs in Erstaunen setzten, bis ich nach und nach auf die Spur geriet, aus welcher Quelle diese Nachrichten kamen. Ich merkte es auch hier. Denn nachdem ich Herrn von Gemmingen über verschiedene ganz ungereimte falsche Nachrichten über den König aufgeklärt und ihm dabei die wahre Beschaffenheit der Dinge dargelegt hatte, wurde auch er offenherziger und nannte Quellen, aus denen die falschen Nachrichten geflossen waren. Die Unterhaltungen mit diesem so biederen wie einsichtsvollen Manne werden mir unvergeßlich bleiben. Sein edler Charakter, seine mannigfaltigen Einsichten, mit so viel Bescheidenheit und Gutmütigkeit verbunden, leuchteten aus seinen Gesprächen hervor, und er zog mein Herz an sich. Bei ihm sah ich seinen vertrauten Freund, Regierungsrat Huber, wieder, den ich schon in Berlin kennengelernt hatte. Er ist auch als Dichter bekannt. Nicht so bekannt dagegen ist, daß er um 1779 auf dem Hohenasperg festgesetzt worden war, weil er sich einer Kopfsteuer widersetzte. Es machte Herrn von Gemmingen große Ehre, daß er seine Freundschaft gegen Herrn Huber ebenso laut wie vorher bekannte und ihn in sein Haus aufnahm, obwohl er wußte, wie sehr Herr Huber dem Herzog mißfiel. Beide Herren sind schon seit einigen Jahren tot.

Ich habe es mir bei meiner Reise zur vorzüglichsten Aufgabe gemacht, mich nach den wirtschaftlichen Verhältnissen einer jeden Stadt und eines jeden Landes, sei es im Gewerbe oder im Handel, so ausführlich wie möglich zu erkundigen, denn der Wohlstand eines Gemeinwesens hängt davon ab. Selbst der Charakter der Einwohner wird dadurch auf mannigfaltige Weise verändert. Es ist meist schwierig, sich genau darüber zu informieren, da Bücher oft unzuverlässig sind, fast ständig unrichtige Berichte von einem Buch ins andere abgeschrieben werden und sie aus diesem Grund selten die neuesten Verhältnisse anzeigen. Auch in mündlicher Unterredung fällt es oft schwer, das Wahre vom Falschen zu unterscheiden. Man findet überdies nicht immer Personen, welche die interessantesten Fragen beantworten können oder dürfen. Ich muß überhaupt die große Gefälligkeit rühmen, mit der ich überall in Stuttgart aufgenommen wurde; bald aber bemerkte ich, daß auch Männer, die mich sehr wohl hätten unterrichten können, die Antworten auf verschiedene Fragen, einige Punkte der Landesverfassung, der Industrie und des Handels von Württemberg betreffend, zu vermeiden suchten. Ich schwieg dann immer, weil ich nicht zudringlich sein wollte und sehr wohl einsehe, daß jemand begründete Ursachen haben kann, nicht alles, was er weiß, auch zu sagen. Jedoch erhielt ich durch Zufall drei verschiedene sehr interessante Aufsätze über diese Themen. Das wichtigste Resultat ist, daß Württemberg hauptsächlich durch den Handel mit seinen eigenen Produkten zu Reichtum kommt. Wein, Getreide, Pferdezucht, Viehzucht und besonders Schafzucht sind neben dem Holzhandel nach Holland die Hauptquellen von Württembergs Reichtum. Das Gewerbe beruht hauptsächlich auf der Leinwandweberei in Urach und der Wollweberei in und um Calw. Die württembergischen Weine, die allgemein unter dem Namen Neckarweine gehandelt werden, haben viel Feuer und sind zugleich lieblich. Nur können sie nicht sehr weit exportiert werden; wenigstens wenn sie bis in unsere Gegenden kommen, schlagen sie gewöhnlich um. Ein sehr interessantes Büchlein ist folgendes: *Geschichte des Neckarweins und Weinbaus vornehmlich in und um Stuttgart von 1200 bis 1778.* Es wäre angenehm, von den Rheinweinen eine solche Chronik zu haben.

Man sieht zwar, daß die Regierung das Gewerbe durch verschiedene Gesetze und Verordnungen hat erwecken wollen, aber es ist auch anzumerken, daß bloße Verordnungen wenig oder nichts helfen, wenn die Bevölkerung nicht von Natur dazu geneigt ist oder wenn nicht ein besonders tätiger Mann Fleiß und Betriebsamkeit erwecken kann, wo sie vorher nicht waren. Man sieht auch deutlich, wie in einigen Bereichen durch unzweckmäßige Gesetze die Industrie eher erstickt als gefördert wurde. Solche Gesetze verlangen z. B.: Es darf kein Eisen an Ausländer verkauft werden, ohne daß vorher bewiesen ist, daß die württembergischen Untertanen damit ausreichend versehen sind. Druckpapier darf nicht ausgeführt werden, es sei denn, kein Buchhändler im Land will es kaufen. Sollten diese Gesetze wirklich befolgt werden, so müßte der, welcher Eisen oder Druckpapier hätte, erst das ganze Land absuchen, ob sich da kein Käufer fände.

Es fällt auf, daß seit langer Zeit nur an zwei einzigen Orten Württembergs, die an Flüssen liegen, nämlich in Urach und Calw, durch große Handelsgesellschaften ein ins Große gehendes Gewerbe aufgebaut worden ist. An anderen Orten ist dies nicht der Fall. Ich glaube aber, dies ist ganz leicht aus der Fruchtbarkeit des so gesegneten Landes zu erklären. In einem an natürlichen Produkten so reichen Land und in Ermangelung großer Städte kann fast jedermann Anteil an Grund und Boden haben. Dieser bringt mit leichter Arbeit, was zum Leben nötig ist. Mehr verlangt der große Haufen nicht, und daher ist es schwer, in ihm Lust zur angestrengten Arbeit, ja nur zum Nachdenken über neue Erwerbswege zu erwecken. Vereinzelt findet sich auch in Württemberg Erfindung mit Kunstfleiß verbunden, denn in diesem Land gibt es viele fähige Köpfe. Durch die Leichtigkeit, die Grundbedürfnisse zu stillen, werden drückende Sorgen eher entfernt, und der Geist ist freier. Daher gibt es verschiedene vorzügliche Mechaniker, die ihrem Vaterland Ehre machen. Die beiden Hauptmanufakturstandorte Calw und Urach liegen bemerkenswerterweise nicht in der fruchtbarsten Gegend Württembergs.

In Stuttgart ist das Kunsthandwerk im allgemeinen gar nicht zu finden, obwohl einige geschickte Künstler da sind. Fast während des größten Teils dieses Jahrhunderts ist der Hof sehr prächtig gewesen und hat großen Aufwand getrieben. Dies hat bei den Einwohnern, die schon durch das schöne Land, in dem sie wohnen, zur Lebensfreude ermuntert werden, den Hang nach Vergnügungen stärker geweckt und sie noch mehr an die Bedürfnisse des Luxus gewöhnt. Beides verleitet nicht zu ausdauernder Arbeit. Zudem wird in Württemberg der größte Teil der Luxusbedürfnisse durch Importe gestillt. So konnte die Stuttgarter Industrie dadurch nicht unmittelbar vermehrt werden. Trotzdem lebt immer noch der größte Teil der Bürger vom Hof und der bezahlten Beamtenschaft, wodurch das Handwerk recht ordentlich blüht. So kommen in Stuttgart auf etwas über 18 000 Menschen 250 Schneidermeister. Es ist also unter 72 Menschen immer ein Schneider. In Ulm können z. B. von 14 000 Menschen nur 31 Schneider leben. Aber wie oft und wie viel anders kleidet sich auch ein Stuttgarter im Vergleich zu einem Ulmer, auch wenn der Stuttgarter nicht immer nach der neuesten Mode gekleidet ist! Im *Journale von und für Deutschland* (1789, 2. Stück, S. 159) steht eine Preisliste der Spiegelgläser in Stuttgart. Dort gibt es aber nur die Verkaufslager. Die Spiegelfabrik ist in Spiegelberg an der Lauter, wo sie von dem jüngst verstorbenen Herzog Karl angelegt worden ist. Derselbe hat dem Handel in Stuttgart auch dadurch aufhelfen wollen, daß er dort eine Messe einrichtete. Sie ist aber nicht mehr als ein großer Jahrmarkt.

In Stuttgart gab es im Jahre 1781 zwei Buchhandlungen, die Metzlersche und die Erhardsche, nebst einem Antiquar Betulius, dessen Vorrat aber unbedeutend ist. Dazu kamen drei Buchdruckereien, die Cottasche Hofbuchdruckerei, die Erhardsche und die Mäntlersche. Die *Stuttgarter privilegierte Zeitung* kommt bei Cotta heraus. Diese pflegt man die Hofzeitung zu nennen. Es erscheint dienstags, donnerstags und sonnabends ein halber Bogen in Quart*[11]. Der *Schwäbische Merkur* kommt bei Mäntler montags, mittwochs und freitags in Quart heraus. Beide Zeitungen haben Marginalien*[12], was wohl sonst keine Zeitung aufzuweisen hat. Die *Stuttgarter Anzeigen von allerhand Sachen*, deren Bekanntmachung dem Gemeinwesen nötig und nützlich ist, erscheinen dienstags und sonnabends, jeweils auf einem halben Bogen in Quart. Hinsichtlich des Gartenbaus wird in dem in Stuttgart herauskommenden *Journal für die Gartenkunst* Nachricht gegeben. Man kann dort z. B. lesen, daß man nun auch in Stuttgart den Spargel, den man sonst von Ulm kommen ließ, anbaut. Das sogenannte Gesundheitsgeschirr aus verzinntem Blech macht der Arsenalflaschner (Klempner) Berthold in Stuttgart so gut wie in Neuwied.

Unter den gelehrten Einrichtungen in Stuttgart muß man die Herzogliche Öffentliche Bibliothek zuerst nennen. Sie ist um so bemerkenswerter, als sie vom vorigen Herzog vor nicht ganz 30 Jahren gestiftet worden ist und schon jetzt zu den bedeutendsten in Deutschland gehört. Sie enthielt 1781 bereits ungefähr 100000 Bände und inzwischen gewiß noch um die Hälfte mehr, weil der vorige Herzog bekanntlich mit erstaunlichem Eifer Bücher zusammenkaufte. Seine Reise nach England brachte dieser Bibliothek viele wichtige ausländische Werke. 1784 reiste er ja nach Kopenhagen, um die wichtige Bibelsammlung des verstorbenen Predigers Lork zu kaufen. Er bezahlte dafür 4000 Dukaten und gab der Witwe eine lebenslängliche Pension von 200 Reichstalern. Die Sammlung bestand aus 798 Foliobänden, 863 Bänden in Quart, 1828 Bänden in Oktav und 1187 Duodezbänden, zusammen also aus 4182 Bänden – lauter Ausgaben von Bibeln! Dennoch wurde zwei Jahre später, 1786 nämlich, die Sammlung des Herrn Schaffer Panzer in Nürnberg, die auch sehr wichtig ist, dazugekauft. Schon 1781 erhielten die verschiedenen Professoren der damaligen Militärakademie den Auftrag, Vorschläge einzusenden, welche Bücher noch nötig seien, um das Fach eines jeden in den besten Stand zu setzen, und diese Vorschläge wurden fleißig befolgt. Schon das Äußere der herzoglichen Bibliothek ist einladend. Die Treppe, auf der man zu ihr hinaufsteigt, wurde mit einer Menge römischer Steine mit Inschriften und Statuen (aber von schlechter Arbeit), welche in Württemberg gefunden wurden, desgleichen mit Abgüssen von antiken Bildsäulen, fast allzu reichlich besetzt. Die Bibliothek ist in elf Zimmer unterteilt. Ich bin sehr dagegen, eine Bibliothek in einem einzigen, großen und sehr hohen Raum aufzustellen, besonders eine solche, die nicht wie die in Göttingen oder Wien ganz ins Große geht. Man kann an vielen Wänden mehr Bücher übersichtlicher aufstellen. Ich ging die verschiedenen Zimmer nacheinander mit Vergnügen durch und entdeckte dabei die wichtigsten und rarsten Werke aller Wissenschaftszweige. Besonders erfreut war ich über die neuen, kostbaren Bücher aus dem Bereich der Kunstgeschichte und der Altertumswissenschaften, z. B. Hamiltons *Etrurische Vasen*. Ein Zimmer ist ganz der theologischen Polemik und Askese geweiht. Ich schlug mit der Hand ein großes Kreuz und verließ den Raum mit einer Anwandlung von Grausen und Gähnen. Betreut wird die Bibliothek von vier Bibliothekaren. Der Oberbibliothekar war damals noch der berühmte Le Bret, der jetzige Abt in Lorch und Kanzler der Universität Tübingen. Leider war dieser vortreffliche Mann zu der Zeit verreist, so daß ich ihn leider nicht persönlich kennenlernen konnte, was ich noch heute zutiefst bedaure. Der erste Bibliothekar war Herr Professor Vischer. Sein besonderes Verdienst ist es, die Bibliothek in ihre heutige Ordnung gebracht zu haben. Er ist nicht nur ein gelehrter Mann, sondern hat auch sehr gute Kenntnisse in den Schönen Künsten. Ich sah in seinen Zimmern eine nicht unbeträchtliche Anzahl guter Gemälde und zwei Modelle von Le Jeune, einem Brüsseler Bildhauer, der in den sechziger Jahren nach Stuttgart kam und 1789 wieder in seine Vaterstadt zurückkehrte. Sie stellen Harpokrates und die Meditation dar und sind zwei schöne Figuren. Sie sollten in das Lustschloß Solitüde kommen, wo der Herzog einen *Temple du Silence* errichten wollte. In der Solitüde steht vom gleichen Künstler ein sehr schöner Apoll.

Die Unterbibliothekare waren die Herren Reichenbach und Petersen. Der letztere ist als Verfasser verschiedener Schriften bekannt, z. B. der *Geschichte der deutschen Nationalneigung zum Trunk*, die 1782 ohne seinen Namen erschienen ist. Ich hatte an ihn ein Empfehlungsschreiben von einem seiner Brüder, und er war so freundlich, mich an mehrere Orte zu begleiten und mich auf verschiedene Sehenswürdigkeiten der Stadt aufmerksam zu machen. Diese beiden Herren waren damals gerade sehr fleißig mit der Erstellung des Kataloges dieser Bibliothek beschäftigt, die mittwochs und sonnabends für jedermann geöffnet ist. Den wirklichen Räten des Herzogs und den Professoren der Akademie ist es auch erlaubt, Bücher nach Hause entleihen zu dürfen.

Das herzogliche Kunst- und Naturalienkabinett war damals in einem Saal desselben Gebäudes untergebracht, und ein Bruder von Professor Vischer führte die Aufsicht darüber. Die Sammlung war nicht sehr bedeutend, doch gab es einige Sehenswürdigkeiten, z. B. eine Sammlung von Knochen von zum Teil unbekannten, sehr großen Tieren, die man bei Cannstatt gefunden hatte. Besonders interessant ist ein versteinerter Fötus, der 46 Jahre in der *tuba Fallopii**[13] gelegen hatte. Die Mutter hatte nachher noch zweimal geboren und ist 96 Jahre alt geworden. Diesen Fötus hatte man 1732 sogar der Pariser Akademie zugeschickt, um ihn untersuchen zu lassen. Ansonsten gibt es nur noch einen kunstvoll eingelegten Tisch aus dem vorigen Jahrhundert und eine Mumie, die allerdings schlecht konserviert ist. Das bei weitem bedeutendste Stück ist eine vortreffliche astronomische Maschine, die der Pfarrer Hahn*[14] 1769 auf Verlangen des Herzogs anfertigte, nachdem er vorher schon eine kleinere gemacht hatte. Es handelt sich um ein in jeder Hinsicht bemerkenswertes Werk. Ein Deutscher hat meines Wissens bisher noch nichts Ähnliches gemacht.

Eine andere gelehrte Merkwürdigkeit war damals die Militärakademie oder die nachher im Jahre 1782 zur Universität erhobene Hohe Karlsschule. Wenn ein großer Herr an etwas Belieben findet, so wird es gelobt, und wer etwa Mängel sieht, darf nicht öffentlich davon reden. So ist es nun einmal in Deutschland; daher wurde auch die Hohe Karlsschule und die große Tat, welche der Herzog mit ihrer Einrichtung verrichtet haben soll, in wer weiß wie vielen öffentlichen Blättern gepriesen. In den Zeitungen stand, wann der Herzog daselbst gespeist, Reden gehalten oder andere Feierlichkeiten vorgenommen hatte. Alles wurde gelobt. Zwar wagte man es auch, hin und wieder einigen Tadel hören zu lassen, aber dieser wurde bald so übelgenommen, daß jedermann schwieg. Jetzt, da der Herzog gestorben und unter der jetzigen Regierung das Institut ganz aufgehoben worden ist, kann man seine Meinung darüber eher sagen. Kein Vernünftiger wird leugnen wollen, daß der Herzog bei der Errichtung dieser großen Anstalt die beste Absicht hatte. Selbst wenn man sie auch nur als die Lieblingsbeschäftigung oder, wie man im gemeinen Leben wohl zu sagen pflegt, die Puppe eines tätigen großen Herrn ansehen wollte, so darf man wohl wünschen, daß alle großen Herren, nachdem sie, wie Herzog Karl selbst öffentlich erklärte, das Leere bloß sinnlicher Vergnügungen einsehen, ein so edles Vergnügen, junge Leute zu unterrichten und erziehen zu lassen, wählen möchten. Ebenso ist es ausgemacht, daß der Unterricht in dieser Akademie einen großen Vorzug vor allen württembergischen Schulen hatte; ganz gewiß befanden sich daselbst sehr geschickte und zum Teil vortreffliche Lehrer. Die Namen Abel, Köstlin, Nast, Rösch, Schwab, Stahl sind allein Beweis genug, daß der Unterricht in vieler Hinsicht vorzüglich war; auch sind viele wohlunterrichtete Schüler aus dieser Schule hervorgegangen. Ich bemerkte bei meiner Anwesenheit mit Vergnügen, daß die jungen Leute ein gesundes, frisches Aussehen hatten und daß für physische Erziehung aufs beste gesorgt war, worunter ich auch die schönen Gärten und sowohl das Sommerbad als auch das wohlangelegte Winterbad rechne. Die Gebäude der Schule selbst waren, wie ich schon oben angemerkt habe, zweckmäßig und prächtig, so daß man vielen anderen Schulen nur halb so geräumige und schöne Gebäude wünschen möchte. Daß zu jeder Wissenschaft ein besonderes Lehrzimmer eingerichtet und in jedem ein anderes Bildnis des Herzogs mit den Attributen der darin zu lehrenden Wissenschaften hing, war eine kleine Eitelkeit, die übersehen werden konnte. Doch muß ich offen gestehen, daß ich eine militärische Erziehung von Kindern, die nicht Soldaten werden sollen, nicht für zweckmäßig halten kann. Die sogenannte militärische Erziehung im Parhammerschen Waisenhaus zu Wien ist die schlechteste von allen, die ich je gesehen habe. Sie verdirbt die Kinder physisch und moralisch und macht sie zu elenden Maschinen. Das tat nun freilich die Erziehung in der Militärakademie in Stuttgart nicht, aber etwas einseitig war sie gewiß. Der berühmte Schiller sagt von seiner jugendlichen Erziehung dort, welche ihn hinderte, Menschen kennenzulernen: „Ich war unbekannt mit den Menschen – denn die 400, die mich umgaben, waren ein einziges Geschöpf, der getreue Abguß eines und eben dieses Modells, von welchem die plastische Natur sich freilich lossagte – Jede Eigenheit, jede Ausgelassenheit der tausendfach spielenden Natur ging in dem regelmäßigen Tempo der herrschenden Ordnung verloren." Junge Leute, welche bloß dem Militärstand gewidmet werden, mögen in Kadettenhäusern und auch sonst in militärischer Disziplin erzogen werden, denn es kann niemand früh genug den Geist seines Standes annehmen, besonders eines Standes, welcher so viel Beschwerlichkeit aufweist und wegen des nötigen Gehorsams so viel Verleugnung erfordert. Ganz anders ist es mit jungen Leuten, die anderen Ständen gewidmet sind. Die sollen dereinst nicht so leben, daß sie bloß militärisch blinden Gehorsam beachten. Sie lernen auf diese Art die Welt nicht kennen, in der sie leben sollen, und können sehr leicht etwas Einseitiges im Charakter bekommen, so daß sie immer erst auf Befehle warten und nicht selbständig werden. Das Einschließen in solche militärische Akademien bewirkt bezüglich der Charakterbildung gewissermaßen dieselben Fehler, welche die auf mönchische Art eingerichteten Schulen, z. B. die sonst so guten sächsischen Fürstenschulen und die sehr viel schlechteren württembergischen Klosterschulen, aufweisen. Mir scheint, daß nach den Bedürfnissen der jetzigen Zeit junge Leute nicht früh genug mit Welt und Menschen bekannt gemacht werden können. Der Soldat muß ständig in Uniform gehen: Das ist sehr nützlich, vielleicht sogar, so wie die militärische Einrichtung der stehenden Heere einmal ist, notwendig. Der Soldatenstand soll ein besonderer Stand sein, soll starken *Esprit de Corps* haben, soll in der strengsten Disziplin erhalten werden, soll aus diesem Stand nicht nach Gefallen heraustreten können. Es ist gut, daß ihn alles, auch seine Uniform, daran erinnere. Aber eben deswegen scheint es, sollte außer dem Soldaten niemand in militärischer Uniform gehen. Ich bekenne offen, daß meiner Meinung nach der Nachteil aller Ziviluniformen, Hofuniformen und wie sie sonst heißen mögen, bei weitem den Vorteil überwiegt. Es kann sein, daß ich mich irre; es kann sein, daß diese so allgemein verbreiteten Uniformen irgendeinen Nutzen haben, den ich nicht einsehe, worüber ich

Württembergisches Militär: Drittes Infanterieregiment

1762.
1784.
1788.

mich gerne belehren lassen will. Man erlaube mir jedoch, hier meine Zweifel offenherzig zu sagen; vielleicht geben sie zu weiterer Diskussion Anlaß.

Am wenigsten kann ich billigen, daß man in Erziehungsanstalten den jungen Knaben Uniformen gibt, und gerade die militärischen sind meines Erachtens die unschicklichsten. Uniformen flößen den Kindern einen schiefen *Esprit de Corps* ein, der ihnen später, wenn sie in die Welt kommen, sehr schädlich ist, weil sich da ein junger Mensch von anderen nicht unterscheiden will, sondern früh lernen muß, sich in die Gewohnheiten anderer Leute zu schicken. Es ist jungen Leuten – und wohl auch älteren – nichts hinderlicher, um in der Welt voranzukommen und Freunde zu finden, als Anmaßung. Daher sollte man bei der Erziehung mit größter Sorgfalt alles vermeiden, was junge Gemüter zur Anmaßung verführt. Ich bin sehr für die größte Einfachheit in der Kleidung und Lebensart und für Entfernung von jeglichem Luxus bei Alten und Jungen; aber Uniformen und besondere Kleidung helfen dem Übel nicht ab und geben dem Jüngling anstatt der Mäßigung, zu der sie führen sollen, nur Neigung, sich für ein ausgezeichnetes Wesen zu halten. Wenn einmal diese Torheit in einen jungen Kerl fährt, so ist die Wirkung einerlei, ob er sich auf ein schön frisiertes Haar und einen gestickten Rock oder auf ein ungepudertes abgestutztes Haar und eine Phantasieuniform etwas einbildet.

Am allerunbegreiflichsten ist mir, wie man auf den gar sonderbaren Gedanken hat kommen können, aus dieser auf militärischer Grundlage eingerichteten Erziehungsanstalt eine Universität machen zu wollen. Eine Universität ist nicht da, um zu disputieren, denn das kann jeder, der Syllogismen schmieden und lateinisch plaudern kann; auch nicht, um Doktoren zu machen, denn das kann jeder kaiserliche Hofpfalzgraf; auch nicht, um Wissenschaften zu lehren, denn das kann man überall sonst auch. Zu den wesentlichsten Unterschieden zwischen Schulen und Universitäten gehört, daß auf den Universitäten Schüler sein sollen, die nicht mehr in allem von der Zucht ihrer Eltern und Lehrer abhängig sind, sondern nunmehr gleichzeitig in die Lage versetzt werden sollen, Denken und Studieren, bürgerliches Leben und häusliche Einrichtung nach eigenen Einsichten aufs beste zu besorgen. Die großen Mängel unserer Universitäten kommen nicht daher, daß die jungen Leute die Freiheit mißbrauchen, welche zu dieser eigenen Verfügung über sich selbst nötig ist, sondern daß man bei der Einrichtung der Universitäten gar nicht darauf geachtet hat, die jungen Leute unbemerkt auf den Weg zu leiten, diese eigene Disposition ihrer Kräfte auf die rechte Art anzuwenden. Diese Anleitung aber kann am allerwenigsten in einer Militärakademie stattfinden, wo die jungen Leute ständig eingeschlossen sind und nichts von der Welt sehen; wo ihnen alles gereicht wird, wo sie also für nichts selbst zu sorgen haben, wo nicht einmal jeder sein eigenes Zimmer hat, nicht allein oder in Gesellschaft sein darf, wie er will, sondern wo alle immerzu vom militärischen Kommando abhängen. Und wie sonderbar wurde dieses militärische Kommando in der Hohen Karlsschule angewandt! Es mutet seltsam an, wenn beim Mittagessen die Zöglinge ganz ernsthaft in zwei Kolonnen, die Adeligen zur Rechten, die Bürgerlichen zur Linken, in den Speisesaal hineindefilieren, ohne das Geringste von der Freude zu zeigen, die Jünglingen beim Anblick der Speisen so natürlich ist. Sehr seltsam sah es aus, wie sie mit Rechtsum und Linksum Front gegen den Tisch machten, wie sich auf ein Kommando zum Beten mit lautem Klatschen alle Hände zum Gebet falteten, wie nach beendigtem Gebet und entfalteten Händen jeder im gleichen Tempo nach seinem Stuhl griff und ihn mit solch schnellem und gleichem Geräusch rückte und sich darauf setzte, als wenn ein Bataillon das Gewehr abfeuert; ja, ich glaube fast, sie fuhren auch zugleich mit dem ersten Löffel in die Suppe. Als ich diese Tischparade so betrachtete, war jemand da, der mir ins Ohr raunte, daß diese Ordnung doch recht hübsch sei. Ich sagte nicht, was ich dachte.

Auch von der vom Herzog im Jahre 1775 auf dem alten Schloß in Stuttgart angelegten *Ecole des Demoiselles* muß man sagen, daß die Frauenzimmer ganz vom Umgang mit Menschen abgehalten werden. Die übrigen Schulen in Stuttgart sind so beschaffen wie die Schulen in Württemberg überhaupt. Über die wahre Beschaffenheit sind freilich die Meinungen etwas verschieden. Wenn man dem Herrn Friedrich Karl von Moser*[15] glauben sollte, so wäre die württembergische Schulverfassung ganz herrlich. Herrlich ist sie nun freilich gewiß hinsichtlich der Kosten; denn der württembergische Staat nimmt seine Theologiestudenten (für andere hat man eigentlich keine Schulen gestiftet) vom neunten oder zehnten Jahr an schon in Obhut und vom vierzehnten Jahr an in Pflege und Kost, hält sie aber auch unter so genauer Aufsicht, daß sie zeitlebens nicht rechts noch links vom Willen der Oberen abweichen oder – welches bei manchen geistlichen Oberen beinahe ganz für dasselbe gehalten wird –, wenn sie dies doch tun wollen, es ja nie merken lassen dürfen. Ich bin nun freilich der Meinung, daß eine solche Schuleinrichtung, ungeachtet aller guten Absicht und aller zufällig guten Folgen, welche die dabei gültige genaue Ordnung haben kann, für das Bedürfnis des ganzen Landes unmöglich taugen mag.

Das Gymnasium zu Stuttgart hat den Beinamen *illustre*. Ich weiß nicht, wie es zu dieser Benennung kommt. Vielleicht so, wie Schulen, in denen gar keine Leibesübungen gestattet sind, sondern Lehrer und Schüler den ganzen Tag krumm sitzen, überhaupt zu dem Ehrennamen Gymnasium gekommen sind. Dieses Gymnasium ist eine der gewöhnlichsten Lateinschulen, die durch nichts illustre ist als dadurch, daß ihr Rektor Pädagogiarch über alle anderen Lateinschulen im Lande und im allgemeinen Prälat ist oder wird. Man rühmt an dem jetzigen Rektor, Herrn Prälaten Volz, daß er manche Pedanterien abgeschafft habe. Es sind aber noch jede Menge vorhanden, wie mir glaubwürdig berichtet wurde, und der gute Mann wird hier und in allen lateinischen Schulen im Lande noch viel abzuschaffen finden, wenn seine Schaffenskraft nicht ermüdet. Wie sehr wäre Verbesserung zu wünschen! Es liegt im Charakter der Einwohner Schwabens eine auffallende Ruhe, die zum Denken die Voraussetzung schafft; auch findet man bei vielen ungewohnten Scharfsinn und Fleiß. Wieviel Gutes könnten diese natürlichen Gaben zum Besten des Vaterlandes bewirken, wenn durch die fehlerhaften Schuleinrichtungen das Denkvermögen nicht gestört, nicht auf leere Wortgelehrsamkeit, spitzfindige Schulweisheiten und mystische Grübeleien gelenkt würde.

Die deutschen Schulen*[16] sind hier und in ganz Württemberg, so wie leider fast überall, herzlich schlecht. Die Methoden eines von Rochow, Resewitz, Campe u. a. sind entweder nicht bekannt oder werden nicht befolgt. Die württembergischen deutschen Schulen sind zum Teil reichlich mit Geld versorgt und bewirken wenigstens das Gute, daß auch die geringsten Leute, selbst auf dem Lande, schreiben und etwas rechnen lernen. Auch ist vor einigen Jahren ein Gesetz erlassen worden, daß alle jungen Leute zu einer gleichförmigen Handschrift angeleitet werden sollen.

Die Schönen Künste sind in Stuttgart nur insofern emporgekommen, als die Liebhaberei des letztverstorbenen Herzogs sie emporbrachte. Er zog aus Frankreich und Italien einige brave Künstler nach Württemberg. Er stiftete im Jahre 1761, mitten im Kriege, eine *Académie des Arts*, d. h. der Malerei, Bildhauerei und Baukunst, welche ihren französischen Namen ebensosehr von der Hofetikette haben mochte, als auch davon, daß sie meist aus fremden Künstlern bestand. Diese Akademie wanderte mit dem Herzog nach Ludwigsburg und kam im Jahre 1775 mit ihm auch wieder zurück nach Stuttgart. Dort fand ich sie 1781. Es war von den ausländischen Künstlern bloß noch der Direktor, Herr Guibal, da; die übrigen hatten Stuttgart verlassen, weil die veränderte Neigung des Herzogs ihrer Kunst keine Nahrung mehr gab. Die *Académie des Arts* hatte noch eine Zeichenschule eröffnet, aber es fand sich niemand ein, der da zeichnen mochte. Die Militärakademie dagegen hatte drei Zeichensäle.

Für die Musik wurde ja bekanntlich am württembergischen Hof viel Geld verwendet. Die großen Opern wurden mit unbeschreiblicher Pracht aufgeführt, und Noverre*[17] und Vestris*[18] kosteten große Summen. Das ist nun vorbei. Doch gehört die herzogliche Kapelle immer noch zu den vorzüglichsten.

Das Theater war damals von einer ganz besonderen Beschaffenheit. Der Herzog hatte in der Militärakademie eine Anzahl junger Leute besonders zu Musikern, Schauspielern und Tänzern erziehen lassen, welche daher auch nicht alle Stunden besuchten wie die anderen Zöglinge, da sie die meiste Zeit ihrer besonderen Kunst zu widmen hatten. Aus diesen war nun eine Schauspielergesellschaft gebildet worden, welche öffentlich für Geld spielte. Die Frauenzimmer dazu wurden aus der klösterlichen *Ecole des Demoiselles* abgeordnet. Sie bekamen die Schauspieler außerhalb der Proben gar nicht zu sehen, und es wurde mir versichert, daß beide Teile die strengsten Befehle hätten, hinter den Kulissen und auch sonst nicht miteinander zu sprechen, wollten sie schwere, auch körperliche Strafen vermeiden. Ich sah die *Wölfe in der Herde*, ein Lustspiel von Stephanie dem Jüngern. Es bestätigte den Widerspruch, Frauen ganz klösterlich zu erziehen und sie doch auf einer öffentlichen Schaubühne auftreten zu lassen. Man ließ sie ein Stück spielen, in dem, wenn man einmal strenge Sittsamkeit beachten will, doch gewiß mancherlei anstößige Reden vorkommen. Es wurde alles ziemlich mittelmäßig hergesagt. Als ein

Liebhabertheater hätte es noch hingehen mögen, aber junge Leute, die ausdrücklich zum Theater erzogen worden waren und die unter besonderer Aufsicht des ehemaligen Schauspielers Uriot standen, hätten doch gründlichere Anweisung zur Deklamation und zur körperlichen Beredsamkeit erhalten sollen. Von beidem war keine Spur vorhanden; jeder sprach und focht mit den Händen, wie es ihn gut dünkte, ebenso wie viele berühmte Schauspieler auf unseren 20 deutschen Nationaltheatern. Die Rolle des Grafen und seines Neffen wurde von zwei Franzosen gespielt. Sie sprachen leidlich deutsch, freilich mit schwäbischer Aussprache, z. B. *Ennen* statt *Ihnen*, *Erinneringen* statt *Erinnerungen*, *ischt* statt *ist*. Die Frauenzimmer waren meist steif wie Drahtpuppen, was wohl aus ihrer Erziehung zu erklären ist. Am Ende des Stückes wurde ein großes Ballett gegeben, welches etwas darstellen sollte und nichts darstellte, wie es mit den meisten großen Balletten auf allen Theatern üblich ist. Doch sprangen Männlein und Weiblein ziemlich gleichförmig nach der Musik herum und hoben jeder nach dem Takte bald den rechten Arm, bald das linke Bein zugleich in die Höhe, was, wie alle Kenner wissen, eins der großen Ausdrucksmittel der modernen Tanzkunst ist, um die schöne Natur nachzuahmen und Leidenschaften zu erregen.

Es hat sich in allen kirchlichen Geschäften in Württemberg ein Formalismus eingebürgert, den man sonst in keinem Lande findet. Er erinnert zuweilen an einen irgendwo berichteten Fall, daß an einem gut regierten reichsgräflichen Hof wegen Ausbesserung einiger Ziegel auf dem Dach des gräflichen Schlosses ein förmliches Dekret erlassen wurde. Über alle württembergische Kirchen wird jedes Jahr einmal, im Sommer, Kirchenvisitation gehalten. Hierbei muß jeder Prediger jährlich schon einige Wochen zuvor eine große Menge Fragen beantworten, bevor der Special (in Württemberg die gewöhnliche Benennung des Superintendenten*[19]) zur Kirchenvisitation kommt, und sie diesem einschicken. Die hierfür im Jahre 1744 gemachte und seitdem unverändert gelassene Vorschrift heißt *Der Fragenplan*. Aber man darf nicht glauben, daß dieser Plan der berühmte *Württembergische Fragenplan* sei. Keineswegs. So vollständig er auch scheinen mag, betrifft er doch nur die vorläufigen Antworten des Pfarrers. Der eigentliche Fragenplan, d. h. die Vorschrift für den Special, was er mündlich zu fragen hat, wenn er nun wirklich zur Visitation an dem

Ort eintrifft, ist in der Handschrift, welche ich besitze, 38 – in Worten achtunddreißig – nicht weitläufig geschriebene Bogen stark. Hilf Himmel! Was soll der Special nicht alles fragen und wen soll er nicht fragen! Nicht allein den Pastor, sondern auch den Vikar, den Präceptor*[20], den Kollaborator, den deutschen Schulmeister, den deutschen Provisor*[21], die Schulfrau, die Mitarbeiterin in der Mädchenschule, den Filialschulmeister, den Mesner, den Heiligenpfleger, die Hebamme, den Magistrat und die Gemeindeabgeordneten, jeden besonders nach den vier Rubriken des Fragenplans und noch dazu jeden über den andern, indem jeder dem andern Zeugnis geben muß; diese Zeugnisse bleiben aber den anderen verborgen.

Überschlagsweise mögen es wohl an die 300 Fragen sein. In der *Allgemeinen deutschen Bibliothek*, wo diese mikrologischen Formalitäten genauer beschrieben sind, werden sie wohl mit Recht *eine unnütze zeit- und geisttötende Plackerei* genannt. Ich setze hinzu: auch Papierverderberei, denn es ist verordnet, daß die vorläufigen Fragen des Pastors, und ganz natürlich auch der Bericht des Specials

1) *gnädigst anbefohlenermaßen auf groß Adlerpapier*
2) *ohne Abkürzungen, deutlich, nicht allzu eng und mit größeren Buchstaben als in den Predigten geschrieben werden, damit es auch alte Personen lesen können,*
3) *Mit schöner, schwarzer und nicht fließender Tinte;*
4) *Halbgebrochen, dergestalt, daß der leere Rand allezeit zur linken Hand stehen und man oben und unten einen Daumen breit Raum lassen möge.*

Oh, auf das schöne Adlerpapier! Ich besitze einige weitläufige Berichte guter, ehrlicher württembergischer Pfarrer an ihre Speciale auf die vorläufigen Fragen. Da kommen dann mitunter auch feine Antworten vor! Ich will nur ein einziges Beispiel anführen: Im dritten Abschnitt über den Zustand der Kirche und Schule heißt es:

> *Ob mit den Sectariis nach den fürstlichen Reskripten gehandelt? – über Religionsabfälle gewacht? – Eingriffe verhütet? – keine Lehrjungen an andere Religionsverwandte gegeben? – Ermahnungen wegen Gesindes von fremder Religion getan werden? – Ob fremde Religionsverwandte am Ort wohnen? Was sie für eine Aufführung haben? Ob sie für sich bleiben? Oder die Leute an sich zu ziehen trachten? Ob sie dann und wann in unsere Kirche kommen? usw.*

Hierauf hat der Pastor in N. ganz treuherzig folgendermaßen geantwortet:

*Mit den Sectariis, deren jedoch keiner vorhanden, wird nach den Herzogl. Reskripten gehandelt – über Religionsabfälle gewacht; – Eingriffe verhütet; – keine Lehrjungen an andre Religionsverwandte gegeben; – Ermahnung wegen Gesindes von fremder Religion vorgekehrt.*

Ich sage nochmals: Schade um das schöne große Adlerpapier, und schade um das unnütze Geschreibe und die schöne Zeit, welche Pastor und Küster und Pfleger und Hebamme und Magistrat vertun müssen! Denn der Special bringt sehr zierlich und förmlich alle mechanischen Antworten und Zeugnisse, die ihm in einer Stadt oder einem Dorf auf seine allgewaltigen mechanischen Fragen gegeben worden sind, in einen Bericht über dieses Dorf oder diese Stadt. Die verschiedenen Berichte seiner Diözese übergibt er nun in vorgeschriebener Ordnung seinem Generalsuperintendenten. Dieser legt wieder alle Berichte der verschiedenen Speciale in ihre gehörige Ordnung und macht daraus den Synodalband seines Generalats*[22]. Darum wird eben das schöne Adlerpapier und die genau festgesetzte Art des breiten Randes und der gleichmäßigen Handschrift gefordert. Mit diesem tüchtigen Folianten voll Adlerpapier eilt dann der Generalsuperintendent nach Stuttgart. Daselbst versammelt sich sodann zu dieser Zeit das Konsistorium*[23] unter Zuziehung der vier Generalsuperintendenten sechs Wochen lang im Oktober, zur Zeit der Weinlese, heißt während dieser Zeit der *illustre Synodus* und brütet während der Zeit des Weinkelterns über den vier Synodalbänden voll Fragen, Antworten, Zeugnissen und Berichten. Und dann? Die Synodalbände wandern in die Registratur, die Herren Generalsuperintendenten nach Hause, es ist viel Zeit und Papier verschleudert worden, und alles bleibt ungefähr so, wie es war...

Da der hochwürdige Synodus so viele Fragen veranlaßt hat, sollte hier nicht vielleicht doch einmal die Frage aufgeworfen werden:

*Wieviel Nutzen denn wohl eigentlich die württembergische Kirche von den 59 beschriebenen Ballen*[24] *Adlerpapier und von den vielen Reisen und Fragen und Antworten und Zeugnissen und Berichten,* *welche erforderlich waren, um diese 59 Ballen zu beschreiben, gehabt habe? Um wieviel wohl die Menschen in Württemberg durch alle Folgen des Frageplans bessere Christen und bessere Bürger geworden seien als in den Landen, in denen auf keinen Fragenplan jährlich viele Riese**[25] *Papier verschrieben und viele arme Pferde müde getrieben werden?*

Diese Fragen wären wohl eine ernstliche Untersuchung wert, woraus vielleicht eine andere Frage entstehen könnte: Ob nicht etwas Besseres zu verordnen wäre?

Bei den Kirchenvisitationen wird tüchtig geschmaust nach dem alten Kanon: *Ecclesia non sitit sanguinem sed vinum.**[26] Die Speciale in Schorndorf und Urach müssen unter den übrigen die besten Mägen haben, denn jeder von ihnen hat jährlich 28 Visitationsschmäuse zu verdauen.

Ich träume hier – aus guter Absicht! Schon lange habe ich mir vorgenommen, ich will nicht süß träumen von Verbesserungen, die kommen sollen, und vom guten Ausgang desjenigen, was jetzt betrüblich aussieht. So unschuldig und unbescholten dergleichen *rêves d'un homme de bien**[27] auch sein mögen, so werden wir Träumer doch immer durch die Wirklichkeit aufgeweckt, wenn wir es am wenigsten denken, und finden dann, daß das, was wir uns als leicht vorstellen, vielleicht schwer sein mag. Ich überschlug in meinem gutgemeinten Traum die großen Einkünfte des geistlichen Guts in Württemberg und meinte, es müßte damit für Kirchen und Schulen sehr viel zu verbessern sein gegenüber anderen Ländern, wo manche Verbesserungen aus Mangel an Geld nicht zustande kommen können.

Die Sitten in Stuttgart sind die Sitten einer Residenzstadt. Ich erinnere mich, irgendwo gelesen zu haben, dort herrsche ein steifer Ton. Das habe ich in den Residenzstädten, in die ich kam, gar nicht gefunden. Ich sah Männer, denen es weder an Weltkenntnis noch an dem guten gesellschaftlichen Ton fehlte, sah wohlunterrichtete Geschäftsleute und interessante und angenehme Gelehrte. Wäre in einigen bürgerlichen Gesellschaften noch etwas Steifes gewesen, was ja möglich sein kann, so mag es mir doch durch die Erinnerung an den steifen Ton in den Gesellschaften verschiedener Reichsstädte, die ich kürzlich durchwandert habe, vermutlich viel weniger steif erschienen sein. In einer Residenz, in der verschiedene Stände gemischt sind und sich aneinander reiben, kann nicht die Einförmigkeit und folglich der steife Ton einer kleinen Republik angetroffen werden.

Ich fand in Stuttgart auch die Hauptzüge des schwäbischen Charakters wieder, die ich schon erwähnte: die allgemeine Zufriedenheit, Ruhe und Gutherzigkeit, die ich schon als die Hauptzüge des schwäbischen Charakters rühmte, nur freilich nach den Sitten einer Residenzstadt verändert und daher im allgemeinen vielleicht mit etwas mehr Hang zu Sinnlichkeit, Geselligkeit und Lebensgenuß.

Das schöne Blut, das ich schon am schwäbischen Frauenzimmer rühmte, verleugnet sich auch in Stuttgart nicht. Man wird hier, so wie in Ulm, schwerlich ein schönes und zugleich bedeutungsloses Gesicht finden. Besonders ist bei der Jugend Gesundheit mit unverkennbaren Zügen der Naivität vermischt. Ich erinnere mich unter anderem der drei Töchter des Herrn Hauptmann Fischer, welche, bei einer gewissen Gelegenheit, Hand in Hand gefaßt, an die drei Grazien erinnerten; desgleichen an die zahlreiche und schöne Familie des Herrn Leibarztes Hopfengärtner. Die schwäbischen Trachten, die man in Augsburg und Ulm noch sieht, fallen hier ganz weg. Die Frauen sind französisch gekleidet, doch eben nicht nach der neuesten Mode. Auf dem öffentlichen Spaziergang sah ich freilich auch *beau monde*, die nicht beau war, schwäbische Gesichter ins Französische übersetzt, mit fein aufgelegtem Rouge, die sich etwa so verhielten wie Übersetzungen zum Original. Ein rundes, unbefangenes schwäbisches Gesichtchen sieht mit nachlässig aufgekämmten Haaren natürlicher und besser aus. Es ist etwas so Ehrliches und Festes in den schwäbischen Physiognomien, daß die französischen, veränderlichen Moden nicht recht dazu passen wollen. Verschiedenes von den Stuttgarter und überhaupt schwäbischen Sitten findet man in einem kleinen Roman, *Geschichte der Barbara Pfisterinn*, der im Jahre 1782 herauskam. Mit Leichenbegängnissen und Trauern soll man in Stuttgart viel Prunk treiben und unnötige Ausgaben verursachen.

Die schwäbische Aussprache ist freilich zuweilen etwas rauh und allemal sehr breit, so daß zuweilen die Töne in einem schönen Mund etwas auffallen, obgleich gerade ein schöner Mund den breiten Tönen mehr Anmut gibt. Dies fühlt man besonders in zutraulichen Reden bei der Herzlichkeit, welche einen Hauptzug im Charakter dieser Nation ausmacht. Ich bemerkte, daß man die Aussprache der Vokale in Stuttgart auf sonderbare Weise verwechselt. Man spricht *a* in vielen Wörtern wie *o* aus,

| | | | | |
|---|---|---|---|---|
| doch auch *a* wie | *i*: | *was* | beinahe wie | *wihs*, |
| *a* » | *e*: | *sagte* | » | *sechte*, |
| *e* » | *i*: | *vornehm* | » | *vornimm*, |
| | | *verdenken* | » | *verdingen*, |
| *i* » | *e*: | *Schinken* | » | *Schenken*, |
| | | *ihnen* | » | *ennen*, |
| | | *Wien* | » | *Ween*, |
| *u* » | *i*: | besonders in den Endungen der Wörter, z. B. *Abbildungen* wie *Abbildingen.* | | |

Man sieht oben auch schon einige Beispiele dafür, wie die Konsonanten verwechselt werden: *ch* statt *g*, *g* statt *k*. Doch versteht sich, daß all diese Verwechslungen oder Töne sich nicht ganz mit Buchstaben ausdrücken lassen. Hinsichtlich der eigentümlichen in Württemberg und Schwaben überhaupt gebräuchlichen Worte beziehe ich mich auf des Herrn Professor Schmids schönen Versuch eines Schwäbischen Idiotikons. Ich will jedoch hier noch einige Ausdrücke, die ich in und um Stuttgart bemerkte, als einen geringen Beitrag anführen, den ich nach den gerechten, aber strengen Forderungen, die der Herr Verfasser an einen Idiotikographen stellt und selbst beachtet hat, mich nicht in das Manuskript seines Idiotikons einzutragen getraute: *Böxer* oder *Böchser*, im Sinne von: schlechter Wein; in Sachsen sagt man Krätzer. Daher muß einer der schönen Berge um Stuttgart, der Bopserberg, nicht wie gewöhnlich dort Boxerberg ausgesprochen werden, denn es wächst gewiß kein schlechter Wein darauf.

*Prügelkuchen*, ein hoher Kuchen, den man in Brandenburg *Baumkuchen* nennt, weil er an einem runden Stück Holz, das am Feuer gedreht und immer wieder mit dem Kuchenteig begossen wird, gemacht wird; daher heißt er in Sachsen *Spießkuchen*. Im Württembergischen heißt jedes starke Stück Holz *Prügel*; so nennt man auch die stärksten, unbiegsamsten Stücke Holz in einem Reisbündel.

*Auffitzen* gebraucht man anstatt *auflodern*, *aufblähen*. Daher heißt eine hoch aufgegangene Art von Kuchen und die töpferne Form, in der er gebacken wird, ein *Fitzauf*. In Herrn Professor Schmids Idiotikon heißt *Pfies* Geschwulst und *Pfitz* ein Sprung.

*Der hat ein Gigele:* er ist berauscht.

*Hagen, Hambutten:* wilde Rosen.

*Mümmel*, eine Schnabelkanne, um Kinder zu tränken, von dem hochdeutschen Wort *mümmeln*, ohne Zähne kauen.

*Unnamen* statt Beinamen.

Von *Tod* hört man ein abgeleitetes Wort: es *tödelt*, d. h., es riecht nach Leichen.

*Beschnatten* statt *beschneiden*; *schmierben* statt *schmieren* (beides auch bayerisch und österreichisch) sind fast nur umgestellte Aussprachen der Vokale und Konsonanten. *Schaffen* wird hier statt *arbeiten* gebraucht, wie in der Schweiz und am Oberrhein. In Österreich heißt *schaffen* befehlen. Die Verstümmelung der Namen gehört eigentlich nicht hierher, ist aber doch zuweilen sehr komisch. Beim Dorfe Unteroewisheim unweit Maulbronn, eine Stunde von Bruchsal, wächst ein Wein, der von roten Ruländertrauben gepreßt und *Vinum bonum* genannt wird. Dieser heißt allgemein *Philipponer Wein*. So werden auch oft unrichtige Formen in Endungen gebraucht, z. B. *Ursächerin*, *Liebstin* usw.

Redensarten im gemeinen Leben sind: *Was denn?* statt *Das versteht sich*; *so ist's* statt *allerdings*; *als er im Lande war* statt *als er hier gegenwärtig war*, welches auch in der Schweiz gebräuchlich ist. *Deren Art* anstatt *derjenigen Art*, *nimmer* statt *nicht mehr* sind eigentlich nur Zusammenziehungen in geschwinder Rede, doch gebrauchen einige schwäbische Schriftsteller auch beides in Schriften, und da ist besonders das letzte zu tadeln, weil es manchmal zu Zweideutigkeiten Anlaß geben kann.

6. KAPITEL

# Auf dem Weg nach Tübingen

*Die Solitude – Ludwigsburg – Hohenasperg und ein Besuch bei Schubart – Hohenheim – Die Fahrt nach Tübingen – Die Chausseen*

Wir machten die angenehme Nebenreise von Stuttgart nach Ludwigsburg und von da zum Hohenasperg in Gesellschaft des Herrn Professor Abel und des Herrn Bibliothekars Petersen. Wir sahen zuerst einen Teil der herrlichen Gegend um Stuttgart an einem der schönsten Sommermorgen, an dem wir sehr früh aufbrachen. Der Weg geht den Hasenberg hinauf, von dem man einen Teil des lachenden Tals übersieht, in dem Stuttgart liegt. Wir kamen sehr schnell zum herzoglichen Lustschloß Solitude. Es war uns angenehm, hier den Vater des berühmten Schiller, Herrn Hauptmann Schiller, kennenzulernen, der damals die Aufsicht über das Schloß hatte. Wir warfen auf das Schloß, so prächtig es ist, nur einen flüchtigen Blick. Ich habe der prächtigen Schlösser so viele gesehen, und wir wollten weiter. Indessen war zu bemerken, daß es in einem leichten, heiteren Geschmack von einem französischen Baumeister namens Guebière erbaut wurde, welcher viel für den Herzog baute und nachher nach Mannheim ging. Der ovale Saal in der Mitte ist ein schönes Stück. Um das Schloß herum stehen eine Menge Gebäude verschiedener Art, besonders einzelne Pavillons mit den Namen verschiedener Prinzen, wovon allerlei erzählt wurde. Der schöne Morgen lockte uns vielmehr, den Garten zu sehen, der uns sehr gerühmt worden war. Wir waren aber noch keine paar Minuten darin gegangen, als der Gärtner mit einem sehr trotzigen Wesen auf uns zukam und uns bedeutete, es sei ohne besondere Erlaubnis des Herzogs nicht gestattet, den Garten zu sehen. Weil wir überhaupt diesen Ort nur beiläufig besuchten und es uns ganz einerlei war, wo wir Gottes schöne Luft genossen, ließen wir gern dem guten Mann das Vergnügen, unhöflich zu sein, wo er glaubte, etwas zu befehlen zu haben. Der Garten schien, soweit wir hineinkamen, die große Orangerie ausgenommen, nicht eben sonderlich bemerkenswert zu sein. Wir sahen da mancherlei viereckig geschnittene Hecken und kleine Pyramiden. Außerdem ist der Boden hier sandig und nicht gerade sehr fruchtbar, so daß auch manches nicht zu gedeihen schien. Ich hätte gern die Bildsäule des Herzogs zu Pferd aus vergoldetem Gips gesehen, die er hierhersetzen ließ, aber es sollte ja nicht sein. Vor dem Schloß ist ein halbrunder, mit Statuen besetzter Platz, der zu unserem Zweck ebensogut geeignet war. Denn von der Freitreppe, die zum Schlosse führt, hat man eine herrliche Aussicht auf fruchtbare, grünbewachsene Berge mit mehreren Dörfern und in der Ferne bis an den Hohenasperg mit seiner Bergfestung.

Als der letztverstorbene Herzog nach dem Siebenjährigen Krieg, der viel Kosten verursacht hatte, mit seinen Landständen in Streit geriet, gefiel es ihm in Stuttgart nicht mehr. Er hielt sich in Ludwigsburg auf, ließ nachher hier an einem Ort, der wegen fünf zusammengewachsener Eichen Fünfeichen genannt wurde, einen Wald roden und wollte sich dahin in die Einsamkeit zurückziehen und die Ruhe genießen. Dies sagt auch die Überschrift an der Vorderseite des Schlosses: *Tranquillitati sacrum voluit**[1]. Dem ersten Anblick nach scheint hier weder Einsamkeit noch Ruhe zu sein, denn es gibt hier viele Gebäude, einen großen Marstall, Kasernen für das Husarengarderegiment und sogar ein Operntheater. Die Benennung Solitude bei einer solchen Menge von Gebäuden und die Aufschrift *Tranquillitati sacrum*, bei allen Einrichtungen für die Bedürfnisse eines prächtigen und folglich nicht ruhigen Hofes, schien mir bedeutend für den Charakter des Erbauers. Freilich kann man auch bei all diesem Lärm einsam und ruhig sein, aber wenn ein Wohnplatz der Ruhe erbaut wird, scheint doch all das nicht dazuzugehören. Mir fiel beim Anblick des Schlosses und dessen Zubehörs Friedrichs II. Aufenthalt in Sanssouci ein. Da war eine wahre schöne *solitude*. Da sah man gar keine Spur von Hofhaltung, kaum einen Bedienten und gar keinen Soldaten.

Der Herzog, nachdem er 1775 wieder nach Stuttgart gezogen war, scheint diesen Fleck nicht mehr oft besucht zu haben, denn es waren bei meiner Anwesenheit schon manche Zeichen des Verfalls zu sehen. An den fünf Eichen, welche dem Ort ehemals den Namen gaben, waren die Treppen schon in einem Zustand, daß man nicht mehr hinaufsteigen konnte. Gleichwohl wurde hier noch Verschiedenes angelegt. Wir sahen mit Vergnügen eine Maschine, mit deren Hilfe zwei Menschen, die in einem Trittrad gehen, in zwei Minuten sechs Eimer Wasser 140 Fuß in die Höhe befördern. Der große Eimer, der diese Masse

Wasser enthält, wiegt mit dem Tau allein 300 Pfund, mit dem Wasser 500 Pfund. Er entleert sich mittels eines Hakens selbst in eine Rinne. Diese nützliche Maschine wurde von einem Franzosen namens Jean Michel im Jahre 1780 erbaut. Derselbe hatte im Sinn, durch ein Pumpwerk ein großes Wasserbehältnis auf einer Anhöhe zu füllen, welches zu Wasserspielen dienen sollte. Ob dies zustande gekommen ist, weiß ich nicht.

Wir folgten nun unserem Weg nach Ludwigsburg. Er geht bergan, ist steinig und nicht so angenehm wie der von Stuttgart hierher. Nur die angelegten Alleen verschönern ihn. Bei unserer Ankunft dort hatten wir gleich das Vergnügen, den durch seine Werke über die deutsche Sprache rühmlich bekannten Herrn Fulda zu umarmen, welcher nachher der deutschen Literatur viel zu früh durch den Tod entrissen worden ist. Der würdige, nun auch schon verstorbene Herr Prälat Sprenger hatte vermittelt, daß wir einander hier treffen sollten. Die Annehmlichkeit des schönen Tages wurde durch die Gesellschaft dieses vortrefflichen Mannes sehr vermehrt. Schon sein Äußeres mußte sehr einnehmen. Er war ein kleiner Mann, aber sein ganzer Körper wohlproportioniert, sein Gesicht voll Kraft und Anmut. Seine schöne breite Stirn war voll Furchen, welche nicht das Alter, sondern die Weisheit gezogen zu haben schien. Er hatte eine wohlgebildete römische Nase, etwas dünne Lippen, aber eine schöne Mittellinie zwischen beiden, die sich, auch wenn er in Eifer kam, nie unangenehm oder widrig verzog. Seine Gespräche waren ebenso unterhaltend wie lehrreich. Er urteilte mit Bescheidenheit, aber sehr gründlich, denn er hatte alle Wissenschaften in seinem Gebiet ernsthaft studiert. Über Philosophie und Religion hatte er feste und edle Prinzipien, streng gegen sich selbst, nachsichtig gegen andere. Er hatte etwas so Natürliches wie auch Eindringliches, sowohl in seiner Stimme wie in seinem Ausdruck. Hätte dieser Mann, der soviel Gelehrsamkeit wie Urteilskraft und Scharfsinn besaß, es über sich bringen können, so faßlich zu schreiben, wie er sprach, er würde zu den ersten Schriftstellern Deutschlands gerechnet werden müssen. Er begleitete uns vormittags und nach Tisch auf allen unseren Wanderungen durch Ludwigsburg, und unser Mittagessen war ein wahrhaft sokratisches Mahl, wodurch sowohl Körper als auch Geist ergötzt und gestärkt wurden.

Ludwigsburg liegt in einer etwas sumpfigen, aber fruchtbaren Niederung. Es ist eine Stadt, schön und öde, prächtig und unfertig, hat eine herrliche Allee von sechsfach gesetzten hohen Bäumen, auf der man sowenig wie in den Straßen Menschen sieht, zwei herzögliche Schlösser, die niemand bewohnt, und ein Opernhaus, obgleich nur aus Holz, doch vielleicht größer als irgendeines in Deutschland, worin seit langer Zeit keine Oper gespielt worden ist und vermutlich auch lange Zeit keine mehr gespielt werden wird. Diese Stadt war der Schmollwinkel zweier Herzöge von Württemberg. Herzog Eberhard Ludwig[*2], unzufrieden mit Stuttgart und mit seinen Landständen, ließ sie im ersten Drittel dieses Jahrhunderts anlegen, verlegte alle Verwaltungseinrichtungen von Stuttgart hierher und wohnte hier bis zu seinem Tode. Er ließ sich dort um 1728 von einem italienischen Baumeister namens Donat Joseph Frisoni, der den Rang eines Oberstleutnants und Oberlandesbaudirektors hatte, ein Schloß von mäßiger Größe bauen, das einen Hof einschließt, mit vier Pavillons an den Ecken und einer an der hinteren Fassade eigens angebauten Hofkapelle, desgleichen eine Fasanerie und eine sogenannte Favorite bzw. ein Lustgebäude im Garten. Herzog Karl Eugen[*3] kehrte mit der Verwaltung nach Stuttgart zurück, und Ludwigsburg verödete. Herzog Karl war in den sechziger Jahren ebenfalls mit Stuttgart und seinen Landständen unzufrieden, zog wieder nach Ludwigsburg, legte eine neue Straße, die Karlsstraße, an und ließ durch den schon erwähnten Baumeister und Major Leopold Retti das Schloß so sehr vergrößern, daß es nun vier Höfe einschließt. Was Retti geschaffen hat, ist viel besser als das von Frisoni.

Der Herzog wurde dieses Aufenthalts aber auch wieder überdrüssig, baute die Solitude und danach Hohenheim, verließ endlich 1775 Ludwigsburg ganz, zog den größten Teil der Garnison ab, und die Stadt verödete zum zweiten Mal, ungeachtet der späteren Versuche, sie wieder emporzubringen. Einer Liste in der *Geographie Württembergs* S. 552 zufolge waren daselbst im Jahre 1775, als der Hof noch anwesend war, 11 429 Menschen, im Jahre 1776, nachdem der Hof es verlassen hatte, nur 3835 Menschen. So ist es mit den Städten, die bloß vom Aufenthalt eines Hofes ihren Wohlstand erhalten; sie sind wie ein Treibhaus, in dem die Pflanzen sogleich vergehen, sobald die künstliche Wärme fehlt. Aber unbegreiflich ist es, daß im Jahre 1777 gleich wieder 6227 Menschen gezählt worden sein sollen und in den

Das Ludwigsburger Schloß

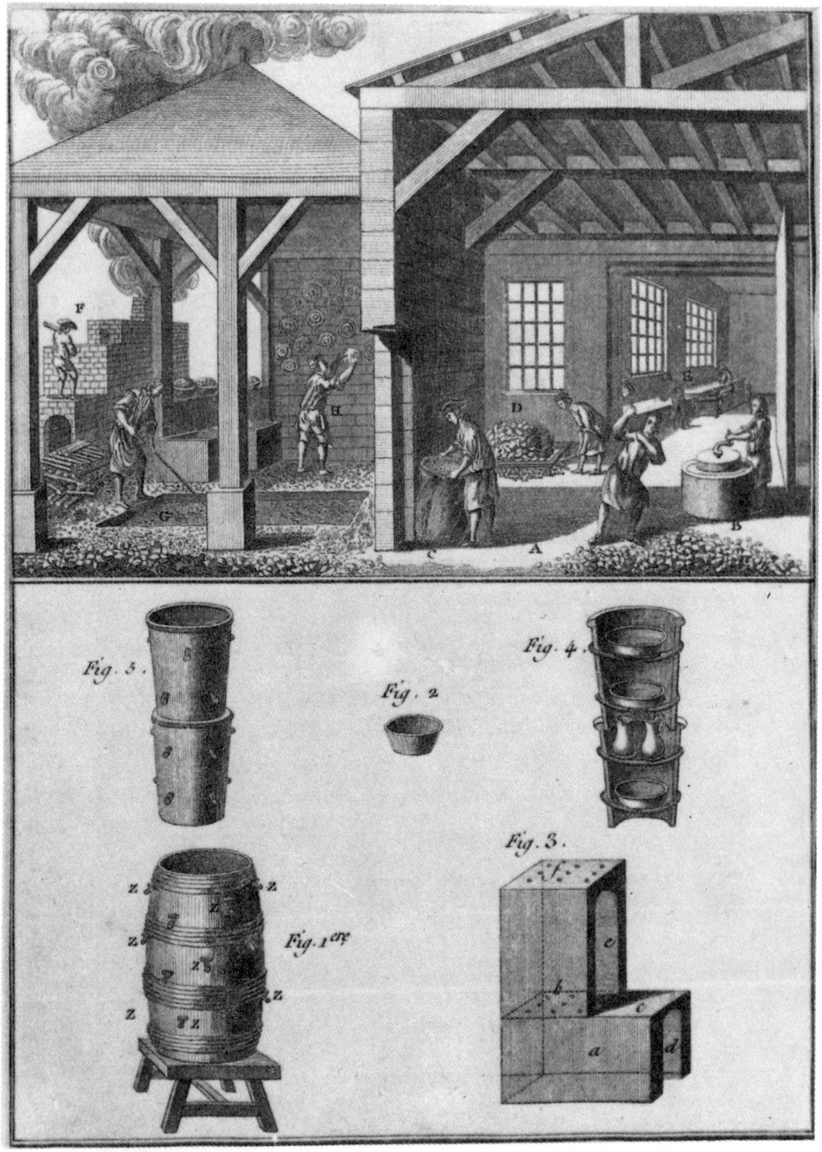


Porzellan-Manufaktur

Listen die Anzahl in regelmäßiger Ordnung bis 1781, als wir dort waren, zunimmt und 6750 Menschen angegeben wurden. Von da an nehmen sie regelmäßig ab, so daß die Anzahl für 1786 nur 5391 beträgt.

So öde es ist, enthält Ludwigsburg doch so viele Merkwürdigkeiten, daß ich, auch ungerechnet die Schönheit der Stadt und meine so vorzügliche Gesellschaft, doch sehr viel verloren haben würde, wenn ich diese Stadt nicht besucht hätte. Schon um den Herrn General von Nikolai kennenzulernen, wäre es der Mühe wert, die Reise hierher zu tun. Bei diesem Manne, der berühmt ist als klassischer Schriftsteller in der Kriegskunst, brachte ich eine angenehme, lehrreiche Stunde zu. Er unterhielt uns unter anderem mit einer Reise, die er in die Schweiz bis auf den St. Bernard gemacht hatte, um dem Marsch Hannibals über die Alpen an Ort und Stelle nachzuspüren, und mit seinen dabei für die alte Geschichte gemachten Entdeckungen. Er zeigte uns etwas von den Aufsätzen und Zeichnungen darüber, wovon, soviel ich weiß, noch nichts veröffentlicht ist.

In der Porzellanfabrik, die im Jahre 1756 angelegt worden war, wurde damals Fayence, gelbes englisches Steingut und echtes Porzellan hergestellt. Der Scherbel des letzteren ist weiß und fein. Die Materialien zur Masse und die Masse selbst werden in Bissingen, zwei Stunden von Ludwigsburg entfernt, auf einer von Wasserkraft getriebenen Mühle, die Glasur aber in Ludwigsburg auf einer Handmühle präpariert. Die Malereien sind meist mittelmäßig, doch einige sind gut und die Insekten, Vögel, Tiere und Blumen besser getroffen als die menschlichen Figuren. Eine schöne Vase vom Modelleur Schmid mit antiken Basreliefs war eben in Arbeit. Die Fabrik hat vier Brennöfen und zwei Emaillefeuer oder Schmelzöfen für die Bemalung. Alles in allem arbeiten dort ungefähr 80 Personen. Diese Fabrik, die erst durch Aktien eingerichtet und nachher vom Herzog übernommen wurde, soll eigentlich nichts einbringen, jedoch werden die Leute beschäftigt und wirklich schöne Sachen gemacht. Der damalige Direktor der Fabrik war Herr Ringler aus München.

Die sogenannte Bijouteriefabrik, oder *Les Entrepreneurs en Bijouterie*, wie die Firma eigentlich heißt, ist im Jahre 1780 aus Pforzheim in Baden hierhergezogen. Sie ist ein Zweig der dortigen, wohl viermal größeren Fabrik, die unter dem Namen Atoral läuft, eigentlich aber dem Markgrafen gehört. In Ludwigsburg werden Uhren gemacht:

Uhrketten aus Stahl, Gold und Similor[*4], und andere Galanterien dieser Art. Die seidenen Schnüre zu den Uhrketten machen die Posamentierer[*5]. Auch wurden Degengefäße, Stockknöpfe und andere Knöpfe nebst anderen Arten von Stahlarbeit verfertigt. Wir sahen mit Vergnügen die Schmiede, wo die stählernen Waren geschmiedet wurden, die Maschine, wo Stahlarbeiten wie auf der Münze geprägt wurden, und die Stahlarbeiten auf einer drehbaren Scheibe, an der 20 Arbeiter arbeiten konnten. Die Goldarbeiter und die Graveure machten sehr feine und schöne Arbeiten, und es war auch ein Herr Dechamps aus Paris da, der sehr artige Knöpfe in Basrelief mit elfenbeinernen Medaillons machte. Herr Pierre Huguenin aus Genf, einer der Teilhaber der Gesellschaft, und die Herren Dollfuß aus Mühlhausen und Packbusch aus Leipzig, sehr unterrichtete Männer, zeigten uns mit größter Gefälligkeit und Bereitwilligkeit alle Arbeiten dieser Fabrik. Ich hörte, daß diese Gesellschaft 110 Personen in dem großen Haus, das der Herzog ihr gegeben hatte, beschäftigte und insgesamt an die 250 Personen in Ludwigsburg ernährte. Die Unternehmer waren also doch wohl nützliche Leute für das Land. Gleichwohl klagten sie bitterlich über Religionsbeschwerden. Es war ihnen als Reformierten beim Eintritt ins Land freie Religionsausübung versprochen und dazu die Hofkirche in Ludwigsburg eingeräumt worden. Kaum aber waren sie in Ludwigsburg eingetroffen, starb die Herzogin im April 1780. Nun hieß es, Ludwigsburg habe sonst zwar die Rechte einer Kolonie gehabt, alle Religionen zu tolerieren, habe dieses Recht aber verloren. Dies läßt sich nun wohl nicht denken, wäre es aber geschehen, so sollte man offenbar ein solches Recht erneuern, um einem so verödeten Orte aufzuhelfen. Was die reformierte Hofkirche betrifft, so sagte die lutherische Geistlichkeit, sie sei nur eine Kirche der Herzogin gewesen, und da diese verstorben sei, jetzt unnötig. Man machte auch wirklich nach vielen Streitigkeiten und nach vielem Hin- und Herschreiben ein Holzmagazin daraus. Nun hielten die Arbeiter in der Bijouteriefabrik sonntags unter sich eine Zusammenkunft, durften aber nur zweimal im Jahr den reformierten Prediger aus Cannstadt kommen lassen, der ihnen das Abendmahl reichte, und auch dieses nicht, ohne es vorher dem Special, Herrn Zilling, anzuzeigen und von diesem Manne, der die Reformierten am meisten an ihrer Religionsausübung hinderte, die besondere Erlaubnis einzuholen. Herr Zilling muß wohl auch sonst als großer Eiferer bekannt

Der Marktplatz in Ludwigsburg

sein, weil ihn Schubart nämlich in seiner *Deutschen Chronik**[6] schon als solchen angeführt haben soll. Man beschönigte diese schreiende Intoleranz mit dem Vorwand, daß man mit Genehmigungen der Religionserlaubnis gegenüber Reformierten vorsichtig sein müsse, weil sonst der katholische Landesherr auch zum Besten der Katholiken die Religionsausübung weiter ausdehnen würde. Nun ist es zwar wahr, daß man mit den Katholischen äußerst vorsichtig umgehen muß, weil ihre Geistlichen bekanntlich nur gar zu geneigt sind, mit Schläue und Eifer alle Vorwände zu ergreifen, um sich auszudehnen und mehr Rechte zu erlangen. Dies gehört zu den großen Unannehmlichkeiten, die entstehen, sobald der Landesherr eines protestantischen Landes sich zur katholischen Religion bekennt, wenn er für seine Person auch tolerant und gerecht ist, was wohl niemand Württembergs Herzögen absprechen wird. Die reformierten Stahlarbeiter waren damals über den ihnen auf so unerträgliche Weise versagten Gottesdienst sehr aufgebracht und sprachen davon, daß sie wieder wegziehen wollten. Ich weiß nicht, was nachher aus dieser Fabrik geworden ist.

Waisenhaus, Zuchthaus und Irrenhaus befinden sich in einem Gebäude, was eine Zusammenstellung bedeutet, die sich an mehreren Orten findet, aber nicht zu billigen ist. In diesem Haus ist eine Manufaktur für Mull, Flanell und Tücher. Das Weben dieser wollenen Zeuge geschieht im Hause von gelernten Tuchmachern. Die Züchtlinge männlichen Geschlechts und die Waisenknaben säubern, kartätschen und kämmen die Wolle – nach dem Unterricht –, während die Frauen im Zuchthaus und die Waisenmädchen sie spinnen. Damals waren gerade grobe schwarze Tücher auf den Webstühlen in Arbeit, welche den Schülern in den vier württembergischen Klosterschulen als Kleidung und Kutten gegeben werden, denn Mönchskutten müssen sie noch tragen, so sehr hängt man an hergebrachten Gebräuchen, wenn sie auch noch so unschicklich sind. Es schien mir hier auch nicht wohlüberlegt, daß in ein und demselben Hause Übeltäter, die zu Zuchthaus verdammt sind, und Waisenkinder die gleiche Arbeit tun und zusammenleben. Dies muß sich im Geist der Waisenkinder niederschlagen und Gelegenheit geben, daß sie von sich selbst schlecht denken, was wohl bei jeder Erziehung zu vermeiden ist. Waisenkinder sind ohnehin auf gewisse Weise verlassen und werden so leicht herabgesetzt. Sonst aber machte es uns großes Vergnügen, zu sehen, daß hier mit dem Unterricht solcher Kinder, die künftig einmal von Handarbeiten leben müssen, von früher Jugend an die Anleitung zu wirklicher Arbeit verknüpft war.

Dieses Vergnügen hatten wir aber in noch größerem Maße bei der Besichtigung des hiesigen Militärwaisenhauses. Dies ist meines Erachtens die nützlichste Anstalt des jüngstverstorbenen Herzogs. Es ist 1779 in der ehemaligen Kaserne der *Garde zu Fuß* errichtet worden. Im Jahre 1781 waren darin 100 Kinder, 50 Knaben und 50 Mädchen, in blaue Uniform mit gelben Aufschlägen gekleidet. Sie werden in der Religion, im Lesen, Schreiben und Rechnen unterwiesen, und die Knaben lernen auch Geometrie und Geographie, etwas Zeichnen und Physik. Sowohl die Knaben als auch die Mädchen schrieben sehr schön und rechneten ordentlich. Die Kinder werden mit sieben Jahren aufgenommen und bleiben bis zum vierzehnten Lebensjahr, die Mädchen etwas länger. Dann werden die Knaben zu Handwerkern geschickt, und die Mädchen gehen in Dienste. Außer den Lehrstunden müssen die Knaben die im Haus nötigen Dienste verrichten, und die Mädchen besorgen den Haushalt, kochen, säubern die Zimmer, machen die Betten usw. Außerdem spinnen die Knaben Baumwolle, und die Mädchen stricken und spinnen Baumwolle und Flachs. Ich sah mit Vergnügen, daß man die Sorgfalt so weit erstreckte, den Mädchen, die Flachs spannen, ans Spinnrad eine Tasse Wasser zu setzen, damit sie sich durch das Benetzen der Finger keinen Schaden zuziehen sollten. Man zeigte uns sehr feines baumwollenes Garn, welches die Knaben und Mädchen zur Probe gesponnen hatten. Man hatte damals erst seit vier Monaten sechs Stühle aufgebaut, auf denen die Knaben baumwollene Schnupf- und Halstücher für das Haus machten. Auch wurden diese Tücher im Hause von den Knaben blau und schwarz gefärbt, und zwar unter der Aufsicht eines Färbermeisters aus einer anderen Manufaktur der Stadt. Man zeigte uns auch einen guten Vorrat von gesponnener Baumwolle zum Verkauf und einen Schrank voll fertiger Schnupftücher, desgleichen an die 500 Paar baumwollene Strümpfe, zum Teil sehr feine, die zum Verkauf gestrickt waren, ohne die, die im Haus selbst verbraucht wurden.

Es war wirklich etwas viel, was da alles in so kurzer Zeit, von 1779 bis zum Sommer 1781, allein in diesem Haus gearbeitet worden sein sollte. Man wollte uns auch versichern, daß sich dieses Institut schon beinahe selbst erhalte, was freilich mehr sein würde, als man von den besten Anstalten dieser Art je gesehen hat. Ich muß es dahingestellt sein lassen, da es nicht näher zu untersuchen war. Der Aufseher dieser auf jede Weise so trefflichen Anstalt war damals Herr Hauptmann von Hoven. Seine Frau Gemahlin nahm sich der Aufsicht über die Mädchen mit einer sehr rühmlichen Sorgfalt an. Um das Vergnügen vollkommen zu machen, das uns die Betrachtung dieses Hauses gewährte, sahen wir eine große luftige Krankenstube, aber keinen einzigen Kranken darin. Als wir Abschied nahmen, war es eben Mittag, und wir sahen also noch die Kinder zu Tisch gehen. Die Mädchen und Knaben gingen im Gleichschritt. Das war zwar unnötig wie immer, jedoch eine Kleinigkeit, die bei so viel wahrhaft Zweckmäßigem übersehen werden konnte.

Unweit des Schlosses ist unlängst, im Jahre 1780, eine große Gerberei für Kalbsleder und Sohlenleder zu Schuhen von dem Kaufmann Herrn Rösch wieder angelegt worden. Es war schon 1750 eine vorhanden gewesen, ist aber zugrunde gegangen. Wie weit sie jetzt Fortschritte macht, ist mir nicht bekannt.

Den Schloßgarten, der etwas verwildert schien, sahen wir im Vorbeigehen, so wie auch die Fassaden des Schlosses. Aber das Schloß von innen zu sehen, hatten wir nicht die geringste Lust. Die bemerkenswerten Industrieanstalten waren uns lieber, und wir hatten noch die, obgleich nicht weite, Reise zu der Bergfestung Hohenasperg vor uns. Indessen mußte uns natürlich das Unbewohnte des ungeheuer großen Schlosses auffallen. In den Höfen wuchs Gras. Ich erinnerte mich an das Gräflich Schönbornsche Schloß Pommersfelden in Franken, das ich auch sah, als der Besitzer abwesend war. Da fand ich auf dem Schloßhof zehn oder zwölf arme Leute, die gegen Bezahlung das zwischen den Steinen gewachsene Gras ausrupften. So ließ man den Armen einen kleinen Verdienst zukommen, und die Spuren der Öde wurden vertilgt. Die Zeichen der Sorgfalt für die Unterhaltung machen, wo es auch ist, immer Vergnügen, die Zeichen der Vernachlässigung hingegen eine mißmutige Empfindung. Man bemerkt die Kennzeichen der Vernachlässigung nur an zu vielen fürstlichen Schlössern. Sie sind sprechende Bilder der Hofleute, die von niemandem mehr angesehen werden, sobald der Fürst an ihnen kein Belieben mehr findet.

Hohenasperg*[7] ist eine Bergfestung, die ihre Verteidigungskraft nicht von der Stärke ihrer Festungswerke, sondern von der hohen Lage erhält, die zugleich eine herrliche Aussicht bietet, da der Berg, auf dessen Spitze die Festung liegt, in einer ziemlich großen Ebene einzeln dasteht. Doch war es weder die Festung noch die schöne Aussicht, die uns nach Hohenasperg trieb, sondern das Verlangen, den unglücklichen Schubart zu sehen, der damals schon im vierten Jahr gefangen saß. Ich hatte eine Empfehlung an den Kommandanten, Herrn Oberst von Rieger, selbst ein sehr bemerkenswerter Mann. Als das preußische Infanterieregiment Württemberg für den jüngst verstorbenen Herzog als Erbprinzen im Jahre 1743 in Brandenburg eingerichtet wurde, kam er mit den Rekruten, welche dazu aus dem Herzogtum Württemberg gegeben wurden, als Regimentsquartiermeister mit dem Rang eines Hauptmanns in preußische Dienste und hat diese nachher wieder mit württembergischen vertauscht. Er war Adjutant des Herzogs und eine Zeitlang sehr bei ihm in Gnaden. Er wurde aber während des Siebenjährigen Krieges angeklagt, er habe mit dem König von Preußen korrespondiert, wurde daher auf die Festung Hohentwiel*[8] in ein sehr hartes Gefängnis gesetzt, danach in ein leidliches auf der Festung Hohenasperg, deren Kommandant er nun war, denn der Herzog hatte nach einiger Zeit entweder seine Unschuld erkannt oder geglaubt, er habe genug gelitten, und hatte ihn auf eine sehr feierliche Weise wieder in Gnaden aufgenommen. Herr von Rieger empfing uns sehr freundschaftlich. Seine interessante Unterhaltung verriet den Mann, der die Welt von mehreren Seiten genau kennengelernt hatte und über das, was er sah, philosophiert hatte. Obwohl sein Äußeres etwas ernsthaft und auch die Themen meist ernst waren, so war doch alles, was er sagte, mit Scharfsinn, Witz und Laune gewürzt. Dabei sprach er über manches mit seltener Offenherzigkeit. Er freute sich z. B. sehr, Herrn Fulda so unvermutet wiederzusehen, den er sehr schätzte, und sagte unter anderem nach einem sehr interessanten und heiteren Gespräch, indem er Herrn Fulda treuherzig die Hand schüttelte: „Ich kenne Württemberg sehr gut und habe mich schon über mancherlei in diesem Land gewundert, darunter vor allem, daß Moser, von Nicolai und Fulda zusammen darin sind."

Er ließ Herrn Schubart bald rufen, der damals schon fast zwei Jahre nicht mehr in dem unterirdischen Kerker saß, sondern ziemlich bequem in einem Haus wohnte, in der Festung nach Gefallen umhergehen durfte und gewöhnlich beim Kommandanten speiste. Doch

Die Festung Hohenasperg

war das Verbot zu schreiben, besonders etwas, das die Festung verließ, noch so streng, daß der Kommandant, der sich in das Stammbuch meines Sohnes schrieb, Schubart nicht erlauben wollte, auf meine Bitte ein gleiches zu tun. „Es ist Torheit", sagte er zu mir, „aber es könnte auf irgendeine Art bekannt und unrichtig dargestellt werden und dann den armen Mann unglücklich machen." Einem Mann in Schubarts Lage war natürlich jeder Besuch angenehm, und wir brachten ein paar sehr vergnügte Stunden mit ihm zu. Schubart sprach von Literatur und Musik. Er spielte auf dem Klavier, obgleich etwas wild und unzusammenhängend, mit viel Fertigkeit. Wir spazierten auf der Festung am Rande des Berges entlang und genossen den herrlichen Anblick über lachende Felder und Weinberge. Von da gingen wir in Gesellschaft des Kommandanten in den unterirdischen Kerker, in dem Schubart 377 Tage in schrecklicher Einsamkeit trostlos gesessen hatte. Es war erschütternd, ihn hier, in dem Kerker selbst, Verschiedenes von seinen Leiden erzählen zu hören und einige Worte zu lesen, die er an die finstere, schmutzige Wand gekratzt hatte. Ich konnte nicht umhin, dabei zu denken: Warum hat der Mann dieses schreckliche Gefängnis erdulden müssen? In welchem Verhältnis steht das Verbrechen zur Strafe? Es war unmöglich, den Mann ohne Mitleid anzusehen, und der Gedanke an alle seine Fehler verschwand in dieser Empfindung. Ich prägte mir jedoch die Physiognomie seines Gesichts genau ein. Außer der Tatsache, daß jeder Muskel und jede Falte die Spuren des Kummers verrieten, hatte sie etwas Einfaches und nichts Empfehlendes. Am Tag zuvor hatte ich den alten J. J. Moser gesehen, dessen Gesichtszüge mit seinen emporstehenden grauen Haaren ich mir ebenfalls sehr genau eingeprägt hatte und die ich, da sie so lebhaft vor mir standen, in Gedanken mit dieser verglich. Ein Schöngeist, der Schubarts und Mosers Schriften kennt, würde gewiß glauben, die Kennzeichen der Geisteskraft würden sich eher in Schubarts als in Mosers Gesicht finden, zumal man in Deutschland zu sehr geneigt ist, jedes wild auflodernde Feuer für Zeichen des Genies zu halten. Es war aber gerade umgekehrt. Moser sah aus wie ein weiser und fester Mann, und so hat er auch in seinem ganzen Leben gehandelt. Schubart hingegen trug auf seinem Gesicht die Zeichen eines einfachen Geistes. Ich bin weit entfernt, dies zur Kränkung des unglücklichen Mannes noch nach seinem Tode anzuführen, und ich will meinen Lesern nur beiläufig von meiner damaligen physiognomischen Empfindung etwas mitteilen. Zudem sehe ich sehr wohl ein, daß einiger Unterschied darin lag, daß ich Moser nach überstandenem Unglück sah, Schubart hingegen noch im Unglück. Jedoch hat man noch einen anderen Anhaltspunkt, um diese Männer zu vergleichen. Beide haben ihr eigenes Leben geschrieben, und beide taten dies mit einer seltenen Offenherzigkeit. Wer sie aber aufmerksam liest, findet nicht nur den großen Unterschied in der Art, wie jeder der beiden während seines Lebens handelte, sondern auch die verschiedene Art, wie Moser und Schubart sich selbst beurteilten. Moser verfährt in dieser Selbstbeurteilung nach ernsthaften und festen Prinzipien, bei Schubart ist diese Beurteilung eher eine dunkle Empfindung, die ihm flimmernd vor der Einbildungskraft schwebt. Selbst der frömmelnde Ton, der in beiden Lebensbeschreibungen herrscht, ist nach dem Charakter beider Männer äußerst verschieden. Wenn man Mosers religiösen Grundsätzen auch nicht ganz beistimmen kann, so muß man ihn noch deswegen hochschätzen, weil durch die Resultate derselben alle seine Handlungen, selbst in den wichtigsten und widrigsten Begebenheiten seines Lebens, bestimmt wurden. Schubarts religiöse Gesinnung hingegen entstand erst in der Einsamkeit eines schrecklichen Gefängnisses, in welchem ihm nichts als düstere asketische Schriften zu lesen erlaubt war, und wurde durch seine erhitzte Einbildungskraft geformt. Sie war nichts als eine dunkle sinnliche Regung, vermischt z. B. mit dem Glauben an Träume usw., nicht aber Resultat reifer Überlegung. Anmerkungen und Vergleiche dieser Art zu machen ist der wahre Nutzen der Lektüre von Autobiographien, die ich sehr liebe. Durch den Vergleich gewinnen sie ein höheres Interesse, können uns hindern, die Menschen nach Theorien zu beurteilen, und leiten uns zur richtigeren Beobachtung der Vielfältigkeit menschlicher Charaktere und ihrer so sonderbaren Nuancen an. Welche Verschiedenheit herrscht zwischen den Bekenntnissen eines heiligen Augustinus*[9] und eines J. J. Rousseau*[10]. Und doch besaßen beide einen gewissen Grad der Selbstgefälligkeit. Wie verschieden und wie übereinstimmend sind die eigenen Lebensbeschreibungen Hieronymus Cardans, der mit großer Bedächtigkeit Wunder von sich erzählt, und des ehrlichen Adam Bernds, der Blähungen für teuflische Versuchungen hielt! Wie verschieden charakterisieren sich Albert Haller*[11], der mit einer pünktlichen Kleinlichkeit in seinem Tagebuch gewisse Empfindungen genauso aufzeichnete, wie sie ihm entstanden, und J. C. Lavater*[12], in dessen gedruckten Beobachtungen über sich selbst mehrere Tatsachen erdichtet wurden. Es steht nämlich in seinem sogenannten geheimen Tagebuch, daß er sich habe frisieren lassen, obwohl er doch schlichtes Haar trägt, und daß er Schlitten gefahren sei, obwohl vermutlich in Zürich kein Schnee fällt und kein Schlitten vorhanden ist, zumindest aber in der Stadt nicht Schlitten gefahren wird, da es dort überhaupt verboten und nur über Land zu fahren erlaubt ist.

Das von Riegersche Bataillon, das damals die Garnison in der Festung Hohenasperg ausmachte, war vom Herzog geworben worden, um es im Dienst der Krone Englands im damaligen Krieg nach Amerika*[13] zu schicken. Frankreich aber hatte dies nicht zulassen wollen. Der Herzog glaubte, Unannehmlichkeiten wegen seiner im Elsaß liegenden Besitzungen befürchten zu müssen; daher ging der Vertrag mit England zurück, und das Bataillon wurde auf Hohenasperg in Garnison gelegt. Der Chef dieses Bataillons war daher damals in einer mißlichen Lage, wie er mir bei einem einsamen Spaziergang auf der Festung selbst sagte. Die Leute waren größtenteils mißvergnügt, wie er sehr wohl wußte, weil sie sich in der Absicht, nach Amerika und in den Krieg zu gehen, hatten anwerben lassen. Sie waren hier eingeschlossen, ohne andere Beschäftigung als ihren Dienst und ohne jede Gelegenheit, außer ihrem Solde etwas zu verdienen. Ihr Chef befand sich mit ihnen allein und sah sehr wohl die Folgen ein, z. B. daß Langeweile und Überdruß die Leute etwa auf den Gedanken einer Empörung bringen könnten. Hier hatte ich Gelegenheit zu bewundern, wie dieser kluge Offizier die Leute in Ordnung zu halten und jeden Gedanken an Pflichtvergessenheit oder Desertion schon im Keime zu ersticken suchte, was er mir näher erläuterte. Sein Grundsatz war, im Dienste streng und außerhalb mit den Leuten gesprächig zu sein. Er versuchte, sie soweit wie möglich vom eigentlichen Dienst, mit Wachen und Exerzieren, zu verschonen; hingegen ließ er sie statt dessen, Teil für Teil, doch ohne jede Übertreibung, an der Ausbesserung und selbst an der Verschönerung der Festung arbeiten. Er besuchte sie täglich dabei, unterhielt sich mit ihnen, hörte wohl auch, wenn es Gelegenheit gab, ihre Ideen mit an. Er machte die sehr richtige Bemerkung, daß diese Beschäftigung den Leuten (da sie etwas, und sei es noch so wenig, hervorbrächten) angenehmer sei und sie mehr unterhielte als das bloße Exerzieren und daß die Langeweile auf den Schildwachen und in den Wachstuben eher gewisse Ideen bringen könne, die er verhindern wolle, als eine gemeinschaftliche Beschäftigung. Auch machte er die sehr feine Bemerkung, daß die Festung, die an sich allen ein unangenehmer Aufenthaltsort war, dadurch den Leuten angenehmer würde, wenn sie selbst etwas darin hervorgebracht hätten und also gewissermaßen ihr eigenes Werk vor sich sähen. Denjenigen, welche Handwerker waren, verschaffte er soviel wie möglich Arbeit für die Garnison selbst und in dem am Fuße des Berges liegenden Städtchen Asperg. Da aber dieses noch nicht ausreichte, alle genug zu beschäftigen, sann er mehrere Spiele aus, um die Leute bei gutem Mute zu halten und dadurch zu verhüten, daß widrige Ideen bei ihnen Wurzel fassen könnten. Ungeachtet dessen, daß er selbst etwas strenge religiöse Grundsätze hatte und persönlich wohl das Tanzen nicht lieben mochte, ließ er doch oft nachmittags bei schönem Wetter auf dem Platze der Festung lustige schwäbische Tänze spielen, so daß allen jungen und munteren Kerlen die Beine beweglich wurden. Die Geschicktesten ließ er allerlei Kunststücke machen, teils um sich selbst, teils um die anderen zu vergnügen, und gab den Besten zuweilen eine kleine Belohnung. Wir sahen ihren Tänzen und ihren gefährlich scheinenden Kunststücken zu, und er raunte mir ins Ohr: „Wenn die Leute müde sind, so laufen sie mir gewiß nicht weg." Außerdem bediente er sich seines gelehrten Gefangenen, um ein Theater zu errichten, welches dem guten Schubart, dem es an Beschäftigung fehlte, ein sehr angenehmer Auftrag war. Denn dadurch wurde seine Liebe zur Literatur wieder geweckt, und die Besorgung des Theaters, das Austeilen und Abhören der Rollen half ihm, viele von den müßigen Stunden zu füllen, die er im Überfluß hatte. Wir konnten keines von den Stücken sehen, denn dieses Vergnügen war hauptsächlich für den Winter gedacht, wo die Leute nicht soviel Beschäftigung hatten wie im Sommer. Doch ließ der Herr Oberst die besten Schauspieler kommen, worunter der geschickteste ein Berliner sein sollte.

So wurde die Annehmlichkeit dieses Tages dadurch noch sehr vermehrt, daß ich in dem Kommandanten dieser Festung einen so interessanten Mann kennenlernte. Ich verließ Hohenasperg mit Hochachtung vor ihm und mit Mitleid gegenüber dem armen Schubart. Am Fuße des Berges nahm der vortreffliche Fulda nebst seiner Gattin Abschied von uns und ließ einen tiefen Eindruck seiner Einsichten und seines biederen Charakters in uns zurück. Diese drei merkwürdigen Leute, die ich an einem Tag kennenlernte, sind nun gestorben. Sie waren der Gegenstand unserer Unterhaltung bis zu unserer Rückkunft in Stuttgart.

Wir verließen Stuttgart am Sonntag, dem 22. Juli, nachmittags in Gesellschaft des Herrn Professor Abel. Der Weg nach Tübingen geht bergan, die schroffe Weinsteige langsam hinauf. Wenn man zurücksieht, erblickt man Stuttgart im Tale, von lachenden Weinbergen umringt. Sowie die Straße sich mit der Weinsteige von Stuttgart wegwendet, verändert sich die Szene und wird noch herrlicher. Die weite Aussicht wurde oft von grünen Hecken verdeckt und öffnete sich immer schöner, besonders da sie damals sehr vorteilhaft von der Sonne beleuchtet wurde. Ziemlich weit oben, beinahe auf dem Rücken des Berges, wendet sich der Weg links in ein Wäldchen; nun verschwand Stuttgart vor unseren Augen, und es blieb nur noch die Aussicht nach den weit entfernten Bergen in der Gegend von Hohenasperg. Die Bilder von Rieger und Schubart schwebten uns dabei vor Augen.

Man sah in dieser Gegend einen versperrten Weg zu dem so berühmt gewordenen Schlosse Hohenheim, den niemand außer dem Herzog befahren durfte. Man konnte dieses Schloß ohne besondere Erlaubnis des Herzogs nicht sehen. Wir wollten diese nicht einholen, obwohl man glaubte, wir würden sie vielleicht erhalten haben. Man findet eine kurze Beschreibung dieses berühmten Schlosses und Gartens in Hirschfelds *Gartenkalender von 1786*. In Hirschfelds *Gartenkunst* sind einige von den Anlagen des Gartens abgebildet. Ich kann freilich über den großen Garten zu Hohenheim nicht vollständig urteilen, da ich ihn nicht gesehen habe. Es besteht kein Zweifel, daß sich dort sehr schöne Partien finden, weil die Lage so günstig und unter anderem eine so große Menge fremder amerikanischer Sträucher und Bäume vorhanden ist und weil überhaupt die freie Vegetation der Natur, besonders im Sommer in ihrem größten Triebe, immer einen günstigen Eindruck macht, den die Kunst, auch wenn sie irrt, nie ganz verderben kann. Aber da nun in diesem Garten so viele größere und kleinere Gebäude und andere Kunstwerke stehen, so fragt man sich doch, ob diese den Pflanzungen angemessen seien, ob sich Einheit und Absicht darin finde, ob sie großen und bleibenden Eindruck machen? Und da urteilen freilich alle, die ich über diesen berühmten

Garten habe befragen können, nachdem sie ihn gesehen hatten, daß dort die Menge der Gebäude und ihre Vielfalt verwirre, daß die inneren Verzierungen derselben nebst den kleinlichen Dimensionen der meisten ins Unschickliche und Spielerische fallen und daß man Einheit und Absicht überall vermisse. Der Verfasser der Beschreibung von Hohenheim im *Tübingschen Taschenbuche* zeigt aber ein Ansicht. Er sagt: „Die Idee des Stifters war, eine Kolonie abzubilden, die sich in den Trümmern einer römischen Stadt niederließ. Dies muß man notwendig wissen, um es schicklich zu finden, daß so viele kleinere und größere neue Häuser mit den Ruinen einer fremden und prächtigen Bauart durchwebt sind." Die Idee ist zwar sinnreich, nur scheint sie mir eine rein poetische Idee zu sein. Sie ist in einer Beschreibung gut, kann allenfalls eine große Landschaft verschönern, aber in der Ausführung eines Gartens kann sie keine Wirkung haben und vermag eher ein Beispiel dafür zu sein, wie man künstliche Anlagen und Gebäude in einem Garten nicht anlegen sollte. Wenn Dinge von so ganz verschiedener Art ganz nahe beisammen stehen, müssen im wirklichen Herumwandeln die erregten Empfindungen verwirrt werden, sei die Idee auf dem Papier noch so poetisch gewesen. Und die Kolonie ist ja ohnehin nur eine Idee! Man weiß sehr gut, daß man im Garten eines regierenden Landesherrn wandelt; jeder Schritt zeigt es. Selbst der große herzogliche Palast erinnert daran. Zwar weist der Verfasser des Taschenbuchs sehr sinnreich auf die Gedanken hin, welche durch den Palast erregt werden sollen; ich bezweifle aber, daß sie durch den wirklichen Anblick so erregt werden, und geschähe dies, würden diese Anlagen von so disparater Natur wohl die ersten Empfindungen bald wieder auslöschen.

In Plieningen, unweit Hohenheim, werden Wetzsteine angefertigt und auch außer Landes verkauft. Auf dem Rücken des Berges führt der Weg durch fruchtbare Felder, und man erblickt von weitem einen eingezäunten schönen Park, der zu Hohenheim und Degerloch gehört. Bald ging der Weg wieder bergab durch unabsehliche Felder voll Getreide und Kohl bis Echterdingen, wo wir anhielten, um den durch seine mechanischen Kunststücke berühmten und wegen seiner theologischen Schriften etwas berüchtigten Pfarrer Hahn zu besuchen. Das Bild dieses merkwürdigen Mannes findet man in Lavaters Physiognomik, im III. Band, S. 274, nebst einem Urteil über ihn nach Lavaters Art, der so oft viel zu sagen scheint, wenn er wenig sagt. Das

Bild ist recht ähnlich, nur sah der Mann nicht so mönchisch aus, wie er dort dargestellt ist. Er hatte tiefliegende, sehr freundliche Augen, die sich halb schlossen, wenn er etwas hörte, dem er zustimmte. Sein schlichtes schwarzes Haar, natürlich gelockt, stand ihm sehr gut. Es leuchtete aus seinem Gesicht eine besondere Zufriedenheit und Ruhe. Man war aufgrund des Gesichtes versucht anzunehmen, daß er ein redlicher Mann war, nur seine Stirn verriet sein Talent; auch bemerkt Lavater richtig, daß die Stirn im Bilde verfehlt ist. Leute, die nicht oft Schwärmer beobachtet haben, stellen sie sich im allgemeinen als trübsinnig vor. Keineswegs! Haben sie ein ruhiges Temperament und ist der Körper gesund, so wird ihre Einbildungskraft angespannt, ohne daß der Körper leidet: sie sind heiter, und sehr oft sitzt sogar in ihren Augen und auf ihren Lippen die fade Selbstzufriedenheit, was freilich bei Hahn nicht zutraf, der in mechanischen, obgleich nicht theologischen Sachen scharfsinnig und zugleich höchst bescheiden war. Liegt aber den Schwärmern Stolz in der Seele oder Verstopfung im Unterleib, so sind sie melancholisch und entweder mürrisch oder ängstlich oder beides. Dann freilich wird bei ihnen weltlicher Dünkel sehr oft zur Anmaßung höheren Christentums, und besonders bei Webern und Schustern werden Infarkte zur Weissagung. Der gute Hahn hatte sich fest in eine Idee vom Königreiche Jesu hineingedacht, eine Idee, welche auch mehrere Freunde Lavaters mit Eifer aufnehmen und sich dabei durchaus ein künftiges politisches Königreich Jesu denken. Ob auch Herr Lavater selbst, wie es mir fast scheinen möchte, dieser Idee zugetan ist, traue ich mich nicht zu behaupten; er erklärt es gar zu leicht für Bosheit, wenn man ihm eine Meinung zuschreibt, die er bei veränderten Umständen sich nicht zugeschrieben wissen will, gesetzt den Fall, sie wäre auch in seinen Schriften deutlich zu finden. Seine Schreibart hat ihre ganz eigenen schillernden Wendungen, vermöge derer ihm notfalls immer eine wohltätige Hintertür offenbleibt.

Ich bekenne übrigens sehr gern, in Hahns theologischen Schriften nur etwa einen halben Tag gelesen zu haben. Der ehrliche Mann schrieb mit einer ermüdenden Weitschweifigkeit, so daß man lange lesen mußte, bis man eine Art von Ideenfolge finden konnte. Er behauptete eine Art von Chiliasmus*[14], soviel war ungefähr zu erkennen. An sich scheint mir eine solche Grille nicht mehr und nicht weniger schädlich zu sein als jede andere theologische Grille. Daß der gute Hahn schlechterdings darauf bestand, es werde im Alten und Neuen Testament ein künftiges Königreich Jesu auf Erden geweissagt, scheint mir an sich nicht bedenklicher, als wenn er ein künftiges Kurfürstentum Jesu oder eine künftige Grafschaft Jesu gefunden hätte, welches durch die Art der Auslegungskunst, wie Hahn und Pfenninger sie gebrauchen, auch wohl zu finden möglich sein müßte. Freilich liegt immer die Vorstellung, daß künftig die auserwählten Gläubigen herrschen sollen, zugrunde. Aber meiner geringen Einsicht nach könnte eine solche Idee nur dann bedenklich werden, wenn ein jetziges Königreich Jesu beabsichtigt wäre, das der jetzigen weltlichen Macht an die Seite gesetzt werden sollte und in dem die jetzigen Gläubigen mitregieren würden. Diese Behauptung hat sich aber der gutmütige Hahn gewiß nie in den Sinn kommen lassen und hoffentlich auch niemand von seinen Anhängern. Man hätte sie also, meiner Meinung nach, ganz gehen und, soviel sie wollten, von ihrem künftigen Königreich, in dem sie einmal mit dem Herrn Christus zu regieren dachten, träumen lassen sollen. Träume vergehen von selbst. Je mehr man aber solche Träumereien ernsthaft behandelt, desto wichtiger werden sie ihren Anhängern, wie die Erfahrung überall zeigt. Gleichwohl wäre der gute Hahn beinahe dieses von ihm behaupteten künftigen Königreichs wegen verfolgt worden. Man fand nämlich diese Lehre der gängigen württembergischen Orthodoxie nachteilig, obwohl diese schon seit 50 Jahren so viele Bengelsche*[15], apokalyptische, Ötingerische und andere Abweichungen ertragen hat. Man fing an, seine Behauptung von dem geweissagten Königreich aufs genaueste zu untersuchen, und suchte auf den seltsamsten Wegen nach Beweisen dafür, daß er dieses wirklich behauptet hatte, was um so unnötiger schien, da der ehrliche Mann dies, soviel ich weiß, nie verhehlt hat. Er war schon vom Konsistorium in Anspruch genommen, als unvermutet seine Mechanik seiner Theologie zu Hilfe kam. Als der Herzog im Jahre 1767 die Universität Tübingen besuchte, hörte er von Hahns mechanischer Geschicklichkeit, ließ ihn zu sich kommen, bestellte bei ihm die astronomische Maschine, die ich oben erwähnt habe, und erwies ihm zugleich die Gnade, ihm eine bessere Pfarre näher bei Stuttgart zu versprechen. Daraufhin schwieg der Synodus.

Da Hahns theologische Meinungen gar nicht die Ursache meines Besuchs waren, sprachen weder er noch ich von Theologie oder irgend etwas Ähnlichem. Die Rede galt nur seinen mechanischen

Kunstwerken. Er zeigte uns besonders seine berühmte Rechenmaschine, mittels derer man in den vier Rechnungsarten bis 100 Millionen rechnen kann. Er ließ uns die innere Struktur sehen und erklärte uns das Ganze mit großer Deutlichkeit und viel Geduld. Desgleichen zeigte er uns ein kleines kopernikanisches System. Es war deshalb bemerkenswert, weil es ihn wegen der Langweiligkeit, die Räder zu den Trabanten des Jupiters zu berechnen, veranlaßt hatte, eine Rechenmaschine zu ersinnen. Er zeigte uns noch verschiedene kunstvolle Uhren und schöne Zeichnungen von anderen Maschinen, besonders von einer astronomischen Uhr, die damals noch bei seinem Bruder in Kornwestheim stand und welcher er noch den Vorzug vor der in Stuttgart sich befindlichen gab. Er hatte Uhrmachergesellen und andere mechanische Künstler im Hause, die seine Erfindungen ausarbeiteten. Dieser Mann sowie auch seine Gattin hatten etwas in ihrem Betragen, was sogleich Zutrauen und Achtung erweckte. Er ist inzwischen gestorben. Sein Schwiegervater war Herr Flattich, Pfarrer zu Monchingen, den uns Herr Fulda schon als einen trefflichen Mann gerühmt hatte, der alles durch eigenes Nachdenken aus sich selbst gezogen und besonders über die Erziehung der Jugend viel nachgedacht und sich auch praktische Kenntnisse davon erworben habe.

Hier verließ uns Herr Professor Abel, der uns so gütig hierher begleitet hatte, und ging zu Fuß zurück. Er hatte Kants *Kritik der reinen Vernunft*, die damals noch nicht lange erschienen war, als Begleiter für den Rückweg mit sich genommen. Von Echterdingen aus geht der Weg wieder bergan. Bald waren wir auf dem Rücken des Berges und sahen hinter uns Echterdingen in dem fruchtbaren Tal liegen, von der sich schon neigenden Sonne sehr malerisch beleuchtet, und große Herden Schafe und Vieh, die die Landschaft noch malerischer machten. Bald führte der Weg in einen dichten Wald von Birken und Eichen. Die Einsamkeit und das sachte Herunterrollen luden uns zum Nachdenken ein, dem wir uns auch überließen, denn die vielen interessanten Menschen und Dinge, die wir in und um Stuttgart gesehen hatten, gaben uns Stoff genug dazu. Wir wurden aus diesem angenehmen Traume durch eine Anzahl von Landleuten geweckt, die wir an einem kleinen Bache fanden, dem Reichenbach, über den eine große steinerne Brücke führt, weil er oft von dem Bergwasser stark anschwillt. Sie gingen mit uns eine ziemliche Strecke den Berg hinauf. Die Mädchen tragen hier das Haar in Zöpfen, von denen die schwarzen Bänder

Württembergische Trachten

*…ern von der Baar*

*Balinger und Ziethäuser Mädchen.*

bis auf die Erde herabhängen. Die Männer unter den einfachen Leuten in Schwaben tragen das Haupt ständig mit Mützen bedeckt. So hatten auch diese hier alle ein rundes, plattes Käppchen aus schwarz gefärbtem Stroh auf dem Kopf. Schön waren weder die Männer noch die Frauen, aber alle hatten etwas Ruhiges und Zufriedenes, die Männer etwas Ehrliches und die Weiber etwas Naives in ihrem Aussehen. Sie gingen auch still und beinahe tiefsinnig vor sich hin, ganz anders als die jovialen Bayern und die sinnlichen Österreicher. Beim Anblick dieser Leute, deren Äußeres Wohlstand verriet, und bei dem herrlichen fruchtbaren Lande kam uns natürlich der Gedanke: Warum wandern die Württemberger aus diesem herrlichen Lande aus, in so großer Anzahl und nach so verschiedenen Orten? Die Gedanken darüber beschäftigten mich sehr.

Waldenbuch, wo wir die Pferde wechselten, ist ein schlecht gebautes Städtchen, das etwas armselig aussieht, aber in einer höchst romantischen Gegend in einem Tal liegt. Dort erhebt sich eine Anhöhe, auf der die Kirche und ein herzogliches Schlößchen stehen. Ein Forstmeister bewohnt es, und der vorige Herzog stieg hier zuweilen ab, wenn er wegen einer Hirschjagd oder Sauhatz in diese Gegend kam. Diese Lustbarkeiten schienen den Einwohnern nicht gerade zu gefallen, denn sie zuckten auf unser Befragen die Achseln und klagten über Wildschaden. Die Stadt wird von einem schnell rauschenden Bächlein durchflossen. Rundherum sieht man freundliche, zum Teil mit Wein bewachsene Berge, von denen eben eine blökende Herde wiederkäuend herabwandelte. Dieses schöne ländliche Gemälde, die Einwohner in ihrem reinlichsten Anzug, weil es gerade Sonntag war, und die unschuldig herumgaukelnden Kinder, denen die Kirchenordnung noch nicht das fröhliche Herumspringen verboten zu haben schien, machten einen sehr angenehmen Eindruck. Hier hatten wir auch Chausseegeld zu bezahlen. Diese kleinen Zahlungen sind in Württemberg üblicher als in Österreich und Bayern. Man zahlt wie dort für das Pferd einen Kreuzer für jede Wegstunde, aber ebensoviel für die Pferde, mit denen der Postillon zurückreitet. So schön wie in Österreich sind diese Kieswege hier nicht. Sie gehen nicht nur oft bergauf, bergab, sondern waren auch, wenigstens damals, nicht so gut unterhalten wie die österreichischen und bayerischen Hochwege. Freilich würde sich im nördlichen Deutschland der Reisende glücklich schätzen, wenn er nur halb so gute Wege fände wie im Württembergischen und sich nicht durch tiefen Sand oder tiefen Kot durchschleppen oder sich von großen Steinen, die im Weg liegen, zerschlagen lassen müßte. Es wäre wohl zu wünschen, daß man von allen Chausseen in Deutschland Informationen hätte, wann sie entstanden sind und wie weit sie gehen, da man in keiner Geographie davon etwas findet.

Von Waldenbuch geht der Weg wieder bergan. Hier verloren wir durch einen starken Stoß den Stern unseres Wegmessers, der nicht wiederzufinden war. Wir mußten ihn bis nach Basel entbehren, weil wir niemanden fanden, der ihn ersetzen konnte. Wir kamen nun in den großen Wald Schönbuch, der etwa zehn Meilen lang und sieben Stunden breit sein soll, wenn er nicht allzu groß angegeben ist. Wir fuhren meist darin oder an ihm entlang bis etwa eine Stunde vor Tübingen. Da bemerkten wir beim Sternenlicht eine gepflanzte Allee und fuhren gegen 11 Uhr abends in Tübingen ein, wo wir nur soviel sehen konnten, daß die Straßen bergig und uneben und die Häuser sehr schlecht gebaut waren, wobei uns die Bemerkung einleuchtete, daß Wissenschaften und Zufriedenheit auch in krummen Straßen und schlechten Häusern wohnen können. Wir stiegen im „Goldenen Adler" ab.

# Tübingen

*Die Stadt – Das Schloß – Die Universität – Das Theologische Stift – Das Collegium Illustre – Die Magister Schelling – Die Universitätsbibliothek – Industrie und Einwohner von Tübingen*

Die Stadt Tübingen wird im württembergischen Kanzleistil die zweite Haupt- und Residenz-, auch Universitätsstadt genannt und ist ebenso bekannt durch den tübingischen 1514 geschlossenen Vertrag, ein Grundgesetz der württembergischen Verfassung. Ein gestochener Grundriß von Tübingen ist, soviel ich weiß, nicht vorhanden. Ich kann daher von der Größe der Stadt nichts sagen. Nach meiner Schätzung mag sie etwa ein Drittel der Grundfläche von Ulm einnehmen.

Die Stadt hat eine höchst bequeme Lage auf einem Bergrücken, von beiden Seiten abhängig. Die Straßen sind daher äußerst uneben, so daß man schief herauf- und herabgehen, oft mehrere Stufen steigen muß. Ja, in einigen Häusern, z. B. in dem des Herrn Professor Uhland, steigt man von der Spitze des Daches in eine andere Straße. Dazu kommt, daß die Straßen meist sehr eng, krumm und schlecht gepflastert, abends gar nicht erleuchtet sind und nicht gerade sehr rein gehalten werden. In vielen Gassen, besonders in der unteren Gegend der Stadt, sieht man vor vielen Häusern große Misthaufen liegen, eine Unanständigkeit, die sich doch wenigstens in einer Stadt nicht finden sollte, welche sich die zweite Haupt- und Residenzstadt nennt und eine berühmte Universität und ein Hofgericht in ihren Mauern hat.

Es muß im fünfzehnten Jahrhundert eine sonderbare Idee von der Bequemlichkeit der Wohnungen geherrscht haben. In Papst Sixtus' IV. Bestätigungsbulle der Universität wird als eine der Ursachen, warum in dieser Stadt eine Universität angelegt werden solle, angegeben: sie sei *locus insignis, commodis habitationibus plenus, in quo victualium omnium maximal copia habetur**[1]. Das war in demselben Jahrhundert, als Aeneas Sylvius der Meinung war, mittelmäßige Bürger in Nürnberg wohnten besser als die Könige von Schottland. Man sieht, welchen Vorzug damals die Reichsstädte vor den Landstädten hatten.

Aber heutzutage findet man wahrlich weder Bequemlichkeit noch eine gute Einrichtung, wenn man die Häuser in Tübingen mit der guten Bauart in anderen Städten vergleicht. Das Äußere der Häuser in den unebenen, engen und schmutzigen Gassen dieser Stadt ist höchst elend. Ich kenne keine Stadt in Deutschland von einiger Bedeutung, deren äußeres Aussehen so häßlich wäre als diese. Die Häuser in der Altstadt Kassels, der Altstadt Hannovers, die rauchigen Häuser in dem alten und engen Teil von Braunschweig, die aus dem vierzehnten Jahrhundert stammenden Häuser mit spitzen Giebeln in Lübeck sind im Vergleich zu den meisten Häusern in Tübingen noch zierlich zu nennen. Diese sind von schlechtem Fachwerk, haben, wie alle alten Häuser, sehr hohe deutsche Dächer und stehen meist mit der Giebelseite Richtung Straße, hängen noch mehr über als die hölzernen Häuser in irgendeiner alten Stadt, sind schmutzig und ohne alles Ebenmaß, dabei zum Teil baufällig oder sehen zumindest so aus. Die Fenster sind klein, haben kleine elende und schmutzige Scheiben. Im Inneren sind daher die meisten Häuser, in welchen man in neueren Zeiten nichts verbessert hat, unglaublich dunkel, ohne die geringste schickliche Aufteilung der Zimmer. Ich glaube z. B. kaum, daß sich eine unförmigere, unbequemere und unzusammenhängendere Masse von Holz und Stein finden läßt, wie es das Wirtshaus zum Goldenen Adler, wo wir abstiegen, aufweist; doch muß ich auch hinzusetzen, daß man kaum irgendwo im Verhältnis zu einem so schlecht gebauten Hause doch eine so gute Aufnahme und freundliche Bedienung finden wird.

Indes sind in mehreren Häusern in neuerer Zeit Veränderungen gemacht worden, so daß manche im Innern bequemer eingerichtet sind, als man dem äußern Anschein nach glauben sollte. Auch sind mehrere Häuser vermögender Leute gut und viel besser möbliert als in Ulm. Hin und wieder findet man auch einzelne neue, ganz von Stein gebaute Häuser, wozu die Hauptwache gehört. Besonders aber unterscheidet sich die Münzgasse, die im oberen Teil der Stadt Richtung Neckarseite liegt. Sie war im Jahre 1781 die einzige schöne Straße in Tübingen, so daß man sich dünkte, tatsächlich in einer Stadt zu sein. Sie hat mehrere gut gebaute Häuser, die von außen neu angestrichen und mit besseren Fenstern versehen sind, als man sonst in dieser Stadt findet. Eines der vorzüglichsten derselben ist das Haus des Buchhändlers Heerbrand. Nahe dabei liegt das Universitätshaus, welches im Jahre 1775 und 76, vor dem Jubiläum der Universität, auf Kosten des Herzogs von Hauptmann Fischer in Stuttgart neu wiederaufgebaut worden ist. Die Fassade ist recht gut, wie man es von diesem Baumeister erwarten kann. Daneben ist auch ein kleiner akademischer botanischer Garten. Die Münzgasse ist reinlicher als die übrigen Straßen, wenigstens findet man daselbst keine Misthaufen. Überhaupt hat diese ganze Seite der Stadt eine freiere und heiterere Aussicht als der untere Teil der Stadt, nämlich auf den Neckar und die umliegenden Berge. Ich erinnere mich besonders der schönen Aussicht aus den Zimmern der Herren Professoren Kapf und Rössler.

Durch einen unglücklichen Brand hat Tübingen von der einen Seite ein etwas besseres Aussehen erhalten. Im Hochmannischen Stifte, einem großen Gebäude, worin verschiedene Studenten freie Kost und Wohnung haben, brach in der Nacht des 9. September 1789 ein großes Feuer aus, vermutlich durch einen Funken, der aus einer durchlöcherten Laterne fiel, verursacht. Der Hof lag voll Stroh, die Scheunen der umliegenden Gebäude waren mit Getreide gefüllt, und so brannten trotz aller eifriger Löschanstrengungen, wozu der Herzog Karl selbst von Stuttgart zu Hilfe eilte, über 40 Häuser nebst dem Marstalle ab, vom Lustnauer Tor bis an das Gasthaus zum Schwarzen Adler. Auf Befehl des Herzogs wurden die abgebrannten Straßen breiter und gerader wieder aufgebaut. Es sind jetzt fast alle Häuser schon hergestellt, teils durch die Ersetzung der Brandschutzversicherungsgesellschaft, teils durch die freiwilligen Beiträge des Herzogs, der Landschaft und mehrerer mildtätiger Privatpersonen.

Auf der dem Neckar entgegengesetzten Seite der Stadt liegt das Schloß, Hohentübingen genannt. Von diesem Schloß hat wahrscheinlich der Name Tübingen seinen Ursprung. Erst seit etwa 100 Jahren schreibt und spricht man *Tübingen*. In den ältesten Zeiten schrieb man *Twingen* und *Tüwingen*. Woher mag dieser doppelte Name kommen? Aus welcher Sprache mögen diese Benennungen genommen sein? Ich will eine Erläuterung versuchen.

Man bemerkt bei einiger Aufmerksamkeit in Schwaben und weiter Richtung Schweiz, nach dem Rhein zu, daß besonders die Benennungen der Berge und Hauptflüsse, d. h. der Gegenstände, die am längsten unverändert bleiben und die ein unkultiviertes Volk zuerst bemerkt und folglich bezeichnet, auf deutsch ganz unverständlich sind.

Tübingen: Die Stadt und das Schloß

Wenn man aber versucht, sie aus Sprachen zu erklären, welche bis jetzt freilich „keltisch" genannt werden, weil man keinen anderen Namen weiß, so werden sie verständlich und bezeichnen meist überaus deutlich die Lage und natürliche Beschaffenheit des Ortes.

In Württemberg gibt es drei einzeln stehende Berge, die daher mehr in die Augen fallen und die den Beinamen *Hohen* führen und ihre Namen von keltischen Völkern ihrer natürlichen Beschaffenheit wegen bekommen zu haben scheinen: Hohentübingen, Hohentwiel und Hohenasperg. Im Keltischen bedeutet *O* oder *Ho* jeden *erhabenen Ort* oder *Berg*, *Hen* die *Spitze* oder den *Kopf des Berges*. *Twyn* und *Twyin* bedeutet *Glanz*, *weiß*, *schön glänzend*; also *Ho-hen-Twyn-gen* oder *Ho-hen-Twyin-gen* heißt beides *weiße, glänzende Bergspitze. Twyll* bedeutet *Dunkelheit*, also *Ho-hen-Twyll dunkle Bergspitze*. Vermutlich war der Tübinger Berg als ein Fels weiß und kahl, der Twiel aber mit düsteren Tannen bedeckt. Der Asperg hieß bis ins vierzehnte Jahrhundert hinein Richtenberg, und nur das unten liegende Städtchen nannte man Asperg. *Rich* heißt *stark*, *Ten Eiche* und *Ber* und *berg* heißt *Berg*, also der *Berg voll starker Eichen.* Selbst *As* bedeutet *Stärke* und *Berg* auch *Wohnung*, *As* aber auch noch *Wasser.* So hat das Städtchen vermutlich *Wohnung am Wasser* heißen sollen, da nahebei ein kleiner Bach fließt. Der Name Hohenasperg ist erst im fünfzehnten Jahrhundert aufgekommen, als man die Eichen auf dem Berg umgehauen und die Höhe befestigt hat.

Das Schloß Hohentübingen ist sehr alt. Es wurde, so wie es jetzt steht, im Jahre 1535 erbaut und galt als Bergfestung, so daß es auch noch wenige Jahre nach seiner Erbauung wirklich einer Belagerung von Spaniern standhielt. Ehemals war hier eine besondere Garnison, welche aber jetzt nicht mehr vorhanden ist. Statt dessen wohnt dort nur noch ein herzoglicher Expeditionsrat nebst dem Kastellan. Im Hof des Schlosses befindet sich ein Springbrunnen, zu dem das Wasser von den höher gelegenen Bergen der Umgebung in Bleiröhren geleitet wird. Auf gleiche Weise werden die Springbrunnen, die man hin und wieder in der Stadt sieht, gespeist. Man hat hier überhaupt vortreffliches Wasser.

Auf einem der hohen Türme dieses Schlosses ist die Sternwarte der Universität. Von ihrer mit Kupfer belegten Altane sah ich bei Sonnenuntergang an einem schönen Sommerabend die herrliche umliegende Gegend. Es ist ein weiter, entzückender Blick über fruchtbare Fluren, fette Wiesen, lachende Weinberge und Obstgärten. Kein Kontrast läßt sich so schneidend denken als der zwischen den schlechten, höckerigen und schmutzigen Gebäuden in Tübingen und der reizenden Landschaft rundherum. Nah und fern ist sie schön. Nach Süden sieht man die Schwäbische Alb, deren höchster Berg der Roßberg ist. Etwas mehr nach Südwest erkennt man das Bergschloß Hohenzollern, das Stammhaus der Könige von Preußen, außerdem die obere Herrschaft Hohenberg, zu Vorderösterreich gehörend. Ferner sieht man über die ganze Stadt hinweg die nahe Umgebung, durch die der schöne Neckar fließt. In diesen mündet nahe bei der Stadt die Steinlach, ein kleines Flüßchen. Es sah damals wie ein unbedeutender Bach aus. Doch wenn in den benachbarten Gebirgen starke Regengüsse erfolgen oder der Schnee schnell schmilzt, so daß die Bergbäche schnell anschwellen, ergießt es sich oft über das ganze umliegende Feld und richtet viel Schaden an, da es dann viel Kies und Steine mit sich führt.

Auf der anderen Seite, nach Norden hin, schaut man in ein liebliches, fruchtbares Tal, das von der friedlichen Ammer durchflossen und deshalb Ammertal genannt wird. Schon im fünfzehnten Jahrhundert hat man einen Teil des Österberges abgetragen und einem Teil der Ammer eine andere Richtung durch einen zwölf Fuß breiten Kanal gegeben, der nun durch Tübingen geht und der Stadt sehr nützlich ist. Ehe die Ammer beim Haagtor in die Stadt kommt, treibt sie eine Schleifmühle, eine Tabaksmühle, einen Kupferhammer, eine Pulvermühle, eine Sägemühle, eine Graupenmühle, zwei Mahlmühlen und eine Walkmühle. Dann tritt sie in die Stadt, wo sie zum Vorteil von Färbereien gebraucht wird. Damals ist zugleich der Österberg durchgraben worden, so daß man auf der Ammer durch ein unterirdisches Gewölbe fährt. An dessen Ende treibt sie noch zwei Mühlen und mündet dann in den Neckar, fließt aber weiter herauf bei Lustnau, zugleich mit der Steinlach, abermals in den Neckar. Es ist sonderbar genug, daß in allen Beschreibungen Tübingens und auch in der mit so vielen anderen unnützen Dingen ausgedehnten *Geographie und Statistik Württembergs* von diesem großen und gemeinnützigen Unternehmen, einen Fluß durch eine Stadt zu leiten und deshalb einen Berg abzutragen und durchzugraben, auch nicht ein einziges Wort gesagt wird. Sogar auf der großen *Michalschen Karte von Schwaben* ist die Ammer noch so dargestellt, daß sie an Tübingen vorbeifließt. Auf *Mayers Karte von Württemberg* ist der Lauf richtig angedeutet, und Herr Prof. Ploucquet hat zuerst etwas von diesem rühmlichen Unternehmen berichtet.

Das Merkwürdigste in Tübingen ist natürlich die Universität, welche für einen Fremden dadurch, daß sie in mancher Hinsicht von allen anderen deutschen Universitäten verschieden ist, noch bemerkenswerter wird. Graf Eberhard im Barte von Württemberg, der Freund des edlen Kaisers Maximilian I., stiftete sie im fünfzehnten Jahrhundert. Er sagt in dem der Universität erteilten Stiftungsbrief sehr naiv: *So haben wir in der guten meynung, Helffen zu graben den brunnen des Lebens, daraus von allen enden der weltt unersichtlich geschöpft mag werden, tröstlich und Hailsam Wysheit zur erforschung des verderplichen fürs* (Feuers) *Menschlicher vernufft und Blindheit uns userwelt und fürgenumen ain Hoch gemain schul universitet in unser stat Tüwingen zu stiften und ufftzurichten.* – Heil dem edlen Fürsten, der die gute Meinung hatte, für wahre Aufklärung zu sorgen! Was hätte damals nicht zum Besten der Wissenschaft geschehen können, wenn der Landesherr und seine Räte richtige Begriffe davon gehabt hätten, was eigentlich zu tun ist, um das verderbliche Feuer menschlicher Unvernunft und Blindheit auszulöschen, welches die päpstliche Hierarchie schon seit Jahrhunderten angezündet hatte, um jeden dadurch verzehren zu lassen, der sich ihrer Herrschsucht entgegensetzen wollte.

Man möchte sich nicht so sehr wundern, daß ein aufgeklärter Landesherr, obgleich in einem Jahrhundert, in dem an die wirklich nützlichen Wissenschaften noch wenig gedacht wurde, so früh den Sinn hatte, eine solche Anstalt zum Wohl der menschlichen Vernunft errichten zu wollen, als daß ein Papst, zumal ein Papst wie Sixtus IV., dieser Elende, den geistlicher Stolz und niedriger Nepotismus und Unmoralität gleich verächtlich machen, dieser Bösewicht, der allein schon wegen der Ermordung des edlen Cosimo Medici von der Nachwelt verabscheut werden muß, sich hat bereden lassen, die dazu nötigen Kosten aus dem Schatze der Kirche herzugeben. Die Beispiele sind wohl selten, daß ein solcher Papst die Einkünfte von fünf Kirchen, in denen künftig nur Vikare angestellt werden sollten, widmete, um menschlicher Unvernunft und Blindheit Einhalt zu tun, und zehn Kanonikate und die damit verbundenen Pfründen eingehen ließ, um an deren Stelle zehn arbeitende Lehrer zu setzen. Was ist das für ein wunderbarer Papst, welcher zehn Pfründen eingehen läßt, wovon sich zehn wohlbeleibte, müßige Söhne der Kirche mästen könnten, und an deren Stelle zehn Lehrer der Weisheit setzt, um das Feuer menschlicher Unvernunft und Bosheit auszulöschen? Das Wunder wird aber viel natürlicher durch die Bemerkung, daß sich das Ganze dieses päpstlichen Geschenks nur auf 52 Mark Silber oder, nach jetzigem Kurse, etwa auf 700 Reichstaler Konventionsgeld belief und daß Graf Eberhard die Nepoten*[2] des Papstes wohl hat abfinden müssen. Die Professoren der Rechte nannten sich selbst noch am Anfang des sechzehnten Jahrhunderts arme Gesellen, und der bekannte Frischlin hatte noch in der zweiten Hälfte desselben Jahrhunderts als Professor der Dichtkunst nur 60 Gulden jährliches Gehalt. Man sieht also wohl: Die *portio congrua**[3], welche den Vikaren der fünf Kirchen ausgesetzt war, wird so ansehnlich geblieben sein, daß der Universität nicht allzuviel zufloß. Jedes der zehn Kanonikate – wenn alle zehn 700 Reichstaler jetzigen Konventionsgeldes ausmachten – brachte etwa 90 bis 100 Gulden. Das würde für einen Professor der Dichtkunst schon ein reichliches Gehalt gewesen sein. Für einen Pfründner aber war es so wenig, daß die Söhne der Kirche nicht glaubten, in der jährlichen frommen Verzehrung einer so geringen Summe das Heil ihrer Seelen genügend besorgen zu können. Sie ließen es sich also gefallen, solche unbedeutenden Pfründen an arme Gesellen hinzugeben, welche arbeiten wollten. Dies kann der einzige Grund zum Wechsel des Gebrauchs der Kircheneinkünfte gewesen sein. Es ist also bestimmt kein Beispiel dafür, daß die Stellen in hohen Domstiften oder anderen einträglichen Pfründen zum Nutzen einer sinnvollen Beschäftigung wären weggegeben worden, am wenigsten zu der Beschäftigung, Unvernunft und Blindheit aus der Welt zu bringen. Käme dieser Sinn einmal in die Väter der Kirche – wie viele Lehrer der Weisheit, wie viele Beförderer der menschlichen Vernunft und Aufklärung könnten dann im katholischen Teil von Deutschland reichlich besoldet werden!

Die ersten Lehrer der neuen Universität waren auch nicht gerade eifrig bemüht, wie es der edle Landesherr haben wollte, das verderbliche Feuer der menschlichen Unvernunft und Blindheit auszulöschen, sondern dachten hauptsächlich daran, die Macht der Kirche zu befördern, welche ihnen, wenn auch kärglich, zu leben gab, unbekümmert darum, ob das menschliche Geschlecht unvernünftig oder blind sei. Theologen gab es in Tübingen bald so viele, daß kaum jeder seine Stunde zum Lesen finden konnte. Es besteht auch kein Zweifel daran, daß ihr Gehalt ungleich viel höher gewesen war als das der armen Gesellen, welche die weltlichen Wissenschaften lehrten. Wenn aber auch die Tübinger Professoren damals mehr die Spitzfindigkeiten des Kanonischen Rechtes ausklaubten, als sich auf nützliche Wissenschaften zu legen, und wenn sie auch als Nominalisten oder Realisten ihr Schulgezänk Philosophie nannten – ein Irrtum, der sich selbst heute noch in Deutschland bei ganz neuen Philosophen findet –, so trug doch diese Universität bald nach ihrer Errichtung, wenn auch nur indirekt, das ihrige bei, um Unvernunft und Barbarei im übrigen Deutschland auszulöschen. Melanchthon und Reuchlin, diese Wiederhersteller der Denkkraft, lehrten daselbst. Die Universität Tübingen versorgte zu Anfang des fünfzehnten Jahrhunderts die Universität Wittenberg mit mehreren Lehrern, worunter der vortreffliche Melanchthon der vornehmste war. Ebenso ging vor einiger Zeit eine Kolonie berühmter und verdienter Gelehrter aus Tübingen nach Göttingen, welche zum Flore der dortigen Universität nicht wenig beitrug. In etwas späteren Zeiten wurde die Universität Helmstedt zum Teil nach Tübingens Muster eingerichtet.

Die Universität Tübingen war von Anfang an und ist noch jetzt eine eigentliche Landesuniversität, und insofern unterscheidet sie sich von verschiedenen anderen Universitäten, wo man von einem etwas anderen Gesichtspunkt auszugehen pflegt, besonders davon, viele ausländische Studenten anzuziehen. Sie ist für das Herzogtum Württemberg errichtet, und man kümmert sich gar nicht um die Anzahl der Ausländer. Sind sie da, so ist es gut; sind sie nicht da, so ist weiter nichts daran gelegen, denn die Absicht, die Wissenschaften im Lande zu verbreiten, ist doch erreicht. Ich glaube, man hat hierin sehr recht. Es erschien mir bislang immer ganz unschicklich, daß man den Flor einer hohen Schule gewöhnlicher Weise danach bemißt, ob die Anzahl der Studenten recht stark ist, besonders daß man glaubt, der Ruhm einer hohen Schule blühe recht, wenn nur viele Ausländer dahin kommen, hauptsächlich aber wenn viele Grafen daselbst studieren, und daß man vor Freuden außer sich ist und es jedem Fremden mit Frohlocken erzählt, wenn etwa gar ein Prinz eine Universität besucht, zum großen Nutzen der Professoren, denen die *Collegia privatissima* bezahlt werden. Dies kann der Sucht nach eitler Ehre angenehm und mag auch nützlich sein, wenn man eine Universität als ein Finanzmittel betrachtet; aber zum Hauptzwecke einer hohen Schule trägt es meines Erachtens nichts bei. Der besteht darin, daß die Wissenschaften gelehrt werden und daß junge Leute fleißig sein und studieren sollen, damit sie einmal dem Staate nützlich werden können. Dazu gehören die nötigen Anstalten, ohne welche gewisse Wissenschaften nicht auf gehörige Art und in gehörigem Umfang gelehrt werden können. Dazu gehören geschickte und fleißige Professoren und fähige und fleißige Studenten. Ihre Anzahl, ihre Glücksumstände und ihre hohe oder niedre Geburt sind Nebendinge. Was ist also eigentlich daran gelegen, daß in Tübingen kaum 500 Studenten, im theologischen Stift etwas über 300 und außerhalb etwa 150, sind? Wenn diese alle gelehrte und brauchbare Leute werden, so ist Tübingen dem Herzogtum Württemberg äußerst wohltätig. Man müßte sodann sagen: Die Universität ist in der größten Blüte, und wenn die Anzahl der Studenten auch noch geringer und wenn kein einziger darunter wäre, den seine Geburt berechtigte, künftig einmal einen Stern oder ein Ordensband tragen zu können.

So, wie die Studenten in Tübingen größtenteils aus Württembergern bestehen, so sind auch gewöhnlich die Professoren Eingeborene des Landes. Der Fall, daß dort ein Ausländer Professor wird, kommt sehr viel seltener vor als bei irgendeiner anderen Universität. Ich bin aber nicht der Meinung, daß die Universität Tübingen dabei viel verlieren sollte. Sie hat von ihrer Stiftung an bis jetzt unter ihren Professoren immer eine Anzahl der verdientesten Gelehrten in allen Teilen der Wissenschaft gehabt. Von Tübingen kann man nicht sagen, daß diese Universität in irgendeinem Teil der Wissenschaften hinter den anderen Universitäten weit zurückgeblieben sei. Hatte zu irgendeiner Zeit etwas gefehlt, so lag es an dem Mangel oder der Unvollkommenheit gewisser Anstalten, keineswegs aber daran, daß die Professoren Einheimische waren. Wenn eine Universität z. B. an einem astronomischen Observatorium, einem anatomischen Theater*4 oder einem chemischen Laboratorium und den dazugehörigen Instrumenten oder an einer Sammlung zur Naturgeschichte, einer Hebammenanstalt, an botanischen oder ökonomischen Gärten oder an einer zweckmäßigen Bibliothek Mangel hat, so bleibt sie freilich gegenüber anderen Universitäten in den Wissenschaften zurück, zu deren Erlernung diese öffentlichen Anstalten notwendig sind. Dies ist aber die Schuld der Regierung und der Aufseher der Universität, nicht jedoch der Professoren, mögen diese nun Einheimische oder Ausländer sein.

Zwar war Tübingen vor einiger Zeit in mehreren zur Theologie gehörigen Wissenschaften in der Tat ziemlich zurück. Bengelsche und Ötingerische apokalyptische und prophetische Grillen nebst Roosscher und Riegerischer pietistischer Askese nahmen den Platz gründlicher und nützlicher theoretischer Wissenschaften ein. Dies lag aber nicht daran, daß die Professoren bloß Württemberger waren, sondern nur an der Verfassung des Landes, wo protestantische Theologen nach altem Schlage die allgewaltigen Landstände waren, besonders unter einem katholischen Landesherrn, dem die protestantischen Landstände den Einfluß auf Schulen und Universitäten beschränken mußten. Wenn durch diese Landstände auch auswärtige Professoren der Theologie berufen worden wären, so hätte dadurch die theologische Wissenschaft in Tübingen wahrscheinlich nichts gewonnen. Aber auch jetzt ist die große Verbesserung des theologischen Studiums in Tübingen bloß von Inländern, von Schnurrer, Storr und Le Bret, bewirkt worden.

Tübingen besaß schon im ersten Viertel dieses Jahrhunderts an seinem Kanzler J. M. Pfaff einen Theologen, der sich an Gelehrsamkeit mit jedem in Deutschland messen konnte und gewiß weiter sah als die allermeisten Theologen seines Zeitalters. Dies zeigen seine bekannten Friedensvorschläge, wodurch er die beiden Teile der Protestanten vereinigen und dem unseligen Gezänk über Bestimmungen, die nicht zu bestimmen sind, dadurch ein Ende machen wollte, daß beide Teile sich tolerierten und Lehrpunkte, deren scholastische Bestimmung zu nichts nützt, dahingestellt sein ließen. Seine Schuld war es nicht, daß er sich zurückziehen und schweigen mußte, weil die bissigen, streitsüchtigen Theologen sowohl unter den Lutheranern als auch unter den Reformierten mit bitterem Haß über ihn herfielen. Schon dadurch, daß er zuerst die Literatur der Theologie in Gang zu bringen anfing, öffnete er dem Forschungsdrang einen neuen Weg, auf welchem nachher viele nützliche Wahrheiten wieder aufgefunden wurden, und er machte auch auf die Verschiedenheiten der Lesarten des Neuen Testaments schon sehr früh aufmerksam.

Jetzt hat die Universität Tübingen gewiß in allen Wissenschaften die verdienstvollsten Professoren. Allenfalls könnte man die eigentliche klassische griechische und römische Literatur ausnehmen, worin vielleicht einige andere Universitäten einen Vorzug haben. Dieses liegt aber wieder eigentlich an den von den Prälaten eingerichteten württembergischen Klosterschulen, in denen die Lektüre der klassischen Schriftsteller verfassungsmäßig zwar sehr viel, aber nicht so getrieben wird, daß man in den Geist der Schriftsteller eindringt und nicht nur bei den Worten stehenbleibt, und wo auch wohl manche zum Verstehen der klassischen Schriftsteller gehörige Hilfsmittel viel zu sehr vernachlässigt werden. Sollte es einmal geschehen, daß die württembergischen Klosterschulen hierin eine solche Wendung nähmen wie z. B. die sächsischen Fürstenschulen (welche sonst auch noch etwas von der Klostereinrichtung an sich tragen), so würde Tübingen in der schönen klassischen Literatur dieselben Vorzüge haben können wie z. B. Leipzig, und wenn auch, wie jetzt, weiterhin alle Professoren Einheimische wären.

Die Universität Göttingen hat bekanntlich von der Universität Tübingen seit 15 Jahren mehrere sehr verdiente Lehrer empfangen. Göttingen hat davon großen Nutzen gehabt und, wenn ich nicht irre, durch Zurückwirkung auch Tübingen. Aber alles möchte ich aus dieser Ortsveränderung nicht folgern, was man nach Michaelis Raisonnement daraus folgern müßte. So viel sieht man aus dieser starken Expatriierung gelehrter Württemberger: teils, daß in Württemberg mehr Leute studieren und besonders sich dem Universitätsleben widmen, als das Land braucht; teils, daß der Scharfsinn und Fleiß junger württembergischer Gelehrter sich Wissenschaften zuwendet, denen man in Württemberg vor einiger Zeit noch wenig Achtung, auswärts aber viel mehr zugestand; teils, daß in Göttingen gelehrte Anstalten aller Art und die Universitätsgelehrten in einer so vorzüglichen Lage sind, daß keiner leicht eine andere Universität mit dieser vertauschen mag; teils auch, daß im Hannoverschen selbst sich weniger Leute dem Universitätsleben widmeten, als man dort nötig hat, und daß die hannoversche Regierung, vielleicht aus sehr guten Gründen, diese Gesinnung unvermerkt in ihrem Land erhalten will, indem sie sehr selten einen Inländer auf ihrer Universität befördert. In Württemberg dagegen ist es gerade das Gegenteil. Dort ist alles von den Schulen an darauf gerichtet, alle Stellen an der Universität durch Einheimische zu besetzen; und selbst die Einrichtung der Schulen muß bei den jungen Leuten mehr Neigung zum einsamen

Nachdenken und Studieren als zur tätigen Lebensart erwecken, woraus mehr Liebe zum Universitätsleben entsteht als in manchen anderen Ländern. Selbst die Art, wie der größte Teil der jungen Leute in Tübingen im Theologischen Stift studiert, muß diese Neigung vermehren.

Dieses Theologische Stift, auch das Stipendium oder das Kloster genannt, unterscheidet Tübingen von allen anderen deutschen Universitäten; denn nirgends findet sich eine solche Anstalt. Gleich nach der Reformation bestimmte Herzog Ulrich dazu das aufgehobene Augustinerkloster, und Herzog Christoph, der vortrefflichste unter Württembergs Regenten, der edle Freund des edlen Kaisers Maximilian II., vergrößerte diese Anstalt und gab ihr die jetzt im ganzen noch bestehende Einrichtung.

Wenn man sich in Gedanken ganz in die Zeiten gleich nach der Reformation versetzt, so muß man die Vorsicht beider Regenten Württembergs bewundern, womit sie durch diese Anstalt, in Verbindung mit den in den Klöstern errichteten Schulen, für die neue evangelische Kirche sorgten. Dieses Stift hat daher um die Erhaltung des Protestantismus in Württemberg, und mittelbar in ganz Deutschland, wahre Verdienste. Auch ist es an sich ausgemacht, daß dieses Stift genau mit der ganzen württembergischen Landesverfassung verbunden ist, eben weil die Prälaten die vornehmsten Landstände ausmachen, und noch aus mehreren anderen Ursachen. Wenn also auch die Aufschrift des Gebäudes *Claustrum hoc cum patria statque caditque sua**[5] beim ersten Anblick übertrieben erscheinen mag, so hat doch derjenige, der sie dahinsetzte, in gewisser Betrachtung die Lage der Dinge ganz richtig eingesehen. Denn dieses Stift könnte nicht aufgehoben werden, ohne die ganze württembergische Landesverfassung zu verletzen und sie wesentlich umzukehren, und welcher vernünftige Mann kann das wünschen? Obgleich jeder Vernünftige und Wohldenkende eine beständige Verbesserung wünschen muß, damit es gemeinnütziger werde und bleibe, damit sowohl die Klosterschulen als auch das Tübingische Stift zum größeren Wohl des Landes, nicht aber etwa bloß zur Befestigung einer zusammenhaltenden protestantischen Hierarchie gereichen mögen.

Alle künftigen württembergischen Geistlichen müssen entweder im theologischen Stift studiert oder doch den ganzen darin vorgeschriebenen Schlendrian durchlaufen haben. Es haben im Stift eine Menge theologische Stipendiaten auf öffentliche Kosten freie Wohnung, Speise und Trank. Um meinen Lesern von dem Wege, den alle angehenden Geistlichen in Württemberg nehmen müssen, einen Begriff zu geben, will ich ihn hier, von den Klosterschulen an, kurz beschreiben.

Lateinschulen gibt es im Herzogtum Württemberg, außer den Gymnasien zu Stuttgart, einige 50, deren Lehrer aus dem Kirchengut bezahlt werden. Ein junger Mensch, der in diesen Schulen, die jährlich visitiert werden, gut bestanden hat und den Vorsatz faßt, Theologie zu studieren, muß im September nach Stuttgart reisen. Dort hält das dortige Konsistorium über alle diese Ankömmlinge ein Examen ab, das Landexamen genannt, welches mancher Knabe wohl vier- oder fünfmal durchstehen und also so oft nach Stuttgart reisen muß, ehe er in die unteren Klosterschulen aufgenommen wird. Dies sind die Klöster Denkendorf und Blaubeuren, in denen diese herzoglichen Alumnen*[6] zwei Jahre bleiben; sie kommen dann in die beiden höheren Klosterschulen Bebenhausen und Maulbronn, wo sie abermals zwei Jahre bleiben. In jedem Jahr wird auf diese Weise eine Anzahl Alumnen aus einer niederen Schule in eine höhere und aus einer der höheren ins Stift nach Tübingen versetzt.

Eine solche Anzahl von Alumnen zusammengenommen, so auch hernach eine Anzahl von Studenten, die Baccalaureen oder Magister werden, heißt mit einem Kunstworte eine *Promotion*; daher hört man in Tübingen in Gesprächen und Schriften nicht selten von dieser oder jener Promotion, von Magistern der ersten und der zweiten Promotion u. dgl., besonders auch vom Primus einer Promotion, denn ein solcher Primus dünkt sich etwas, vielleicht oft ein wenig zuviel, hat auch gewöhnlich im Stift auf seine Promotion, d. h. auf diejenigen, welche mit ihm Baccalaureen oder Magister geworden sind, viel Einfluß. Denn eine solche Promotion ist immer eine Art von unsichtbarer Kirche oder, wenn dies zu feierlich klingen sollte, ein zusammenhaltender Klub, in dem der Primus gleichsam der Anführer und der Sprecher ist. So teilt sich unter jungen Leuten, welche von der Welt abgesondert sind und daher sich einander immer näher anschließen, der allgemeine *Esprit de Corps* mit, und weil sie gewohnt sind, immer auf Obere zu sehen, machen sie sich selbst Obere aus ihrer Mitte, damit sie jemanden haben, dem sie zunächst folgen können. Die Sache

Das Theologische Stift in Tübingen

hat auch ihr Gutes und würde es noch mehr haben, wenn nur die Herren Primusse öfter freundlich und umgänglich zu ihresgleichen, nicht aber ziemlich herrisch und voll Dünkel wären, wovon sich freilich einige, aber wenige Ausnahmen finden sollen. Ist der Primus vernünftig, ruhig, fleißig, ein Freund der Ordnung usw., so wird sein Beispiel auf seine ganze Promotion Einfluß haben, diese Tugenden in ihnen zu erwecken. Ist er aber unvernünftig, verkehrt oder gar ein Säufer, wovon es auch Beispiele geben soll, so hat er einen schädlichen Einfluß auf seine ganze Promotion und macht es den Vorstehern viel schwerer, dieselbe in Ordnung zu halten. Wie aber jemand Primus wird, geht folgendermaßen zu:

Wenn nicht alle württembergischen Theologen große Gelehrte werden, so liegt es nicht am Mangel der Examinationen und Testimonien und Exerzitien und Lokationen,*[7] welche sich wiederum auf Exerzitien, Testimonien und Examinationen gründen. Wenn die Schüler eine Weile in einer unteren Klosterschule gewesen und verschiedentlich examiniert worden sind, so daß man nun ihre Fähigkeit zu kennen glaubt, so müssen sie ein Exerzitium für die Lokation machen. Man diktiert ihnen nämlich einen Aufsatz zu einem lateinischen Exerzitium, und wer das beste macht, ist Primus. So gehen die Lokationen während der vier Klosterschuljahre alle Viertel- und Halbjahre fort, bis die Jünglinge ins Stift zu Tübingen kommen. Da werden sie nicht nur wieder sehr oft examiniert, sondern auch alle halbe Jahre lokiert. Da diktiert dann ein Repetent das Exerzitium und verfaßt eine Lokation, welche er seinen Obern, den Superintendenten, vorlegt, die von diesem dann entweder bestätigt oder verändert und sodann publiziert wird. *Que de bruit pour une omelette!**[8] möchte man ausrufen. Indes ist dies völlig im Geiste der ganzen klösterlichen Einrichtung. Die Sache ist gut gemeint, möchte aber zur wahren Gelehrsamkeit schwerlich viel Wirkung tun, außer insofern man in einer solchen Anstalt viel auf äußerliche Ordnung zu sehen hätte. Nur sind die Oberen ziemlich geneigt, einer solchen dienstlichen Ordnung, die ihnen nötig erscheint, um das Ganze zu übersehen, mehr inneren Wert beizulegen, als sie wirklich hat. Man muß sich ebensosehr wundern, daß Studenten und sogar Magistern ein lateinisches Exerzitium diktiert wird.

Genug vom Primus, einem Wesen, welches sich, außer in Tübingen, auf keiner deutschen Universität findet, nur noch auf der alten echtkatholischen Universität zu Löwen in Brabant. Da wird der Primus, wenn er lokiert worden ist, öffentlich mit großem Gepränge und mit Musik in seiner Eltern Haus oder in seine sonstige Wohnung gebracht, und die ganze Stadt hat also ein Fest bei der neuen Lokation. So feierlich geht's nun freilich mit einem Primus in Tübingen nicht zu. Herzog Karl, der sich der Universität und auch des Stifts mit Eifer und persönlich annahm, gab zuweilen einem Primus, der ein besonders gutes Zeugnis von seinen Obern bekam, ein Geldgeschenk; und das Konsistorium schenkt einem solchen zuweilen ein Buch von einiger Wichtigkeit zu fernerer Aufmunterung.

Wenn die Alumnen aus den höheren Klosterschulen und aus dem Gymnasium zu Stuttgart nach Tübingen ins Stift kommen, so werden sie vorgeschriebenermaßen examiniert, und an Zeugnissen und Berichten, womit man überhaupt in Württemberg so freigebig ist, wird nicht gespart. Gleichwohl scheint all dies wenig zur Sache zu tun, denn die jungen Herren werden doch alle, wenn das Examinieren vorbei ist, verfassungsmäßig urplötzlich samt und sonders zu Baccalaureen gemacht, da kaum einmal einer abgewiesen wird. Die Promotion geschieht nicht im Stifte, sondern auf der Universität.

Nun bleiben die Herren zwei Jahre lang Baccalaureen, und es wird gesorgt, daß sie so lange die Philosophie studieren. Daß diese Philosophie eben nicht allemal Liebe zur Weisheit, nicht Aufklärung des Geistes und Bildung des Herzens, sondern großteils dürre scholastische Spekulation ist, kann man sich wohl denken. Diese leere Schulweisheit wechselt mit dem vierteljährigen Diktieren lateinischer Exerzitien, mit dem Examinieren, mit dem Lokieren ab; und wenn zwei Jahre vergangen sind, so wird angenommen, daß die Herren nunmehr der Liebe zur Weisheit genug haben und würdig sind, Meister derselben genannt zu werden. Dem äußeren Anschein nach freilich wird noch nicht angenommen, daß alle diese zweijährigen Lorbeerträger nun würdig sind, Meister der Weisheit zu werden. Denn die philosophische Fakultät stellt mit ihnen in Gegenwart des Kanzlers zuerst ein Examen an, *Rigorosum* genannt. Doch ist es nicht gar so streng, daß irgendein Baccalaureus, der zwei Jahre lang die Philosophie studiert und sich sonst den Klostergesetzen gemäß aufgeführt hat, gehindert würde, Magister zu werden. Es heißt deswegen nur Rigorosum, weil infolge desselben nun die Fakultät eine Lokation der künftigen Herren Magister vornimmt, einem jeden nach seiner

Stärke in abstrakter Spekulation seinen Rang anweist und diesen publiziert.

Diese Meister der Weltweisheit werden nun Schüler der Gottesgelehrtheit und bleiben es drei Jahre lang. Diese werden verbracht mit Hören theologischer Kollegien, mit Halten eines Locus theologicus – in welchem jeden Montag ein Repetent nach dem Sartoriusschen, im ganzen Lande eingeführten *Compendium Theologicum* etwas zu definieren und zu dividieren gibt –, mit Examiniertwerden, mit Lokiertwerden, mit sehr vielem Predigen und mit sehr wenigem Katechisieren.

Wenn nun die Herren Magister auch ihr *Triennium theologicum* überstanden haben, so sind ihre Universitätsstudien beendet. Sie ziehen nach Stuttgart, wo sie vor dem Konsistorium eine Probepredigt halten, und werden von demselben nochmal und endlich zum letzten Mal examiniert. Nach diesem Examen, bei welchem, soviel ich gehört habe, niemand zurückgewiesen wird, der nicht etwa eine schlechte Führung sich hat zuschulden kommen lassen, werden die meisten ordiniert und sehr oft alten oder kranken Geistlichen im Lande als Vikare beigegeben. Sie werden aber dann von den Geistlichen, meistens sehr gering, bezahlt. Andere nehmen Hofmeisterstellen in Familien an oder gehen auf gelehrte Reisen, entweder auf eigene oder auch zuweilen auf herzogliche Kosten. Einige kehren ins Stift zurück und werden daselbst Repetenten oder Senioren.

Die Stipendiaten oder Stiftsgenossen machen die größte Zahl der Studenten in Tübingen aus. Im Jahre 1781, als ich in Tübingen war, wurden im Stift 349 zukünftige Theologen erzogen, alle übrigen Studenten mochten kaum 150 ausmachen, worunter noch mancher Theologe war. Daß eine Stiftung weiterlebt, um Theologen zu erziehen, ist an sich löblich und gut, weil das Land Theologen braucht. Das Vaterland benötigt aber ebenso notwendig Ärzte und Professoren der Mathematik, Chemie und Physik; und diese haben bei ihrem Studium noch weit höhere Kosten als ein Theologe und haben somit noch viel eher Unterstützung nötig. Nicht wenige vom geistlichen Stande wählen eine andere Wissenschaft, und dies sind oft die herrlichsten Köpfe. Es gibt treffliche Mathematiker, Historiker oder Literaten, die zuerst im Stift studiert hatten. Da nun gewiß mehr Stiftlinge da sind als theologische Stellen und da sehr oft fähige Köpfe, die im Stift erzogen wurden, doch nicht den geistlichen Stand wählen –

sollte man da nicht auch an diese denken, die ja auch Söhne des Vaterlandes sind und demselben auf andere Art dienen können?

Die ganze Einrichtung des Stiftes ist ein Überbleibsel aus den katholischen Zeiten, eine einfache Nachahmung der dort üblichen Art, junge Geistliche in Klöstern oder in Priesterhäusern zu erziehen. Deshalb ist sie für protestantische Geistliche nicht schicklich. Katholische Geistliche sollen, der Absicht ihrer Kirche entsprechend, einen ganz besonderen, vom Staat unterschiedenen Stand ausmachen. Sie sollen ganz aus der Welt herausgehen, nicht Hausväter, nicht Staatsdiener werden, sondern allein in der Kirche und für sie leben und nur ihren Bischöfen, Äbten, Prioren und übrigen geistlichen Oberen blinden Gehorsam leisten. Da mag es den Absichten der Hierarchie gemäß sein, die jungen Leute nie sich selbst zu überlassen und sie in besonderen Anstalten von der bürgerlichen Gesellschaft getrennt zu erziehen, um sie auch in den kleinsten Dingen in beständiger Abhängigkeit von ihren Vorgesetzten zu erhalten. Aber für protestantische Geistliche ist dergleichen Erziehung unzweckmäßig. Sie sind keine Glieder einer Hierarchie, die außerhalb des Staates sein will. Sie sollen Bürger und Diener des Staates werden, sollen Hausväter sein und in der bürgerlichen Gesellschaft leben. Deshalb muß ihre Erziehung so eingerichtet werden, daß sie, so früh es sein kann, die Welt und die bürgerliche Gesellschaft nach ihren verschiedenen Verhältnissen kennenlernen und weder in Absicht auf ihre Wissenschaft und auf unanwendbare Spekulationen und Grillen noch in Absicht auf ihre Lebensart und ihr Betragen fremd in derselben sind. Je eher sie in die Lage kommen, für sich selbst zu sorgen und sich selbst helfen zu müssen und nicht alles von den Befehlen anderer zu erwarten, desto besser ist es.

Überdem ist das Äußere des ganzen Stiftes nicht sehr einladend, wenigstens war es so, als ich es sah. Es ist in einem ehemaligen Augustinerkloster untergebracht, einem alten, dunklen, schmutzigen Gebäude, das noch die ganze ehemalige Klostereinrichtung an sich hat und auch durch die im vorigen Jahrhundert angebauten Teile zwar erweitert, aber nicht verschönert worden ist, außer daß man von dem neuen Gebäude eine schöne Aussicht hat. Der Verfasser der *Geographie und Statistik Württembergs* versichert, in diesem Gebäude gebe es für alle Stipendiaten nur 13 Zimmer, die geheizt werden könnten. Nun denke man sich über 200 junge Leute, in so wenige Zimmer im

Winter zusammengedrängt. Ist es wohl der Gesundheit und der Ruhe, die zum Studieren notwendig ist, angemessen, junge Leute so eng zusammenzupacken? Auch wenn sie im Sommer in mehrere Zellen verteilt werden, so leben sie doch wie Mönche, studieren wie Mönche und bleiben immer in mönchischer Zucht, außer daß sie bei Tage ausgehen dürfen.

Alle diese jungen Stipendiaten, die zum Teil kaum 18 Jahre alt sind, tragen Krägen und Mäntel wie die Prediger und rund gelockte Köpfe, von den Perücken abgesehen, die einigen von diesen jungen Köpfen einheizen. So entsteht ein possierlicher Widerspruch zwischen dieser ehrwürdigen Kleidung und der jugendlichen Munterkeit. Ich sah auf einer Straße in Tübingen drei oder vier solcher Krägen und Mäntel, die sorglos herumschlenderten und sich endlich in jugendlichem Mutwillen herumbalgten. Die Magister unter den Stipendiaten, von denen es in Tübingen wimmelt, trugen damals zu diesem geistlichen Ornat noch ein kleines schwarzes samtenes Kalottchen, so wie katholische Geistliche. Die ältesten unter den Magistern hatten gar eine schwarze Kleidung oder Kutte, fast wie Mönche. Daß diese seltsame Mummerei etwas Kluges oder Zweckmäßiges sei, können vernünftige Leute nicht behaupten, obgleich es hin und wieder geschieht, denn ich habe mit Verwunderung gehört, daß einige glauben, den Repetenten gehe etwas ab an ihrer Würde, weil sie nach der neuen Verbesserung die langen Kleider abgelegt haben. Nicht als ob alle, die aus dem Stift kommen, beständig den Rost an sich behielten, der sich in diesen dunklen und feuchten Mauern so leicht ansetzt. Junge Gelehrte, die mit hellem Geist und feinem Sinn begabt sind, verlieren früher oder später den einseitigen Anstrich und die seelenlose, in sich gekehrte Spekulation, die in solchen klösterlichen Seminaren gar leicht entsteht; sie behalten vielleicht nur den Geist der Ordnung, der Ausdauer beim Arbeiten, welchen die frühe Anstrengung wohl oft erzeugt und wodurch dann ihre Geistestalente desto mehr hervorscheinen und brauchbarer werden. Aber dazu gehört eine Gabe des Himmels, die nicht allen Menschen, besonders nicht allen Magistern, auch wenn sie sehr gelehrt sind, verliehen ist, nämlich eine gute Portion gesunder Menschenverstand. Wo dieser ist, werden bald die Fehler einer unrichtigen, schulmäßigen Erziehung durch nachfolgende Welterfahrung und Beobachtung verwischt. Wo dieser aber fehlt, bleiben die Fehler gewöhnlich fest sitzen, und zwar desto hartnäckiger, je mehr sich das Vertrauen besonders zu sich selbst und der eigenen Denkkraft, hauptsächlich aber, je mehr sich der Dünkel festsetzt, den junge Leute wegen ihrer Fortschritte in leerer, spitzfindiger Spekulation erlangen, welche doch in der wirklichen Welt keinen Wert hat.

Die Franzosen haben *beaux esprits de collège*, und das sind gar seltsame Geschöpfe, dergleichen sich auch in Deutschland genug finden, und zwar außer bei den zahlreichen Dichtern und Romanschriftstellern auch noch besonders unter den Hohlköpfen, die über die Dichtkunst und die bildenden Künste nebst der Gartenkunst philosophieren wollen, ohne gesehen, beobachtet, empfunden zu haben. Wir haben aber außerdem noch eine Menge frühzeitiger *savants de collège**[9], Originale, welche keiner anderen Nation eigen sind und sich nur in unserem deutschen Vaterlande finden, nicht weniger lächerlich in ihrer Art und nicht weniger langweilig. Dies will ich eigentlich nicht vom Stift zu Tübingen vorzüglich oder allein gesagt haben, aber etwas Charakteristisches scheint die darin geschöpfte Gelehrsamkeit doch zu haben, wenn sie nicht auf einen Kopf trifft, dem von der Natur viel Bonsens verliehen wurde. Man glaubt bei manchen in Württemberg herausgekommenen Schriften schon auf den ersten Seiten zu erkennen, der Verfasser müsse Magister des Tübinger Stiftes sein. Man erkennt dies nicht etwa bloß an den mystischen oder schwärmerischen Schriften, die auf jedem Boden gleich wild hervorsprossen, sondern gerade in Büchern, wo Spekulation waltet. Freilich sieht man überhaupt in Büchern junger Gelehrter, welche ihre ganze Wissenschaft durch Lernen von anderen erhalten haben, oft manche seltsamen Symptome der schweren Krankheit pedantischer Originalität. Die Ausländer schreiben sie gern allen deutschen Gelehrten zu, und sie mag auch wohl noch nicht so ganz ausgetilgt sein, sondern nur nach den Zeitumständen einen anderen Charakter angenommen haben. Aber wenn sich Magister aus dem Stift zu Tübingen an spekulative Materien wagen oder wenn sie unspekulative Materien spekulativ behandeln, so findet man gewöhnlich in ihren Schriften eine so ganz eigene Wendung, einen *goût de terroir**[10] wie an manchen Weinen. Es liegt darin eine so unbefangene Rücksichtslosigkeit auf die ganze übrige Welt, ein so originales Ausspinnen eigener Hirngespinste, eine so widerspruchslose Gewißheit ihrer Festsetzung, daß man, obwohl dergleichen Dinge auch in den Köpfen mancher anderer Magister existieren können, dennoch zuweilen wetten möchte, gewisse Ideen könnten in keinen Kopf kommen, der nicht von den stipendiatischen schwarzen Kalottchen des Stifts in Tübingen erhitzt worden ist. Ich möchte meinen Lesern einige Beispiele solcher Originalität geben.

Der sonst rühmlich bekannte, erst im März 1795 im vierundachtzigsten Lebensjahr verstorbene Tübinger Professor der Arzneikunst, G. F. Siegwart, hatte in seiner Jugend die Theologie und Philosophie im Stift studiert. Dies hatte er zeitlebens, bis ins hohe Alter, nicht verwinden können. Ungeachtet er nachher viele Länder gesehen hatte, ungeachtet, daß das Studium der Arzneikunst und Chirurgie ihn auf einen ganz anderen Weg, den der Erfahrung und des gesunden Menschenverstandes, führte, woran es diesem wackeren Manne auch nicht fehlte, so behielt er doch beständig eine feststehende Disposition zu schiefer und tiefer spekulativer Philosophie, die er zuweilen auf die Medizin zu schief und zu tief anwandte. Er beschrieb z. B. 1755 in einer Dissertation, *Tripes Heiterspanscensis*, ein Monstrum, dem auf dem Rücken noch ein drittes Bein gewachsen war, und wirft folgende tiefsinnige Fragen auf:

*Ob und zu was für einer Art von Mißgeburten dies Mädchen zu rechnen sei?*
*Was die Ursache dieses ungewöhnlichen Menschengeschöpfes sei?*
*Ob es von Gott hervorgebracht worden sei?*
*Wenn es durch Zufall entstanden sei, so fragt sich: durch was für einen? Was war dabei die wirkende Ursache?*
*Ist es die so oft angeführte Einbildungskraft der Mutter? Oder des Vaters? Oder einzig die der Leibesfrucht selbst?*
*Ist aus dieser Dreifüßlerin selbst ihr dritter Fuß aufgewachsen, oder hat sich derselbe nur aus ihr entwickelt?*
*Oder ist der vorerwähnte, ungewöhnliche Fuß anderswo hergekommen, und woher?*
*Ist derselbe von einem anderen Kinde abgerissen und hierherversetzt und zu welcher Zeit?*
*Ging er verloren, oder war es ein übriggebliebener Fuß?*
*Wenn das Letztere gilt: an welchem Ort und unter welchem Volk wurde jene Leibesfrucht empfangen, deren Überbleibsel an dieser Mißgeburt gefunden wurde?*

*Wird etwa das andere noch lebende Kind das, was es durch diese Mißgeburt verloren hat, wiedererlangen?*
*Ist diese Dreifüßlerin zum Zeugungsgeschäfte tüchtig?*
*Kann ihr also das Heiraten gestattet werden, wenn sich dereinst ein Liebhaber zu ihr finden sollte?*

Meine Leser, die etwas Neigung zum Lachen haben, werden diese Fragen kaum durchgelesen haben, ohne den Mund zu verziehen. Sie werden vielleicht auch meiner Meinung sein, daß ein Arzt solche Fragen schwerlich aufwerfen kann, wenn sein Verstand nicht in der Jugend in einem gelehrten Treibhaus gepflegt wurde, das noch viel von dem Dunst des *Doctoris angelici* oder des *Doctoris seraphici* in sich hat. Wo also der Verstand immer noch unter syllogistische Fenster und Latten auseinandergezerrt wird, um frühzeitig Früchte der Argumentationssucht oder der Mystik zu bringen, und wo man noch immer zu lernen beflissen ist, was der Ritter Hudibras von Natur so gut verstand: *Confute change hands, and still confute. – – to dispute.*

Ebenso auffallende Beispiele geben zwei Bücher, gleich original in ihrer Art, geschrieben von zwei Herren Schelling, Vater und Sohn, welche nacheinander, jeder zu seiner Zeit, Stiftsmitglieder waren. Diese Bücher sind ein paar lustige Beispiele dafür, wie weit düstere, einseitige, gelehrte Spekulation vom gesunden Menschenverstande abweichen kann.

Magister Schelling der erste, jetzt Spezial und Dekan zu Schorndorf, schrieb vor 24 Jahren, als er noch Repetent auf dem Stift in Tübingen war, ein Buch über die arabische Sprache. Damals sollte die Erklärung der Bibel und mit ihr die Erleuchtung beinahe der ganzen Welt von der arabischen Sprache ausgehen, welche allein den Schlüssel zum rechten Verstande der hebräischen Sprache und folglich zum Verständnis des Alten Testamentes, also auch zum verborgenen Schatze exegetischer Weisheit abgebe. Herr Schelling bemächtigte sich des damaligen Modegegenstandes und spekulierte so tief ins Arabische hinein, daß er nicht rechts noch links sah, was daneben lag. Er bewies mit einer Gravität, die etwas ins Komische geriet: *Die arabische Sprache* sei *noch jetzt eben dieselbe, die sie bald nach der Zeit ihrer Entstehung war*, und hatte sogar ein eigenes Kapitel: *Von der wunderbaren Erhaltung der arabischen Sprache in ihrer ersten Reinigkeit von den allerältesten Zeiten bis auf den heutigen Tag.* Der gute junge Mann, in sein Wunder vertieft, hatte wohl nicht bedacht, daß er im achtzehnten Jahrhundert nicht gut wissen könne, wie die arabische Sprache bald nach der Zeit ihrer Entstehung beschaffen gewesen sein möge, und daß er im herzoglichen Stifte zu Tübingen, aus welchem er kaum über ein paar Meilen hinausgekommen sein mochte, schwerlich wissen konnte, wie etwa diese Sprache jetzt im glücklichen und seligen Arabien geredet oder geschrieben werde.

Magister Schelling der erste genoß indes die Wonne seiner Kenntnis der arabischen Sprache fast ein Jahr lang. Da erschien Niebuhrs *Beschreibung von Arabien*. Aus derselben war zu ersehen, daß die arabische Sprache in viele Dialekte zerfällt und somit nicht gut dieselbe geblieben sein kann, die sie kurz nach der Zeit ihrer Entstehung war; ferner, daß die jetzigen arabischen Gelehrten die Sprache des Korans als eine tote Sprache erlernen müssen, weil diese Sprache so, wie sie im siebten Jahrhundert – also eine ziemliche Zeit nach ihrer Entstehung – beschaffen war, vom heutigen Arabisch so unterschieden ist wie das Lateinische vom Italienischen. Folglich ist das Arabische nicht wunderbar in seiner Reinheit erhalten worden. Einen anderen hätte eine so unvermutete Nachricht aus dem Orient zu Boden geschmettert; ich möchte aber wetten, daß Herr Schelling dabei ganz ruhig geblieben ist, denn Entdeckungen gelehrter Magister, wie die seine, haben, da sie a priori gefunden wurden, den Vorzug, daß sie durch keine Tatsachen zu widerlegen sind.

Magister Schelling der zweite, ein Sohn des vorigen, hat im Jahre 1795 eine tiefsinnige philosophische Abhandlung herausgegeben mit dem Titel: *Vom Ich als Prinzip der Philosophie.* Freilich hat dieser zweite Magister seinen Ansatz eigentlich dem weltberühmten Professor Fichte in Jena zu verdanken, der den wichtigen Grundsatz, daß Ich Ich ist, zuerst erfunden hatte, daß ein Nicht-Ich im Grundstein der Philosophie, den er unter starkem Pauken- und Trompetenschall gelegt hatte, dem Ich zur Seite gesetzt werden müsse. Aber Magister Schelling hat diese große Erfindung zu einer Höhe und Tiefe der Deduktion getrieben – deren selbst Professor Fichte kaum fähig wäre, obwohl er in der formalen Deduktion von Hirngespinsten unaussprechlich viel vermag –, indem er das Nicht-Ich in seine gehörigen Grenzen verwiesen hat, damit es dem Ich, diesem Grundstein aller Magisterdeduktionen, keinen Eintrag tue.

Man weiß, wie sehr die kritischen Philosophen seit einigen Jahren beflissen sind, die Philosophie zu begründen, indem von ihnen entdeckt worden ist, daß es derselben, seit dem ersten Philosophen, der aus der Sinnenwelt in die transzendentale überging, beständig an Grundlagen gefehlt habe, obgleich doch so stattliche philosophische Gebäude aufgeführt wurden. Sie haben gefunden, der Grund eines Gebäudes müsse gleichartig mit dem Gebäude sein, deshalb soll zu einer sehr formalen Philosophie ein durchaus formaler Grund gelegt werden. Sie wollen lieber gar keine Philosophie als eine, die ans Materielle auch nur angrenzt. Sie hassen daher jede materielle Bel-Etage. Sie bauen nicht in die Höhe, ins Sonnenlicht, sondern tief in die Tiefe, Grund unter Grund. So liegt ihre Bel-Etage im finstersten Keller, wohin die sinnliche Sonne, durch die die gegebenen Dinge so häßlich empirisch beleuchtet werden, nie gelangen kann. Die jüngsten Philosophen wollen noch tiefer graben und fliehen die garstige Sonne des gemeinen Menschenverstandes und wollen kein Licht sehen als das des dunklen Lämpchens ihrer Deduktionen, das durch ihre dumpfigen Keller schimmert. Da sitzen sie, Göttern gleich, im seligen gnostischen *Budos*, in ihrer Tiefe eifrig bemüht, von jeder Art der Philosophie alles Materielle und Gegebene, wie Häute einer Zwiebel so subtil als möglich abzuziehen, bis nach wiederholter Abstraktion ein Etwas übrigbleibt, das bloß formal, bloß durch sich selbst bestimmt ist.

Freilich haben diese Herren, so sehr sie sich einig sind, daß ungegebene, durch sich selbst gegebene, bloß formale Wahrheit *in omni scibili**[11] als der letzte Grund gefunden werden müsse, sich bisher dennoch nicht einigen können, welches denn diese letzte oder erste formal formale Wahrheit sei, von der alle anderen ausgehen. Das ist nicht verwunderlich, denn der gelehrte Herr Professor Heidenreich, der, obgleich er nie woanders gelebt hatte als in Leipzig, doch verdient hätte, Magister im Stift zu Tübingen gewesen zu sein, er hat entdeckt, daß vor Kant gar keine Philosophie gewesen sei. Dieser höchst wichtige Satz ist meiner geringen Einsicht nach nur darin irrig, daß er hätte lauten müssen: Es sei vor Heidenreich keine Philosophie dagewesen. Da nun also erst seit etwa gestern die Philosophie geboren worden ist, so wird man leicht einsehen, sie müsse auf ihren zarten Füßen noch schwanken und könne so geschwind nicht zu ihrer völligen Reife, Gewißheit und endlich Festigkeit kommen. Auch ist zu bedenken, daß jeder junge Philosoph ein noch feineres Messer haben wird, um ein noch feineres Häutchen von der Zwiebel abzuziehen, bis endlich einer kommt, der so fein abzieht, daß nichts mehr abzuziehen ist. Ein solcher meint nun Magister Schelling der zweite zu sein, dessen neuerfundenes Ich und Nicht-Ich als letzte aller Abstraktionen die vollendete Zwiebel sein sollen. Dennoch gibt es, wie ich höre, Philosophen mit noch viel feineren Messern, die der Meinung sind, sein Ich als Prinzip habe doch noch etwas von der Zwiebel oder kehre durch einen Zirkel dahin zurück. Sosehr sich Magister Schelling dagegen auch sträube, daß sein Ich ein Ding sei, sei es dennoch ein Ding, folglich bedingt, also noch nicht die so emsig gesuchte Nicht-Zwiebel. Zwar möchte meines Erachtens der Ritter Hudibras einigermaßen mit um die Ehre streiten können, die sich Magister Schelling der zweite durch sein einzig wahres System erworben hat, denn der

*Knew what's*
*what, and that's as high,*
*as metaphysic wit can fly!*

Desgleichen scheinen mir die tiefsinnigen indischen Philosophen, welche durch ihre transzendentalen Betrachtungen es endlich so weit gebracht haben, die Spitze ihrer eigenen Nase zu sehen, was bekanntlich keinem sinnlichen Menschen möglich ist, ganz auf dem Wege zu sein, auf welchem Professor Fichte und Magister Schelling das unwandelbare Sein ihres Ichs erlangt haben.

Ich glaube, meinen Lesern wird es nicht mißfallen, daß ich ihnen die Bekanntschaft dieser beiden Herren Magister verschafft habe. Dergleichen bekommt man nicht alle Tage zu sehen. Ich glaube auch fast, meine Leser werden ebenfalls meiner Meinung sein, daß, wären die beiden Herren, als sie noch im Stifte waren, anstatt immer steif auf die Mauern desselben zu starren und in ihren tiefen Spekulationen im Dormement hin und her zu promenieren, öfters auf die Höhe der Sternwarte geklettert, um in die umliegende schöne Gegend zu schauen, so wären ihnen die unveränderte Erhaltung der arabischen Sprache und das absolute Ich aus den Gedanken gekommen. Und sie hätten ihre gelehrten Werke nicht geschrieben, wobei die gelehrte Welt nichts verloren, sie aber viel gewonnen hätten.

Im vorigen Jahrhundert gab es in Tübingen fünf wohltätige Advokaten, die in ihrem Testament verordneten, daß auf ihre Wiesen im Ammertal alle kränklichen Pferde und Rinder und das Vieh der Schwarzwälder Bauern, solange sie ihre Holzwaren in der Stadt verkaufen, getrieben werden sollten. Dies ist sehr löblich. Wenn aber die

Magister im Stifte fortfahren, solche Schriften zu schreiben, wie die beiden Herren Schelling und einige andere, so wäre wohl zu wünschen, daß irgendein Menschenfreund – Advokat oder nicht – irgendeine Wiese zum Besten kränklicher Magister vermachen möchte. Darauf könnten sie dann mit manchen blaßwangigen Baccalaureen, welche sich in die Spekulation gar zu arg vertieften, fleißig herumspazieren und in Gottes freie Luft und schöne Natur schauen.

Falls es in Tübingen an einem solchen Wohltäter fehlen sollte, so gibt es dort schon so mancherlei Stiftungen, die zu einem so löblichen Zwecke angewandt werden könnten. Unter anderem gibt es dort ein *Collegium Illustre*, wo Fürsten und Prinzen und, in deren Ermangelung, Grafen und Herren studieren sollen. Die erste Absicht bei der Errichtung war, daß dort Juristen studieren sollten, die dem Lande nützlich wären. Diese Studenten sollten aber alle von Adel sein, und daraus entstand schließlich ein sehr unnützes Kollegium für Fürsten und Grafen. Überhaupt fing man es bei der Einrichtung der Stiftung ganz verkehrt an, denn der Sache nach hätte dieses Kollegium ein Teil der Universität sein müssen; warum also sonderte man es davon ab und gab ihm eine eigene Jurisdiktion? Und sollte denn nicht jetzt, da auf der Universität so treffliche Lehrer der Rechte vorhanden sind, eine Veränderung stattfinden können? In der Ordnung des fürstlichen Kollegiums zu Tübingen aus dem Jahre 1666, welche wohl die letzte ergangene sein wird, sind allerlei seltsame Anordnungen zu finden, z. B.: *Die Fürsten, Grafen und Herren vom Adel, so von ihren Hofmeistern und privatim Praeceptoribus, mit besonderen Treuen und nicht ohne Frucht instruiert, wie auch diejenigen, welche im Verstand und Erfahrung mehr Prospect haben, sollen zwar zum Besuch der Lectionum so stark nicht angehalten werden, jedoch sollten sie, den anderen, jüngern und an Geschicklichkeit geringeren Kollegiaten zum Exempel, wöchentlich wenigstens ein- oder zweimal einen Professor, welchen sie auch wollen, hören.* Ein feines Exempel, welches die Fürsten, Grafen und Herren den geringeren Kollegiaten geben sollten. Hingegen kann man in Herrn Spittlers Geschichte finden, daß desto mehr für den Leib gesorgt war, denn bei der ersten Tafel sollten die Stiftlinge mittags zehn und abends acht Gerichte haben. Ich weiß nicht, ob man heute noch ebensosehr in die Mägen der jungen *Personarum illustre* hineinstürmt, falls sich einer eines Studiums wegen dort einfindet. Wäre aber diese

Ordnung beim *Collegium Illustre* unverändert, so wären meine armen spekulativen Magister, die ich der Rekonvaleszenz wegen gern aus dem Stift in dieses Kollegium schicken möchte, freilich ganz verloren. Verdarb sie einst die Spekulation, so würde sie nun das Essen hypochondrisch und querköpfig machen, denn junge Herren, die so viele Gerichte essen sollen, dürfen nicht viel denken, besonders nichts Spekulatives.

Ob es überhaupt gut ist, daß Fürsten auf Universitäten studieren, ist eine Frage für sich, aber wenn es geschieht, so studieren sie in Leipzig und Göttingen und anderswo sehr gut unter anderen Studenten und mit recht gutem Erfolg, wenn sie nur fähig und fleißig sind. Da Grafen und Edelleute meist reich sind, bedürfen sie keiner besonderen Stiftung, um abgesondert von anderen Menschenkindern zu studieren. Diese Stiftung, welche ohnedies, wie das derselben gewidmete große Gebäude, seit vielen Jahren nicht gebraucht wird, wäre freilich am besten angewendet, wenn darin juristisch und finanziell kundige Geschäftsleute herangezogen würden, deren Württemberg wahrlich mehr bedarf als der großen Anzahl Theologen mit ihren orientalischen Sprachen und ihrer kritischen Philosophie.

Die Universitätsbibliothek habe ich nicht gesehen. Wenn man wenig Zeit hat und eine Bibliothek nur durchlaufen und ansehen kann, so ist's nicht viel mehr, als wenn ein Tauber Musik sieht. Sehen gegen sehen wählte ich dennoch: anstatt des Anschauens der Bände der Bibliothek die herrliche Aussicht vom Schlosse und von der Sternwarte in die Landschaft. Dadurch versäumte ich allerdings, die Bekanntschaft des damaligen Unterbibliothekars, Herrn J. D. Reuß, zu machen, welcher inzwischen als Professor und Universitätsbibliothekar nach Göttingen gekommen ist, wo ich ihm viele literarische Gefälligkeiten zu danken habe. Wie Herr Langer in Wolfenbüttel scheint er zum Bibliothekar geboren zu sein. Beide haben eine überaus weitreichende Bücherkenntnis, eine sehr große Belesenheit und ein ausgezeichnetes Gedächtnis, verbunden mit reifer Beurteilungskraft und unermüdlicher Dienstfertigkeit, den Gelehrten bibliothekarische Hinweise zu geben. Man sagte mir damals, die Bibliothek bestünde aus ungefähr 20000 Bänden, denn man habe erst seit 1752 richtig angefangen zu sammeln, während vorher ein unheimlicher Wust von Büchern in verstaubten Kammern übereinanderlag. Es waren damals zur Vermehrung der Bibliothek jährlich etwa 400 Gulden ausgesetzt. Vormals gab es auch auf dem Schlosse Tübingen eine Bibliothek, die einer von Württembergs trefflichen Regenten, Herzog Christoph, in der ersten Hälfte des sechzehnten Jahrhunderts angelegt hatte und die besonders schöne griechische Handschriften enthielt. Diese Bibliothek wurde im Jahre 1634, als das Schloß Hohentübingen sich den Siegern ergeben mußte, von bayerischen Truppen entgegen den Kapitulationsabmachungen nach München entführt, wo sie noch heute vorhanden ist.

Die *Tübing'schen gelehrten Anzeigen* gehören zu den guten Zeitungen. Der verstorbene D. Cotta, Professor der Theologie, fing 1735 an, diese Zeitung zu einer Zeit, als außer der *Leipziger gelehrten Zeitung* keine andere in Deutschland vorhanden war, herauszugeben. Sie erschien aber nur bis 1740. 1752 machte Herr D. Schott einen neuen Versuch, der aber nur ein Jahr andauerte. Im Jahre 1783 trat eine Gesellschaft von Tübinger Professoren zur Herausgabe dieser gelehrten Zeitung zusammen. Seit dem Juli 1783 erscheint sie bis auf den heutigen Tag einmal wöchentlich. Der akademische Senat hat seit einem Jahr eine jährliche Summe zu ihrem Fortbestehen ausgesetzt.

Da fast alle Universitäten großen Herren das Kompliment machen, sich nach einem fürstlichen Namen zu nennen, so heißt die in Tübingen die Eberhard-Karls-Universität. Den ersten Namen führte sie ehemals schon von ihrem Stifter Eberhard, den zweiten nahm sie vom vorletzten Herzog Karl an, der sich 1769 einige Tage in Tübingen aufhielt und sich zum Rektor Magnificentissimus der Universität erklärte. Herr Professor Böck, der in seiner Geschichte der Universität überhaupt wegen dieses hohen Besuchs rechts und links etwas mehr und etwas tiefer Komplimente machte, als einem Geschichtsschreiber, der auf das große Publikum und die Nachwelt sieht, eigentlich ziemen möchte, bemerkt ausdrücklich, daß diese Benennung aus höchst eigenem Wunsch seiner Durchlaucht im Jahre 1769 stattgefunden habe. Er scheint zu glauben, der Herzog Karl habe dadurch der Universität ein Kompliment gemacht, nicht die Universität dem Herzog. Man sollte eigentlich denken, letzteres sei der Fall. Fürsten werden oft vergessen, Wissenschaften und Talente bleiben:

*De vingt rois que l'on encense*
*Le trepas brise l'autel,*
*Et Voltaire est immortel!** [12]

In einer Universitätsstadt ist gewöhnlich die Haupteinkommensquelle die Universität selbst; so auch in Tübingen. Außerdem zeigen die schon erwähnten Düngerhaufen, deren man in den Straßen nur zu viele sieht, daß auch Viehzucht zum Lebensunterhalt der Bürger gehört. Die Schafzucht ist seit einiger Zeit durch Widder aus Spanien und dem Roussillon sehr verbessert worden, ein besonderes Verdienst des Schäfereiverwalters, Herrn Steeb. Zwar wird auch Ackerbau betrieben, doch ist die Stadtmarkung so klein, daß darauf kaum so viel Getreide gewonnen wird, wie die Stadt in drei oder vier Monaten verbraucht; weshalb beständig Zufuhr nötig ist. Ob diesem unrichtigen Verhältnis von Ackerbau und Viehzucht dadurch abgeholfen werden könnte, daß man einen Teil der Viehweiden in Äcker verwandelt, oder ob die Viehzucht mehr einbringt, das kann ich nicht beurteilen. Indes findet sich in Tübingen auch mancherlei Industrie. Die verschiedenen Mühlen an der Ammer habe ich schon genannt. Auf dem Kupferhammer wird Kupfer gegossen und auf zwei Hämmern geschmiedet, wobei der eine Platten schlägt und der andere hohl arbeitet. Das Kupfer ist alles inländisch und kommt teils aus dem Christophstal bei Freudenstadt, teils aus Alpirsbach und Bulach. Bei der Pulvermühle ist auch ein Pulvermagazin, das mit einem Blitzableiter versehen ist. Auf der Schleifmühle werden vor allem Äxte und Messer geschliffen, die teils im Lande gefertigt, teils von außen, insbesondere aus Solingen und aus Aarau in der Schweiz, eingeführt werden. Wenn Württemberg auch Eisenwerke hat, so wird doch für den inländischen Verbrauch bei weitem nicht genug erzeugt. Auf der Walkmühle werden die groben Tücher gewalkt, die hier fürs Landvolk gefertigt werden. Die ebenfalls schon erwähnten Gerbereien sind Rot- und Weißgerbereien. Beide sind aber unbedeutend. Die Färbereien färben für die hiesigen Wollmanufakturen. Unter deren Erzeugnissen sind die sogenannten Tübinger Zeuge die bedeutendsten, nämlich gestreifte, melierte und glatte Kamelotte und Grisette oder geblümte wollene Droguette.*[13] Es gibt auch noch einige Leinweber, die einfaches Tuch herstellen.

Herr Professor Plocquet junior hat eine Salmiak- und Glaubersalzfabrik, die an der Ammer liegt, und exportiert bis nach Wien. Auch einige gut florierende Buchhandlungen findet man in Tübingen, die Cottasche und die Heerbrandsche; außerdem vier Buchdruckereien. Zwei davon waren vor einiger Zeit durch das schändliche Gewerbe des Nachdruckens übel berüchtigt, welches auch, wie man mir versicherte, damals der Antiquar Cotta unter der Decke der beiden Buchdrucker Fleischhauer in Reutlingen betrieb. Ich hoffe, er schämt sich jetzt, einem so schändlichen Gewerbe Vorschub geleistet zu haben.

Auch in Tübingen ist der allgemeine Charakter der schwäbischen Nation – ruhige Zufriedenheit, Gutherzigkeit, Naivität – unverkennbar. Man sieht da nicht wenige wohlgebildete Frauenzimmer, und die meisten haben eine schöne Gesichtsfarbe. Die herrliche Gegend muntert ja zum Frohsinn auf. Zur Zeit meines Aufenthaltes waren fast alle Gattinnen der dortigen Professoren im Wochenbett, hatten es gerade verlassen oder waren im Begriffe hineinzukommen, und alle hatten ein gesundes und frohes Aussehen.

Die Studenten sind in Tübingen friedlicher als an den meisten anderen deutschen Universitäten. Ich habe wenigstens nie von einem Aufruhr der Studenten gehört; noch weniger, daß sie, wenn es nicht nach ihrem Sinne gegangen war, öffentlich ausgezogen wären, mit der Drohung, den Ort zu verlassen, wie es auf manchen größeren Universitäten mehr als einmal vorgekommen war. Noch weniger habe ich davon gehört, daß man mit Aufrührerischen verhandelt hätte und sie unter Trompetenklang und Paukenschall feierlich wieder eingeholt hätte.

Viel trägt dazu wohl die strenge Ordnung im Stifte bei und überhaupt, daß die meisten Studenten Württemberger sind. Doktor Amstein schreibt in einem Aufsatz von einem Studentenorden, welcher auf gemeinschaftliche Aufmunterung zum Fleiß in den Wissenschaften gerichtet ist. Wären alle Studentenorden so beschaffen, so hätten die Landesherren und Kaiser und das Reich keiner Verbote dagegen bedurft.

Der Verfasser der Geographie und Statistik Württembergs sagt, die Lebensart in Tübingen sei noch sehr gezwungen. Ich war allzu kurze Zeit dort, um vollständig darüber urteilen zu können. In den Gesellschaften, wo ich war, fand ich wenigstens nichts Steifes. Ich sah freilich in Tübingen, so wie an anderen Orten auch, steife, sehr steife Personen, und die mögen wohl steife Gesellschaften halten, aber der gesellschaftliche Ton gebildeter Leute ist dort bei beiden Geschlechtern natürlich und folglich untadelhaft. Man findet überhaupt in Schwaben in Gesellschaften gewiß im ganzen weniger Prätention als in manchen anderen deutschen Provinzen. Besonders hat das Frauenzimmer in Schwaben, vielleicht mehr als irgendwo, die unschuldige Unbefangenheit, die gleich weit entfernt ist, Prätention zu machen oder sich zu vernachlässigen.

Ich hörte in Tübingen einen Mundartausdruck, den ich in Schmids Schwäbischem Idiotikon nicht finde: *Ein gewürfeltes Weib* anstatt *ein verschmitztes Weib*.

Ich weiß nicht, ob man in Tübingen mit der Trauerfeier für Verstorbene auch so viel Wesens macht, als man ehemals den Württembergern überhaupt nachsagte. Mir wurde einmal erzählt, wenn zu Tübingen in einer etwas stattlichen Familie jemand gestorben sei, so dürften die Hinterbliebenen während der Trauerzeit in die Kirche nur Gesangs- und Gebetbücher mit schwarzem Schnitt mitnehmen. Falls dies wahr wäre, so gäbe es ein schönes Gegenstück zum Patriotismus der heutigen Holländer, die keine Mohrrüben sehen können, weil sie orangefarbig sind.

In und um Tübingen herum sah ich zum ersten Mal die schwäbische Mode, daß die jungen Mädchen gemeinen Standes lange geflochtene Zöpfe tragen und, damit diese noch länger aussehen, noch lange Bänder hineinflechten, welche dann bis auf die Füße herabhängen.

8. KAPITEL

## Die Reise von Tübingen nach St. Blasien im Schwarzwald

*Hechingen – Unterwegs von Balingen nach Schömberg – Der Straßenbau – Von Frittingen bis Donaueschingen – Der Ursprung der Donau – Weiterfahrt nach St. Blasien – Der Anblick des Stiftes*

Ich kannte schon lange den damaligen Fürstenabt des Stifts St. Blasien im Schwarzwald als einen vorzüglichen katholischen Gelehrten; ich wußte auch, daß er nach einer unglücklichen Feuersbrunst sein Stift nebst einer herrlichen Kirche ganz neu aufgebaut hatte. Ich nahm mir also vor, wenn die Wege im Schwarzwald nicht allzu unzugänglich wären, den kleinen Umweg bis nach St. Blasien zu machen. Es erschien mir interessant, einen so merkwürdigen Gelehrten persönlich kennenzulernen; und der ganz sonderbare Anblick, in einer wilden Einöde, von allen Menschen abgesondert, ein prächtiges Stift und eine Gesellschaft gelehrter Theologen zu finden, war schon diese kleine Nebenreise wert.

Wir reisten gleich abends ab und kamen bald über Berg und Tal zu der 2¼ Meilen entlegenen Stadt Hechingen, der Residenz des Fürsten von Hohenzollern, am Flusse Stärzel gelegen. Wir erkannten in einer ziemlich heiteren Nacht nur so viel, daß die Straßen bergig und unwegsam, die Häuser der Bürger klein und schlecht sind und das fürstliche Schloß ein großes, nicht modernes Gebäude ist. Die mit vielen Kosten nach des französischen Baumeisters Dixnard Angabe neu erbaute große Pfarrkirche sahen wir nicht.

Wir fuhren auf einer ziemlich guten Chaussee von Hechingen ab und erblickten, da die Nacht heiter war, nochmals das auf einem hohen Berge liegende Schloß Hohenzollern, das Stammhaus der jetzigen Könige von Preußen, das wir schon von der Tübinger Sternwarte gesehen hatten.

Früh gegen 4 Uhr, gerade bei Sonnenaufgang, trafen wir an einem der herrlichsten Sommermorgen in Balingen ein, einem württembergischen Städtchen in einem fruchtbaren Tal, das der Fluß Eiach durchfließt. Das Bergschloß Hohenzollern, von der aufgehenden

Hechingen und der Hohenzollern

Sonne hell beleuchtet, fiel uns hier in der Ferne wieder sehr vorteilhaft in die Augen. Ganz in der Nähe zeigte man uns einen Berg, Heuberg genannt, welcher unter dem dortigen einfachen Volk wegen Hexentänzen ebenso übel berüchtigt ist als der Brocken bei den einfachen Leuten des nördlichen Deutschlands.

Der schwäbische Dialekt ändert sich hier schon merklich. Die Vokale werden viel länger gezogen, und die Aussprache hat weit mehr Akzente als in Tübingen. Die Einwohner sind stark und munter, besonders die jungen Leute. Die jungen Weibspersonen, obgleich etwas derb, sehen schön und gesund aus. Sie haben dabei eine ganz besondere Tracht, die ihnen nicht übel steht.

Unweit Balingen ist ein Ort namens Grosselfingen, zu Hohenzollern-Hechingen gehörig, in welchem alle Jahre einmal ein sogenanntes Narrengericht abgehalten wird. Die Einwohner haben das Recht, jedem Fremden an diesem Tage die Wahrheit ins Gesicht zu sagen oder ihm eine Strafe aufzuerlegen. Der Ursprung dieser alten Gewohnheit ist nicht bekannt. Es wäre bestimmt sehr gut, wenn man auch an anderen Orten Narren hielte, die wenigstens alle Jahre einmal, auch den Einheimischen, die Wahrheit sagen dürften. Es gibt freilich noch hin und wieder Narren, welche die Wahrheit sagen, ohne es zu dürfen. – Ich bekenne gern, mich zuweilen dieser Narrheit schuldig gemacht zu haben.

Die gute württembergische Chaussee geht von Balingen noch ungefähr eine Meile bis an die Grenze. Wenn man daraufhin in die vorderösterreichische Grafschaft Hohenberg kommt, vermißt man sie sehr und kommt bald auf so abscheuliche Wege, die man in einem Lande wie Österreich, das wegen seiner guten Wege mit Recht so berühmt ist, am wenigsten vermuten sollte. Eine halbe Meile lang geht es noch leidlich. Nachher aber muß man einen hohen Berg hinan und dann in ein tiefes Tal, und nachdem man eine steinerne Brücke über einen Bach passiert hat, der oft sehr reißend werden soll, so muß man wieder einen äußerst steilen Berg hinauf. Wehe dem Reisenden, der diesen Berg im Regenwetter oder gar im Winter überqueren muß! Es ist nicht möglich, beim Heraufsteigen im Wagen zu bleiben, und beim Herunterfahren möchte es beinahe noch weniger ratsam sein. Der Weg ist zwar gepflastert, aber voller Höcker und tiefer Löcher, oft vier bis sechs Fuß lang und breit, so daß man alle Augenblicke glaubt, der Wagen wird umstürzen oder zerbrechen.

Balingen, am Fuße der Schwäbischen Alb

Auf der Anhöhe liegt Schömberg, ein kleines vorderösterreichisches Städtchen. Die Häuser sind von Fachwerk, waren aber alle weiß und rot frisch angestrichen; daher gaben sie nebst den Springbrunnen von frischen Quellwassern dem Städtchen ein munteres Ansehen. Doch ist selbst in dem Städtchen das Pflaster so abscheulich, daß man unmöglich im Wagen bleiben kann. Ehe man in die Stadt kommt, hat man, vom Bergrücken sich zurückwendend, eine ganz herrliche Aussicht in die romantischen Täler und umliegenden Berge des württembergischen Landes. Jenseits der Stadt schien das Land nicht sehr fruchtbar und auch sehr wenig kultiviert zu sein, doch war eine ziemliche Strecke lang der Weg zu beiden Seiten mit Hecken besetzt. Etwa eine Viertelmeile von dem Städtchen Schömberg fanden wir Spuren der löblichen Sorgfalt der österreichischen Regierung, indem hin und wieder an einzelnen Stellen, die vermutlich die unwegsamsten gewesen waren, eine Chaussee gemacht ward. Nötiger aber wäre es wirklich gewesen, den Aufgang an dem steilen Berge von der anderen Seite der Stadt zuerst in guten Stand zu setzen.

Es war mir übrigens interessant zu sehen, wie hier die Chausseen gemacht wurden. Zuerst grub man zu beiden Seiten des sandigen oder lehmigen Weges, denn der Boden hat hier abwechselnd beiderlei Beschaffenheit, Gräben aus, etwa sechs Fuß breit und tief. Darauf wurden Stücke aus Kalkstein von ungefähr einem Fuße im Quadrate und drei bis sechs Zoll dick, welche dicht am Wege gebrochen worden waren, ordentlich nebeneinander und übereinander geschichtet, so daß sie in der Mitte eine rundliche Erhöhung bekommen. Auf beiden Seiten wurden starke Steine, mehr als einen Fuß hoch, auf die hohe Seite nebeneinandergesetzt, um als eine Art Widerlager zu dienen. Die Unterlage ward mit kleingeschlagenen Stücken Kalkstein bedeckt, so daß in der Mitte eine rundliche Erhöhung entstand, und darauf wurden ganz kleine zerbröckelte Stücke Kalkstein (nach österreichischem Ausdrucke Schotter) geschüttet. An einigen Orten tat man das nicht einmal, sondern ließ nur die aufgeschütteten, größeren Stücke von den Wagen zerstoßen und zusammenfahren, welches aber für die Räder der Wagen und für die Hufe der Pferde eben nicht vorteilhaft ist. Beim Anblick dieser begonnenen Chaussee fiel mir sehr lebhaft auf, daß durch die Kalkbrüche bei Rüdersdorf, zwei Meilen von Berlin, alle sandigen Wege um Berlin verbessert werden könnten, selbst wenn man nicht eigentliche Chausseen machen wollte, und daß

Schömberg

dazu der Abraum und die kleinen Stücke, welche beim Kalkbrechen übrigbleiben, sehr nützlich angewendet werden könnten.

Wir fuhren ziemlich lange auf einer nichtbebauten Allmende auf beständiger Ebene fort. Nur an dem nahe vor uns liegenden Horizonte war zu erkennen, daß wir uns auf einem hohen Berge befanden. Endlich fing der hohe Berg an sich abwärts zu neigen, und zuletzt fuhren wir ziemlich steil hinunter in ein geräumiges Tal, in welchem links, wo es sich etwas öffnet, an den Bergen lauter schöne fruchtbare Felder lagen, damals meist reif zum Schnitte. Sonst lag alles Land ganz wüst, und in einem kleinen Wäldchen von Tannen und jungen Eichen war nicht die geringste Spur einer forstmäßigen Kultur zu bemerken. Nachdem wir wieder etwas in die Höhe gefahren waren, kamen wir durch Frittingen, einem der Zisterzienserabtei Rothmünster gehörigen Marktflecken. An einem kleinen Umstande war zu merken, daß wir in einem geistlichen Gebiet waren, wo die Leute durstiger sein sollen als anderswo. Vor verschiedenen Häusern dieses kleinen Orts war auf schwarz angestrichenen Bänkchen ein schwarz angestrichener hoher Würfel aus Holz gesetzt, auf dessen Seiten 3 B und auf einigen 4 B zu lesen war. Dies bedeutet, wie wir belehrt wurden, daß daselbst Wein zu drei oder vier Batzen verkauft werde, obgleich hier wegen des rauhen Klimas kein Wein wächst.

Hinter diesem Flecken ward der Weg noch schlechter. Wir mußten beinahe in einem Winkel von 45 Grad herabfahren und dann wieder einen Berg hinauf und wieder herunter, alles auf abscheulichen, ausgewaschenen, steinigen Wegen. Überdies hat man hier alle Arten schlechter Wege zusammen. Da ist sandiges, lehmiges, morastiges Land, und Steine und Löcher gibt es die Fülle. Selbst die Chaussee, welche damals angefangen und noch nicht fertig war, erschütterte alle Eingeweide, wenn man, aus Mangel eines Seitenweges, darüber fahren mußte und der Wagen von einem spitzen Stein auf den anderen fiel. Das Angenehmste war dabei, daß man von den Anhöhen fast überall die Bauern beobachten konnte, wie sie das Getreide mit Sicheln schnitten, und daß an dem Abhange der nie bewachsenen Berge große Viehherden weideten. Es war also, so weit man sehen konnte, alles lebendig, ausgenommen beim Chausseebau. Derselbe wurde nur an einzelnen Stellen betrieben, so daß oft auf langen Strecken nichts davon zu sehen war, und nirgends waren mehr als eine oder zwei Personen damit beschäftigt, vermutlich weil es in der Erntezeit war. Diese Gegend heißt das Spaichinger Tal, welches wir durchquerten und dabei über das Flüßchen Prinn fuhren. An einer wohlgebauten Chaussee merkten wir, daß wir wieder im Württembergischen waren. Auf derselben fuhren wir im Galopp den Berg hinunter und ebenso wieder hinauf und waren in dem württembergischen Dorfe Aldingen, wo ein Postwechsel ist.

Von da geht der Weg abermals bergauf und bergab; folglich kommt man sehr langsam voran. In dieser Gegend, welche zum württembergischen Amt Tuttlingen gehört, ist das Land schlecht kultiviert. Man fährt über Gemeinweiden oder über Ländereien, welche seit langer Zeit nicht beackert oder besät worden sind. Wenn der Boden auch grün bewachsen ist, so macht doch diese öde Gleichförmigkeit dem Auge, welches an Spuren der Fruchtbarkeit und des menschlichen Fleißes gewöhnt ist, einen unangenehmen Eindruck. Weit und breit sah man kein Dorf. An einem Orte bauten sich ein paar Leute ein Haus ganz aus Holz und bettelten uns dabei an. Man sah hin und wieder Quellen durch Röhren geleitet, die sich in Tröge ergießen, vermutlich zum Tränken der Schafe, die hier weiden; doch erblickten wir keine Herde. Ich dachte beim Anblick dieser Gegend an die patriotischen Württemberger, welche behaupten, die Einwohner ihres Landes müssen wegen allzu starker Bevölkerung auswandern. Hier wäre doch ein Platz, wo sich noch manche ansiedeln könnten; und sollten nicht noch manche andere Plätze wie diese vorhanden sein, welche urbar gemacht zu werden verdienen?

Wir fuhren nach einiger Zeit über die letzte württembergische Grenze und kamen nun um ein Uhr in den Marktflecken Donaueschingen, der bekannten Residenz des Fürsten von Fürstenberg. Dieser Ort liegt in einer fruchtbaren Gegend, und längs des Weges war man mit dem Schneiden des Getreides beschäftigt, welches hier mit der Sichel geschieht, und zwar meistens durch Schweizer, welche wegen der Arbeit in der Erntezeit hierherkommen, so, wie die westfälischen Bauern nach Holland gehen. In Holland ist dies zu begreifen, da dies Land seine Einwohner mit Seefahrten, Handel und Manufakturen genug beschäftigt; sollten aber hier, wo die Einwohner weder Manufakturen noch sonderlich viel Handel haben, nicht Menschen genug sein, um die Ernte zu besorgen? Die Viehzucht ist hier beträchtlich, und uns begegneten Herden des schönsten großen Hornviehes.

Donaueschingen hat architektonisch nicht unbedingt schöne, aber viele sehr gute Häuser aus Bruchsteinen gebaut. Das fürstliche Schloß ist drei Geschoß hoch, eben nicht modern, aber doch ansehnlich. Die Kanzlei und das Gymnasium sind auch beträchtliche Gebäude. Alles sieht übrigens hier froh und wohlhabend aus. Die Einwohner sind ein großer Schlag von Leuten und sehen viel heiterer aus als die Württemberger in kleinen Städten. Die Mundart weicht aber sehr von der schwäbisch-württembergischen ab und nähert sich schon der schweizerischen Mundart. Die Fürstenberger sprechen auch, so wie die Schweizer es gewöhnlich tun, mitunter ein Wort französisch, welches man im Württembergischen gar nicht findet.

Etwa vier Stunden entfernt, zu Herzogsweiler, ist eine dem Fürsten gehörige Glashütte, wo gutes weißes Glas gemacht wird.

Hier zogen wir über den rechten Weg nach dem Stifte St. Blasien genauere Erkundigung ein. Da wir aber vernahmen, daß wir, wenn wir auch augenblicklich fortgereist wären, denselben Tag nicht vor abends elf Uhr im Stifte ankommen könnten, welches unschicklich gewesen sein würde, hielten wir uns hier an diesem angenehmen freundlichen Orte gern einige Stunden auf.

Man kann sich wohl denken, daß wir in das Schloß gegangen sind, um den sogenannten Ursprung der Donau zu sehen. Es ist nämlich, wie bekannt, im Hofe des Schlosses ein mit Steinen eingefaßtes Bassin, etwas 20 Fuß im Quadrat, das aus verschiedenen Quellen entsteht, aus welchem der Abfluß bis in die Donau geht. Dieser ist etwa $1^1/_2$ Fuß breit, gleichfalls mit Quadersteinen eingefaßt, über welchen wir einen Schritt taten, um, wie viele Reisende sagen können, wir seien über die Donau geschritten.

Die Meinungen über den Ursprung der Donau sind sehr verschieden, und der Wortstreit darüber wird in kleinen Zirkeln zuweilen ernsthafter geführt als im größeren Kreis der Streit über den Ursprung des Nils. In Donaueschingen dürfte wohl niemand behaupten, daß dort die Donau nicht entspringe, denn das würde dort sehr übelgenommen werden.

Im württembergischen Teil des Schwarzwaldes, am Fuße des Hirschberges oder Hirzberges, eine halbe Meile vom württembergischen Kloster St. Georgen entfernt, entspringt ein Flüßchen, die Brig oder Brigach genannt, welches nahe bei Donaueschingen den Namen Donau annimmt, wie die Württemberger sagen, aber in die Donau fließt, wie zu Donaueschingen behauptet wird. Wenn man aber unparteiisch sein will, kann man schlecht behaupten, ein größeres Wasser, die Brig, welches schon über ein paar Meilen geflossen ist, münde in einen Bach, der im Schloß zu Donaueschingen seinen Ursprung nimmt, nur ein paar Fuß breit ist und kaum etwa 1000 Fuß weit fließt. Dessen Quelle kann demnach nicht die Quelle der Donau genannt werden. Eigentlich muß man sagen: Da, wo bei Donaueschingen ein sehr kleiner Bach in die Brig fließt, oder besser, wo 1000 Schritt weiter herunter der Fluß, die Brig, mit einem andern Flusse, die Breg genannt, zusammenfließt, erhält dieser vereinigte Fluß den Namen Donau.

Wenn man von Donaueschingen wegfährt, passiert man die Brig auf einer hölzernen Brücke und kommt auf eine schöne Chaussee, die auch mit jungen Bäumen besetzt ist. Das Land ist sehr fruchtbar, weshalb die Dörfer ziemlich dicht beieinander liegen. Von weitem sieht man links auf einem hohen Berg das Schloß und Städtchen Fürstenberg, das Stammhaus des gleichnamigen Fürstengeschlechtes.

Das Posthaus zu Unadingen, 1½ Meilen von Donaueschingen entfernt, ist ein einzelnes steinernes Haus, zwischen zwei ziemlich hohen mit Nadelholze bewachsenen Bergen gelegen. Der Posthalter, der mit seinen grauen Haaren und seinem ehrlichen Gesicht wie ein Patriarch aussah, sagte uns mit treuherzigem Wohlgefallen, daß er es selbst gebaut habe. Der Ton seiner Sprache war schon ganz schweizerisch. Ich war hier mit Vergnügen Zuschauer der Verhandlung seiner Tochter, eines schönen blonden Mädchens, mit einer alten Näherin. Das Ganze spielte sich im Freien, im Halbschatten des Hauses ab, und die Beleuchtung der Nachmittagssonne war sehr malerisch. Die Verhandlung betraf ein braunes Mieder, mit silbernen Tressen besetzt, und verschiedene bunte Bänder, die sie darauf nach ihrer Phantasie geordnet wissen wollte und darüber sehr ernstlich verschiedene Vorschläge machte und von der alten Frau anhörte. Die Sache war auch wichtig, denn das Mieder ward für ihren nahe bevorstehenden Hochzeitstag hergerichtet. Es war artig, in dieser Einöde die Liebe zum Putz so geschäftig zu sehen. Die Braut hatte selbst schon ein Mieder an, mit bunten Bändern und Tressen besetzt. Als Gürtel schlang sich eine Kette um den Rock, sehr hoch angesetzt, fast unter dem Busen. Sie trug eine Schürze von schwarzem Zeug, einen Strohhut, mit feiner Koketterie schief gesetzt, und von ihrem Haupte hing ihr blondes Haar in zwei langen Zöpfen, mit blauem Bande durchflochten, welches bis auf die Erde hing.

Bei Unadingen hört die Chaussee auf, und nun fängt einer der wildesten Bergwege an, weshalb wir hier zum ersten Male drei Pferde nehmen mußten, nachdem wir bisher auf der ganzen Reise immer mit zweien recht gut fortgekommen waren. Der Anfang des Weges ist noch sehr angenehm. Er geht gleich ziemlich steil bergan, aber beständig zwischen Getreidefeldern, bis er sich um einen mit Tannen und niedrigem Laubholze bewachsenen Berg windet, wo er in ein höchst anmutiges Tal hinunterführt. Dasselbe durchläuft ein rieselnder Bach, der nicht nur eine Mühle treibt, sondern vermittels kleiner gezogener Kanäle und kleiner Schleusen viele Wiesen bewässert. Diese Spur menschlichen Fleißes in einer solchen Einöde, im Kontrast mit den gegenüberstehenden, mit dunklem Nadelholz bewachsenen Bergen, machte ein liebliches Gemälde.

Hinter Rieselfingen hört plötzlich jede Spur menschlicher Industrie auf, welche uns seit Donaueschingen so angenehm beeindruckt hatte. Der Weg wird steinig und fast nicht befahrbar, und da, wo die dem Stifte St. Blasien gehörige Grafschaft Bondorf angeht, fängt die Gegend an, sehr wild zu werden. Nun merkt man, daß man im Schwarzwald ist.

Das Dorf Boll, hier Bohl ausgesprochen, das erste in der dem Fürstenabte von St. Blasien gehörigen Grafschaft Bondorf, liegt von Gebüsch verdeckt am Abhang eines Berges sehr sonderbar. Die Häuser hängen übereinander, und die Kirche liegt ganz hoch auf dem Felsen, an dessen Seite sich wieder ein Bächlein in den Grund stürzt.

Und nun ging der Weg aus diesem romantischen Tale wieder sehr steil in die Höhe. Aus dem düstern, wilden, engen Wege herausgeschleppt, fanden wir an dem schönsten Sommerabend den Mond aufgegangen und erblickten vor uns volle Getreidefelder, wallend in hellem Mondenlicht, und rückwärts eine herrliche Aussicht in eine weite bergige Landschaft. Die Überraschung war äußerst angenehm. Wir fuhren, als es schon dunkel war, wieder hinunter in den Marktflecken Bondorf, den Hauptort der Grafschaft dieses Namens. Wir waren also auf dieser Strecke, welche eigentlich nur knapp zwei Meilen lang ist, ganze vier Stunden gefahren.

Bondorf ist ein mäßiger Marktflecken, dessen Einwohner sich bloß vom Getreideanbau ernähren. Sie scheinen wohlhabend zu sein

Ein romantisches Schwarzwaldtal

und sind wie alle Bewohner des Schwarzwaldes ein starker, gesunder Schlag von Leuten. Man rechnet hier, daß man nicht viel mehr als ein Vierteljahr Frühling und Sommer und beinahe ein Dreivierteljahr Winter hat. Dabei wächst drei bis vier Meilen weiter, nach Schaffhausen zu, schon Wein. So erstaunlich ist das Klima der rauhen Berge und wilden Täler von dem Klima des ganz nahe liegenden offenen Landes unterschieden. Indes wurden in diesem rauhen Landstrich dennoch Roggen, Gerste, Hanf und auch viel Kartoffeln angebaut. Das Getreide wird nach den Städten Zurzach und Schaffhausen zum Kloster Reichenau und auch nach dem Stifte St. Blasien geführt. Die Leute sind doch ziemlich mit Steuern belastet und müssen in diesem unwegsamen Land für den Landesherrn ungemessene, d. h. nicht fest vereinbarte, Fronfuhren gegen eine geringe Vergütung ausführen. Dies kleine Ländchen hat zum Bau des abgebrannten Stifts 9000 Gulden freiwillig aufgebracht.

Wir übernachteten hier und fuhren sehr früh weiter. Es war uns sehr wohl zumute, teils wegen des herrlichen Sommermorgens, teils weil von hier an der Weg eine gute Chaussee wurde. Der auch als Gelehrter berühmte Fürstabt Martin II. hat diese Chaussee gleich nach Antritt seiner Regierung in nicht ganz zwölf Monaten in den Jahren 1765 und 1766 erbauen lassen. Es ist dies unter den vielen Verdiensten, welche dieser edle Fürstabt um dieses Land hat, eins der wichtigsten. Denn in so wilden Bergen und Tälern, wo man kaum vorankommt, ist ein so guter Weg dreifachen Dank wert.

Doch geht dieser Weg immer bergauf und bergab. Auf beiden Seiten sind fast immer entweder hohe Felsen oder aufgeschüttete Sandgebirge, alle mit hohen Tannen bewachsen; selten sieht man einige Getreidefelder und nur zuweilen einzelne Häuser, nach der im Schwarzwalde üblichen Bauart aus aufeinandergelegten Balken bestehend, auf welchen ein hohes steiles Strohdach liegt, das zu beiden Seiten fast bis auf die Erde reicht. Hinter dem Dorfe Balzhausen, etwa eine halbe Meile von Bondorf, ist dicht am Wege, welcher hier nur so breit ist, daß sich zwei Wagen kaum würden ausweichen können, ein jäher Absturz in ein tiefes, dicht mit hohen Tannen bewachsenes Tal, worin der Steinerbach herabrauscht. In dieses tiefe Tal schien die Sonne von oben hinein, indes wir im Schatten fuhren. Dies erzeugte eine wunderbare Wirkung, welche kein Maler würde ausdrücken können. Es sah fürchterlich schön aus.

Etwa auf dem halben Wege kommt man auf einer Brücke über das Flüßchen Schlich oder Schwarzach und behält dicht zur Rechten den Schluchsee, durch welchen dieses Flüßchen fließt, bald nachdem es entsprungen ist. Auf dem Weg von Bondorf aus fährt man bei drei Schneidemühlen vorbei. Bald darauf erblickt man ein artiges kleines Lusthaus. Man wird verführt, es in der Ferne schon für das Stift zu halten. Aber Erstaunen und Bewunderung ergreift den Wanderer, wenn er hier vorübergegangen, wieder weiter nichts als die hohen, dicht mit Tannen bewachsenen Berge sieht und sich dann bei der nächsten Wegbiegung mit einem Male die Aussicht erweitert und plötzlich – in einem engen Tale zwischen hohen Bergen, mit düsteren Fichtenbäumen bewachsen – das große, majestätische Gebäude dasteht. Der Eindruck ist unbeschreiblich, in dieser rauhen Gegend ein so weitläufiges, wohlgeordnetes Gebäude zu erblicken.

Fürst Martin II. hatte bekanntlich das Unglück, daß 1768, nachdem er noch nicht vier Jahre regiert hatte, das ganze Stift durch einen unvermuteten Zufall abbrannte. Er faßte den großen Gedanken, sein Stift von Grund auf ganz neu und in edler Baukunst wieder aufzubauen, was auch hinsichtlich der Kosten ein wichtiges Unternehmen war. Man rechnet die Einkünfte des Stifts jährlich ungefähr auf 80000 Gulden, und der ganze Bau soll, nebst allem, was dazugehört, über 700000 Gulden gekostet haben. Doch weiß ich beide Summen nicht zuverlässig, sondern nur vom Hörensagen. Der Bau ward im Jahre 1770 begonnen. Als ich das Stift sah, war es selbst, aber noch nicht die Kirche, inwendig ganz fertig. Es ist erstaunlich, daß in dieser abgelegenen Gegend so imposante Gebäude in so kurzer Zeit haben fertiggestellt werden können. Man muß dabei noch bedenken, daß wegen der Rauheit des dortigen Klimas, in dem es gewöhnlich gegen Ende September schon zu schneien anfängt, von Oktober bis in den April nichts gearbeitet werden konnte; desgleichen, daß der größte Teil der Steine drei bis sechs Stunden weit zu Lande herbeigeführt werden mußte.

Gleich in der Mitte des Gebäudes fällt die Kirche mit ihrer erhabenen Kuppel und zwei Vorsprüngen sehr vorteilhaft in die Augen. Auf jeder Seite sieht man eine lange Fassade von 15 Fenstern. Innen wird das ganze Gebäude in zwei Teile geteilt, so daß es zwei große Höfe in sich schließt. Die Gebäude, welche den Hof linker Hand umschließen, gehören zur Abtei, und die rechter Hand jenseits des Chors ge-

hören zur Klausur oder zum eigentlichen Kloster. Außerdem sind auch, wie man sich leicht vorstellen kann, viele Wirtschaftsgebäude, Wohnungen für den Kanzler, den Arzt, den Wundarzt und die übrigen weltlichen Beamten, desgleichen ein Wirtshaus vorhanden. Ein Dorf oder Flecken ist weder dabei noch in der Nähe, so daß Fürstabt Martin II. am Anfang seines *Iter alemannicum* mit Recht sagen konnte, sein Stift sei in *remotissimis ereneis* gelegen.

Es wundert mich, daß in der Geschichte dieses Stifts keine Nachricht zu finden ist, welcher heilige Blasius eigentlich die Ehre hat, Schutzpatron eines Stifts zu sein, in dem in diesem Jahrhundert soviel würdige gelehrte Männer lebten.

9. KAPITEL

## Das Stift St. Blasien im Schwarzwald

*Der Fürstabt – Gelehrte Männer im Stift – Gebäude und Kirche des Stiftes – Der Klostergarten – Archiv und Bibliothek – Klostereinrichtungen und Regierung im Kloster – Von St. Blasien nach Schaffhausen*

Soviel Merkwürdigkeiten das Stift auch enthält, und obgleich schon allein die Kirche, die schönste in Deutschland, einen viel weiteren Umweg verdiente, als ich machte, so war doch in St. Blasien für mich die größte Merkwürdigkeit der gelehrte Fürstabt Martin Gerbert.

Er wurde zu Horb am Neckar im Jahre 1720 aus dem adligen Geschlecht Gerbert von Hornau geboren. Von frühester Jugend an war er in St. Blasien, wo er im Jahre 1737 die Klostergelübde ablegte, 1744 Priester und darauf Professor wurde. Als Professor schrieb er verschiedene theologische Kompendien und wurde darauf Bibliothekar. In den Jahren 1760 bis 1762 machte er seine Reisen durch Deutschland, Italien und Frankreich, wovon er eine kurze Beschreibung*[1] herausgab. Im Jahre 1764 wurde er, nach dem Tode des Abts Meinrad, von seiner gesamten Kongregation zum Abt von St. Blasien gewählt. Er war ein Mann von weitläufiger historischer Gelehrsamkeit. Er endigte die von den Kapitularen zu St. Blasien angefangene Beschreibung der Gräber und Grabmale der Fürsten des Hauses Österreich. Bei dieser Gelegenheit untersuchte er auch die Gruften im Münster zu Basel und im ehemaligen Kloster Königsfeld in der Schweiz, wo verschiedene Personen aus dem österreichischen Hause begraben liegen, und brachte es dahin, daß sie nach St. Blasien überführt wurden, wo ihnen in der prächtigen neuen Kirche ein besonderes Grabgewölbe gebaut worden ist. Er beschrieb diese baselschen und königsfeldschen Leichen und Gebeine und was bei deren Überführung vorging in einem besonderen Buch*[2], welches, wie alle seine Bücher, von viel historischer Gelehrsamkeit erfüllt ist.

Indes würden ihm seine bis dahin herausgegebenen Werke doch nicht den ehrenvollen Platz unter den deutschen Gelehrten erworben haben, wenn er nicht die in ihrer Art einzigen Arbeiten zur Erläuterung der Musik des Mittelalters*[3] unternommen hätte: Werke, die mit unglaublichem Eifer zuammengetragen sind und einen bis dahin dunklen Teil der Musikgeschichte erläutern. Diese historischen Werke hatten mich auf einen Mann von so seltener Gelehrsamkeit aufmerksam gemacht, so daß ich wünschte, ihn persönlich kennenzulernen. Die Schriftsteller über die Musik im Mittelalter, welche er hernach herausgab, sind ein noch größerer Gewinn für das richtige Verständnis der alten Musik. Und sie sind um soviel schätzbarer, da der sogenannte Codex Villingianus*[4], worin der größte Teil dieser alten Abhandlungen über die Musik verzeichnet war, und welche diesem gelehrten Fürstabt die erste Veranlassung zur Untersuchung der Musik des Mittelalters gab, in dem großen Brand ein Raub der Flammen geworden war.

So nützlich dieser edle Mann als Gelehrter tätig war, so sehr war er es auch als Abt seines Stifts und als Regent und Landesherr. Man ist erstaunt, daß er bei so weitläufigen gelehrten Arbeiten, welche allein einen ganzen Mann zu erfordern scheinen, dennoch auch diese großen Pflichten mit soviel Fleiß und zugleich mit so großem Verstande und Wohlwollen erfüllte. Er ist um so ruhmwürdiger, da ihm gleich in den ersten Jahren seiner Regierung durch den unglücklichen Brand und zugleich durch die allgemeine Hungersnot diese edlen Pflichten sehr bitter gemacht wurden.

Sobald er die Regierung angetreten hatte, war seine erste Sorge der so dringend nötige Bau gebahnter Chausseen durch sein Gebiet. Er führte dieses Werk, das seine Vorfahren so lange verschoben hatten, wie schon oben erwähnt, in Jahresfrist aus. Darauf gab ihm die unvermutete Feuersbrunst, welche Stift und Kirche zerstörte, Gelegenheit, seinen Eifer bei deren Wiederaufbau zu zeigen, und besonders die Kirche ist ein Beispiel seines richtigen Sinnes für das Edle in der Baukunst. Durch diesen Bau hatte er auch Gelegenheit, in den schrecklichen Hungersjahren 1771 und 1772 den Armen Beschäftigung zu verschaffen. Er sagte mir selbst, er hätte geglaubt, kein besseres Almosen geben zu können als genug Arbeit. Nachdem der Bau des Stifts und der Kirche abgeschlossen war, errichtete er 1784 ein Landeshospital und ein damit verbundenes Arbeitshaus sowohl in Bondorf als im Stifte St. Blasien. Auch den Schulen in seinem Gebiete widmete er seine Aufmerksamkeit und erließ die Anordnung, daß sie im Frühjahr und im Herbst durch eine Deputation gelehrter Kapitularen aus dem Stifte visitiert werden. Noch manche andere nützliche

Einrichtungen sind ihm zu danken, und er ward allgemein geliebt und verehrt.

Sobald wir angekommen waren, ließen wir uns beim Fürstabt melden, wurden gleich vorgelassen und von ihm mit ausnehmender Güte empfangen. Die *Allgemeine Deutsche Bibliothek* war in der Büchersammlung des Stifts, und so war ihm auch mein Name bekannt.

Dieser edle Mann hatte etwas auszeichnend Wahres und Herzliches, etwas Bescheidenes und doch Würdiges, etwas Heiteres und Zuvorkommendes und doch dabei sehr Anständiges in seinem Gesicht und in seinem ganzen Wesen. Wenn man eine halbe Stunde bei ihm gewesen war, glaubte man, ihn zeitlebens gekannt zu haben. Er empfing uns nicht wie ein Reichsfürst, nicht wie der Abt eines Stifts, sondern wie ein freundlicher und unbefangener Gelehrter, der sich Fremden gern mitteilt.

Er war so äußerst gefällig, daß er uns den größten Teil des Vormittags selbst herumführte. Es war am 25. Juli, dem Tage unserer Anwesenheit, gerade der Festtag des Apostels Jakobus. Ich hatte gar nicht daran gedacht, sonst würde ich versucht haben, es einzurichten, daß die Zeit meiner Anwesenheit auf einen für die geistlichen Bewohner des Stifts weniger unbequemen Tag gefallen wäre. Aber der gütige Fürstabt ließ sich dadurch nicht irren. Sobald er hörte, daß unser Aufenthalt nur ganz kurz sein könne, schlug er gleich vor, in die Kirche zu gehen, um sie zu besichtigen. Da ich, während des Hingehens, im Gespräche von ungefähr merken ließ, daß ich ein Liebhaber der Musik und besonders der Kirchenmusik sei, so hieß er uns eilen, weil eben die Musik für das Hochamt begonnen habe. Er wies uns selbst in eine Kapelle neben dem Orgelchor, worin, bis zur Vollendung des Baues der Kirche, die Messe gelesen ward. Wir hörten also den größten Teil einer Messe von Domenico Scarlatti[*5], wozu auch die schöne Orgel, die letzte von Silbermann[*6] in Straßburg, welche er in seinem siebzigsten Jahre anfertigte, ertönte. Ich mußte dabei an den schönen silbernen Ton der Orgel in der Frauenkirche zu Dresden denken. Die Musik der Messe machte mir viel Vergnügen. Ich hatte seit kurzem in manchen katholischen Kirchen Musik zu Messen gehört, die aus Flicken italienischer komischer Opern zusammengesetzt worden waren. Obgleich weder die Spieler noch die Sänger eben vorzüglich waren, so tat doch der ernste und so feierliche wie simple

Gesang dieser alten Musik eine dem feierlichen Zwecke angemessene Wirkung.

Der Fürstabt war so gütig, während der musikalischen Messe in einer Nebenkapelle zu verweilen, da er, bei schon begonnenem Gottesdienst, nicht selbst mit uns hineingehen konnte. Darauf zeigte er uns die Kirche in allen ihren Teilen. Er stieg mit uns auf die Gerüste, wovon jene noch größtenteils erfüllt war, bis auf das kunstvolle Hängewerk, wodurch die Kuppel getragen wird. Während dieses Herumgehens unterbrach er die Anmerkungen über den Bau und die Beschaffenheit der Kirche sehr oft durch verschiedene gelehrte Gespräche und Fragen.

Bei der Mittagstafel, wo einige gelehrte Kapitularen mit einigen weltlichen Beamten des Stifts zugegen waren, führte der Fürstabt interessante gelehrte Gespräche, erzählte mancherlei von seinen Reisen nach Paris, Rom, Neapel und Wien. Seine Tafel war nicht fürstlich prächtig, aber es war alles wohlzubereitet und anständig angerichtet. Bei manchem Gericht sagte er mit Wohlgefallen, daß es aus seinem Lande sei, und setzte hinzu, er habe nicht gern etwas auf seiner Tafel, was nicht im Lande erzeugt worden sei.

Nach dem Beispiel dieses edlen Abts hat sich auch sein Konvent gebildet. Alle sind gelehrte Leute, und an allen, die wir sahen, bemerkten wir das heitere, unbefangene, gefällige, herzliche Wesen ihres Oberhaupts. Unter ihnen bin ich den meisten Dank schuldig dem P. Moritz Ribbele, damals Archivar des Stifts, der jetzt des Fürstabts würdiger Nachfolger ist. Er war so gütig, uns, nebst mehreren Merkwürdigkeiten, das Archiv und dessen vortreffliche Einrichtung zu zeigen, eine Gefälligkeit, die durch seine gelehrten Anmerkungen zugleich lehrreich war. Er selbst hat außer sehr gründlicher historischer und diplomatischer Gelehrsamkeit, wie man sie bei einem Manne schon vermuten kann, dem ein selbst so gelehrter Abt das Archiv eines solchen Stifts anvertraute, noch verschiedene andere gelehrte Kenntnisse. Er besaß damals eine beträchtliche Sammlung alter Kupferstiche und beabsichtigte, aus dem Archiv viele Urkunden zur württembergischen Geschichte mit Erläuterungen herauszugeben.

Außerdem lernte ich noch den P. Oberrechner Franz Kreutter kennen, einen guten Mathematiker und Historiker und einen sehr geschickten und tätigen Mann; den P. Hofkaplan Roman Kuen, den

P. Johann Baptista Weiß, welche beide uns die Bibliothek sowie das Naturalien- und Münzkabinett zeigten. Ich bedauerte, daß der gelehrte Bibliothekar, der P. Aemilian Ussermann, nicht anwesend war, desgleichen Herr von Lempenbach, der Kanzler des Stifts, dem man viele gute Einrichtungen zu danken haben soll.

Die Gebäude des Stifts sind hoch, weitläufig und modern. Sie sind etwa in 13 bis 14 Jahren erbaut worden und verblüffen, wenn man sie in der Einöde eines engen Tals erblickt. Man könnte sich vorstellen, sie seien von der Hand einer Fee hierher versetzt. Wenn ein Reisender sich von ungefähr in dieser wilden Berggegend verirrte und, dem gebahnten Wege nachgehend, sie plötzlich erblickte, ohne zu ahnen, was es wäre, würde er nicht wissen, ob er seinen Augen trauen sollte. Ich will von dem Eindruck, welchen das Ganze und die einzelnen Teile auf mich machten, freimütig und unparteiisch Rechenschaft geben.

Die Kirche in der Mitte der Hauptfassade zieht zuerst die Aufmerksamkeit auf sich. Der P. Oberrechner Franz Kreutter hat die Ausführung des ganzen Baues dirigiert und dazu verschiedene sinnreiche Maschinen und Vorrichtungen angebracht. Dahin gehört z. B., daß aus einem hohen Sandberg, der etwa 3000 Fuß vom Stifte entlegen ist, ein tiefer Kanal gegraben, mit Brettern ausgeschält und hernach die Alb[*7] hineingeleitet worden war, um den zum Bauen nötigen Sand in die Nähe herunter zu schwemmen.

Das Äußere der Kirche ist ganz in dorischer Ordnung, also sehr ernst. Ein ionisches oder korinthisches Gebäude könnte gefälliger und prächtiger gewesen sein, aber zu der wilden Gegend, zu der stillen Einsamkeit ist der Ernst der dorischen Ordnung angemessener.

Die Halle vor der Kirche fällt gut in die Augen und wird von vier frei stehenden dorischen Säulen getragen. Über dem Gebälk der dorischen Säulen findet man eine Balustrade und in der Mitte derselben eine Erhöhung, worin sich die Uhr befindet. Darüber erhebt sich die Kuppel, die sehr hoch ist.

Ich möchte den Baumeister allenfalls entschuldigen, daß er für die Kirche von St. Blasien eine kreisförmige Kuppel wählte. Dies ist dem mehr ernsthaften als angenehmen Stil des ganzen Gebäudes einigermaßen angemessen. Der Eindruck, den die Ansicht dieser Kirche im ganzen auf mich machte, ist noch sehr lebendig und deutlich. Damals schien mir die Kuppel nicht zu niedrig oder zu gedrückt. Das Ganze machte in der gehörigen Entfernung einen sehr vorteilhaften Eindruck.

Die beiden kleinen Nebentüren der Kirche könnte man eher für Kellertüren halten. Der Eingang durch sie ist kein würdiger Eintritt in ein so prächtiges und edles Gebäude. Es fällt sofort auf, wie leicht es gewesen wäre, die Säulenstellung so einzurichten, daß der Zwischenraum zwischen zwei Säulen gerade auf eine Tür träfe, welches doch gewiß simpler und edler wäre.

Der Garten ist nicht sehr groß und liegt seitlich neben der Klausur, auf dem rechten Flügel des Gebäudes. Es gibt dort eine Grotte, und weil die Bäume im Garten wenig Schatten gewähren können, weil das rauhe Klima die Vegetation hindert, geht um denselben ein bequemer bedeckter Gang. Ich wunderte mich, in diesem Garten soviel Nadelbäume zu sehen. Es ward mir aber ganz natürlich erklärt: Frühling und Sommer dauern dort nicht viel länger als vier Monate, und man mag doch immer gern etwas Grünes sehen.

Der Fürstabt zeigte mir ein Zimmer (soviel ich mich erinnere, war es innerhalb der Klausur), worin er sich aufzuhalten pflegte, um die Meditationen oder die achttägigen geistlichen Exerzitien abzuwarten. Dort war eine Uhr so angebracht, daß die Zahlen, welche die Stunde anzeigen, nicht, wie sonst gewöhnlich, im Kreis angeordnet sind, sondern an der Wand, etwa einen Fuß hoch von der Decke, in der Entfernung von ungefähr acht Zoll, nebeneinander in einer geraden Linie stehen. Auf dieser Linie bewegte sich ein etwa zehn Zoll hohes Gerippe, den Tod darstellend, langsam fort und zeigte mit der Sense auf die abgelaufene Stunde.

Ich will hier nur ein paar Worte über das Bild des Todes sagen, den man unter uns noch immer als ein Skelett abbildet. Die Ägypter bildeten den Tod als ein Gerippe ab und ließen ein solches daher auch bei den Mahlzeiten den Gästen vorzeigen. Sie wollten sagen: „Mit diesem Leben ist alles aus, genieß die Freuden dieses Gastmahls, da du noch lebst; denn wenn du ein Totengerippe sein wirst, kannst du nicht mehr genießen!“ In einem Volk, in dem diese Meinung gilt, ist ein Skelett ein schickliches Bild des Todes; denn es fehlen demselben alle organischen Kräfte und aller sinnlicher Genuß. Die meisten Griechen stellten sich daher den Tod als Bruder des Schlafes vor, als einen schönen Genius mit übereinandergeschlagenen Beinen und umgestürzter Fackel. Sie wollten dadurch allerdings, der zarten Empfindung gemäß, welche in diesem schönen Land herrschte, das Schreckliche des Todes mildern.

*Damals trat kein gräßliches Gerippe*
*Vor das Bett des Sterbenden. Ein Kuß*
*Nahm das letzte Leben von der Lippe.*
*Still und traurig senkt' ein Genius*
*Seine Fackel. Schöne, lichte Bilder*
*Scherzten auch um die Notwendigkeit,*
*Und das ernste Schicksal blickte milder*
*Durch den Schleier sanfter Menschlichkeit.*

Aber es lag auch in diesem Bild die Idee, wo nicht von Unsterblichkeit, doch von Wiederauferstehung. Die Fackel kann wieder angezündet werden, die verschränkten Beine werden gelöst und tragen wieder den Körper. Die Allegorie ist treffend und mildert das Schreckliche an der Vorstellung des Todes.

Es ist daher ganz widersinnig, daß die Christen, welche Unsterblichkeit zur ersten Bedingung ihrer Religion machen, den Tod im Bilde eines Gerippes darstellen. Der Tod ist uns ja ein Übergang in ein besseres Leben, wohin kein Skelett kommt; er soll ja auch nicht schrecklich sein. Warum nun den Tod in einem schrecklichen Bild darstellen? Und vollends gibt man dem Gerippe eine Sense! Dies heißt zwei Bilder verbinden, die nicht zusammen bestehen können. Ein Gerippe kann nicht mähen, sondern ist ein Bild der Hinfälligkeit. Insofern man sich das Hinfällige des menschlichen Lebens als eine Blume vorstellt, über die in der schönsten Blüte die Sense hinfährt, oder das Ende dieses Lebens als ein Ährenfeld, das gemäht wird, wenn es reif ist, muß man sich freilich einen Schnitter hinzudenken; aber nicht ein Gerippe, sondern einen starken rüstigen Mann. Die Allegorie der Alten, welche sich die Parzen bildeten, die den Faden des Lebens spannen und abschnitten, war richtig und konsequent gedacht; aber nicht so ein Gerippe, das mähen soll. Will man den Tod im Bild eines Skeletts oder Knochenkopfs vorstellen, so sollte allezeit ein Schmetterling darüber schweben, als frohes Sinnbild des Aufschwingens zu einem Leben in anderer und besserer Gestalt. –

Der jetzige Herr Fürstabt, damaliger Archivar, war so gütig, mich ins Archiv zu führen und mir Laien mit großer Nachsicht mehrere Merkwürdigkeiten desselben zu zeigen. Das Archiv, wovon durch den unglücklichen Brand nichts verlorengegangen ist, steht in zwei gewölbten Zimmern im Erdgeschoß. Man hat die größte Sorgfalt für seine Sicherheit aufgewandt, nicht nur für die Verwahrung überhaupt, sondern auch auf die Rettung im Falle einer abermaligen Feuersbrunst. Die Einrichtung ist musterhaft und verdient nachgeahmt zu werden. Alle Diplome liegen in verschlossenen, mit Eisen beschlagenen Kisten, etwa vier Fuß lang und zwei breit. Vier oder fünf Kisten stehen übereinander, und zwischen jeder liegt ein Stück Holz, damit die Luft durchstreiche. Besonders aber ist es eine sehr gute Vorsicht, daß in jedem Zimmer des Archivs die eisernen Gitter vor einem Fenster so eingerichtet sind, daß, wenn inwendig ein paar Federn gedrückt werden, die ganzen Gitter herausfallen, so daß man alsdann aus den geöffneten Fenstern die Kisten gleich in den Hof hinauswerfen und wegschaffen kann, ohne daß sie durch die Gebäude getragen werden müssen. Die Anzahl der Kisten beträgt ungefähr 400, zu allen Schlössern paßt ein einziger Schlüssel. Sie werden von der Seite geöffnet und enthalten vier Schubladen, worin die Urkunden ausgebreitet liegen; oben befindet sich in jeder ein Verzeichnis dessen, was darin verwahrt wird. Daß dieses Archiv an merkwürdigen Urkunden reich ist, kann man sich leicht vorstellen. Das älteste Diplom ist der Bestätigungsbrief des Klosters von Kaiser Otto II*[8].

Die Bibliothek befindet sich in einem großen Saal, an den verschiedene kleinere Räume anstoßen. Es sind in der Feuersbrunst sehr viel Manuskripte und Bücher verlorengegangen, obwohl der damalige Bibliothekar unter Einsatz seines Lebens sehr viele Bücher und beinahe die ganze Münzsammlung rettete. Von der neuen deutschen Literatur war freilich wenig oder nichts vorhanden; doch besaß man Gellerts Schriften*[9]. Die Kupferstichsammlung, sowohl von alten historischen Blättern als auch von Bildnissen, war nicht unbeträchtlich.

Die Münzsammlung wird für sehr bedeutend gehalten; weil ich aber von Münzen gar keine Kenntnisse habe, so sah ich sie nur im Vorbeigehen an. –

Wäre meine Zeit nicht gar so sehr beschränkt gewesen, so würde ich mich gern in St. Blasien mehrere Tage, ja mehrere Wochen aufgehalten haben, wozu die hiesige uneingeschränkte Gastfreiheit und die Leutseligkeit des Fürstabtes Gelegenheit gegeben hätte. Eine Klostereinrichtung ist für einen Protestanten etwas ganz Neues, und so ist ihm alles daran bemerkenswert. Außerdem ist es jedem, welcher gern Menschen in allen Lagen kennenlernen mag, sehr wichtig, auch das Klosterleben näher zu sehen. Überdies ist an diesem Stifte ganz vieles außerordentlich. Die Lage des Stifts selbst ist so, daß man wohl sehr wenige ansehnliche Gebäude in einer solchen wüsten Einöde antrifft und am wenigsten ein Benediktinerstift.

Hier haben sich die Schüler des heiligen Benedikts in einem Tal, und zwar in einem wilden, unwirtlichen Tal, angesiedelt. Und in diesem wilden Tal wohnt nicht nur etwa bloß eine Gesellschaft religiöser Männer, welche sich der Beschaulichkeit und den asketischen Übungen ergeben haben. Es gibt an diesem einsamen, von anderen menschlichen Wohnungen ganz abgelegenen Fleck auch einen Fürstenhof. Er ist nicht nur der erste geistliche Vasall einer beträchtlichen Provinz der großen österreichischen Monarchie, sondern auch der Landesherr einer nicht unbeträchtlichen Reichsgrafschaft.

Wenn ein Reisebeschreiber von einem Ländchen in Asien oder Afrika erzählte, daß der regierende Landesherr nie in dem Lande selbst wohne, welches er regiert, sondern in einem benachbarten Lande, wo er nicht Regent, sondern abhängig ist; ferner, daß die Residenz des außer Landes wohnenden Landesherrn in so unwegsamen Gebirgen liege, daß er selbst erst einen Weg dahin habe bahnen müssen, weil man sonst nicht zu ihm kommen könnte; daß er aber nicht eher zum Landesherrn gewählt werden könne, bis er sehr lange vorher das Gelübde getan, immer in dieser Einöde zu leben; daß er selbst sich nie verheiraten dürfe, dennoch aber für die Bevölkerung seines Landes ernstlich sorge; daß er in dieser Einöde, als ein Armer, in einer Stiftung ernährt werde, aber doch die Pflicht habe, zu sorgen, daß seine Untertanen gute Nahrung hätten; daß er sein Land zwar unumschränkt regiere, aber dennoch gebunden sei, seinen Oberen blinden Gehorsam zu leisten: – würde man das alles nicht sehr fremd und romantisch, ja beinahe unwahrscheinlich finden? Und doch existiert mitten in Deutschland eine solche Regierung und ein solcher Regent.

Das Mönchswesen verdient auch, näher gekannt zu werden. Ich bin kein Freund davon und auch nicht von der katholischen Hierarchie; das habe ich bei mehreren Gelegenheiten allzu deutlich geäußert, um es hier zu leugnen. Doch verlangt meine Gesinnung auch, dasjenige, was in der Welt einmal besteht, als bestehend anzunehmen und es sodann unparteiisch von allen Seiten zu betrachten. Dies habe ich auch beim Mönchstum nie unterlassen. Nicht nur fand ich unter Mönchen viele gelehrte, wackere, rechtschaffene, freundschaftliche Leute, wozu ich meine Bekanntschaften in St. Blasien vorzüglich rechne, sondern ich sehe auch sehr wohl ein, daß das Mönchsleben für jemand, der die Ruhe und besonders das Studieren liebt, viel Anziehendes haben kann. Ein Abt, der ein so großer Gelehrter, ein wahrer Menschenfreund und ein angenehmer Gesellschafter war, gelehrte Kapitularen, eine schöne Bibliothek, ein herrliches Gebäude ohne Prunk, voll bequemer Wohnungen, ein feiner und herzlicher Umgang, eine romantische Gegend, Ruhe und Muße: Es scheint hier alles vereinigt zu sein, was ein Gelehrter nur verlangen kann.

Das Stift St. Blasien ist noch unter einem anderen Gesichtspunkt zu betrachten, nämlich als eine Pflanzschule aller Geistlichen im Lande. So, wie der Landesherr nämlich selbst nur aus diesem Stifte gewählt wird, so werden auch alle Pfarreien, sowohl in dem eigentlichen zu St. Blasien gehörigen Gebiete als auch in der Grafschaft Bondorf, mit Mitgliedern dieses Stifts besetzt. Der Fürstenabt macht es sich also zu einer wichtigen Aufgabe, junge Geistliche zu dieser Bestimmung auch zweckmäßig erziehen zu lassen.

Der gütige Fürstabt setzte alles daran, um uns zu einem längeren Aufenthalte in seinem Stifte zu bewegen, welches unseren eigenen Wünschen so sehr entsprochen hätte, da wir selbst Mühe hatten, uns von diesem interessanten Orte und von so vortrefflichen Leuten zu trennen. Da wir ihm aber den ganzen Plan unserer weiten Reise auseinandersetzten und welche kurze Zeit uns dazu noch vergönnt war, da mir meine Geschäfte notwendig machten, schon am dritten Oktober wegen der Messe in der Nähe von Leipzig zu sein, so drang er nicht weiter in uns und willigte ein, daß wir noch denselben Abend abfahren sollten. Dankbar und gerührt nahmen wir Abschied von diesem verehrungswürdigen Fürsten und von den würdigen Männern in seinem Stifte; es war uns immer, als könnten wir uns von ihnen nicht trennen. Er entließ uns mit so gütigen Äußerungen, als hätten wir ihm durch unseren Besuch einen Dienst getan, da doch der Vorteil, St. Blasien und die würdigen Männer, die es einschließt, kennengelernt zu haben, ganz auf unserer Seite war.

Wir verließen St. Blasien abends um sieben Uhr, und der Fürst hatte die Gewogenheit, uns mit seinen Pferden bis nach der drei Meilen entlegenen Poststation Oberlauchringen fahren zu lassen. Der Weg ging einige Zeit lang auf der von ihm gebahnten Straße; daraufhin fuhren wir durch den Fluß Alb, in eine höchst romantische Gegend. In dem eine halbe Meile entlegenen Dorfe Höchenschwand sahen wir gesunde, fröhliche, Bauern welche, weil es Feiertag war, in ihren roten festlichen Jacken vor den Häusern standen und durch ihr Ansehen und Betragen zeigten, daß unter dem Krummstabe*[10] des Fürsten Martin gut wohnen sei. Wir sahen bei diesem Dorfe fruchtbare Felder voll Getreide, welches aber noch nicht reif war, da in diesem rauhen Klima alles viel später wächst und reift. Etwas weiter geht der Weg von einem ziemlich hohen Berge herab in ein steiniges Tal, wo das Getreide noch schlechter stand. Das Land schien zum Teil nicht bloß brachzuliegen, sondern gar nicht kultiviert zu sein. Wir kamen bald darauf in einen angenehmen Tannenwald, dessen grüne Finsternis, da der Mond eben aufging, wir zum Anlaß nahmen, über den heutigen so angenehm vollbrachten Tag und einen gelehrten Fürsten, einen Tempel von edler griechischer Baukunst nachzudenken und uns über diese interessanten Gegenstände zu unterhalten, die wir in einem einsamen, von der übrigen Welt abgesonderten Tale des Schwarzwaldes gefunden hatten.

Bald aber bekamen wir unmittelbare Gelegenheit zu ganz anderen Empfindungen. Der kleine Wald war zu Ende. Wir kamen wieder über freies Feld, und nun mußten die Pferde an einem rechts sich erhebenden, ziemlich dicht mit Tannen bewachsenen Berge hinaufklettern. Wir erreichten mit Mühe dessen Rücken und mußten hernach einen steinigen Weg schnell bergab fahren. Der Wald ward immer dichter, der Weg immer enger, rechts erhob sich der Felsen senkrecht, links war ein jäher Abgrund voll hoher Tannen, jenseits wieder hohe Berge. Der Schein des Mondes, der tief hinter den Bergen stand, gab zwischen den dichten dunklen Bäumen und hoch aufgetürmten Felsen gerade nur so viel mattes Licht, um das Grausenvolle der Lage bemerken zu können. Endlich, da wir bis gegen Mitternacht auf wildestem Wege gefahren waren, wurde das Tal so eng, daß die Bäume auf den jenseits des Abgrundes sich erhebenden Bergen mit denen auf unserer Seite in den Wipfeln beinahe zusammenschlugen. Der jäh hinabführende Weg war kaum zwei Fuß breiter als der Wagen. Dicht daneben stürzte tief im Tal ein Bach wild über große Steine weg und vermehrte durch sein Rauschen das Schauderhafte eines solchen Weges; ja, als ob diese Mitternachtsszene noch nicht grauenvoll genug wäre, erhob sich plötzlich ein starker Wind heulend durch die Wipfel der Tannen. Zwar waren die Hinterräder blockiert, aber nichtsdestoweniger schlug der leichte Wagen auf dem steinigen, sehr jäh hinuntergehenden engen Pfade hin und her; die vier Pferde konnten kaum treten, fuhren beständig ineinander, bäumten sich und schnaubten scheu vor der Dunkelheit, dem wilden Rauschen des Bachs und dem Heulen des Windes. Mit einem Mal machte das Sattelpferd einen falschen Tritt zum Rand des Abgrundes hin. Wir konnten in der Dunkelheit gerade noch soviel sehen, daß der Kutscher quer über das Handpferd und zwischen beide Pferde fiel und daß beide Vorderpferde sich hoch aufbäumten. Ich habe nie einen schrecklicheren Augenblick erlebt und bin nie in so großer Gefahr gewesen wie damals, so daß mich noch schaudert, wenn ich daran denke. Die vier mutigen starken Hengste vor dem leichten Wagen waren ohnehin durch die Dunkelheit, das Geräusch des Wassers, das Heulen des Windes und den elenden, tief hinabgehenden Weg ganz scheu geworden und wollten sich kaum lenken lassen. Aus dem Wagen zu springen wäre unmöglich gewesen, denn links war der Weg bis zum Abgrund nicht zwei Fuß breit, und rechts erhob sich der Felsen senkrecht, kaum einen Fuß von der Wagenachse. Wenn die Pferde auch ohne den Kutscher im Wege geblieben wären, hätte der Wagen in dem jäh abfallenden Wege auf sie stürzen müssen. Bäumte sich eins der Pferde links nur ein wenig zu weit, so mußte es mit dem Wagen und uns unwiederbringlich in den Abgrund stürzen. Zum Glück war der Kutscher fest im rechten Steigbügel und schwang sich, obgleich ihn der rechte Fuß sehr schmerzte, wieder schnell in den Sattel, so daß er die Pferde wieder regierte. Nun wollten wir keinen Augenblick weiter auf diesem entsetzlichen Weg im Wagen bleiben. Auf unser wiederholtes Zurufen mußte der Kutscher endlich ein paar Minuten anhalten. Es war wirklich kaum so viel Platz, um den rechten Schlag des Wagens so weit zu öffnen, daß wir aussteigen konnten, und so nahe wir uns auch an den Felsen drängten, so rollte doch der Wagen so dicht vor uns vorbei, daß die Hinterachse unsere Kleider besudelte. Es war fürchterlich, im Dunkeln mehr zu hören als zu sehen, wie der Wagen vor uns den tiefen Weg herunter mehr fiel als rollte; aber wir waren froh, daß wenigstens unser Leben in Sicherheit war.

So gingen wir hinter dem Wagen her, bis wir das Dorf Neggischwyl passiert hatten, woraufhin wir eine Zeitlang in einer Ebene fuhren. Nun aber verkündete uns der Kutscher, wir hätten jenseits des Dorfs Weil oder Wihl eine Steige herunter zu passieren, die noch weit schlimmer sei als der Weg, wo wir beinahe in den Abgrund gestürzt seien. Wir weckten in Weil mit Mühe jemand auf und erhielten endlich einen Wegführer und ein Licht. Der Weg fing bald wieder an so schlimm zu werden, daß wir, durch die vorherige Gefahr eingeschüchtert, ausstiegen und wohl eine Viertelmeile lang sehr beschwerlich zu Fuß gingen, immer bergab, auf kleinen spitzen und ungleichen Steinen; aber dieser Weg war nichts gegen die eigentliche Steige. Sie ging beinahe ganz senkrecht herab, und obgleich wir beständig auf den lose liegenden Steinen glitten und anstießen, so daß wir uns oft kaum halten konnten, so waren wir doch sehr froh, nicht im Wagen zu sitzen. Dieser sehr beschwerliche Weg war indes halb zu Ende. Wir verabschiedeten nun unseren Führer und setzten uns in den Wagen. Wir fuhren über ein Flüßchen, die Schwarzach, und durch das Städtchen Thüngen, passierten nun zum letztenmal die Wutach und langten gegen zwei Uhr in dem schwarzenbergischen Dorf Oberlauchringen an, wo eine kaiserliche Poststation ist.

Dort bekamen wir Postpferde und schliefen, von den Mühseligkeiten der Nacht ermüdet, während der Weiterreise. Als wir nach ein paar Stunden erwachten, hatte sich die uns umgebende Natur so unbeschreiblich geändert, daß wir kaum unseren Augen trauen wollten. Wir erblickten Felder, auf welchen das Getreide nicht nur schon geschnitten, sondern auch eingefahren war, Obstgärten und weinbepflanzte Hügel; alles Zeichen, in welch ein milderes Klima wir seit wenigen Stunden gekommen waren. Die Anmut der Landschaft vermehrt sich, je näher man nach Schaffhausen kommt, einer Stadt, die man nebst der umliegenden Gegend von einer mäßigen Anhöhe gut übersehen kann. Man fährt ziemlich steil hinunter auf die Vorstadt zu. Rechts rollen die meergrünen Wellen des majestätischen Rheins und brechen sich an einigen in der Mitte dieses Flusses befindlichen

Felsen, so daß an mehreren Orten beständig weißschäumige Strudel in der grünen Flut daherbrausen; links erheben sich Weinberge.

Wir kamen früh um sieben Uhr in Schaffhausen an und quartierten uns in der Krone ein. Oberlauchringen ist von Schaffhausen drei Meilen entfernt; die gleiche Strecke rechnet man von St. Blasien nach Oberlauchringen.

# Anmerkungen

## 1. Kapitel

1) Westenrieder (geb. 1754): Er wurde 1813 in den Adelsstand erhoben, war seit 1773 in Landshut Professor für Dichtkunst und wurde 1774 in gleicher Eigenschaft nach München berufen. Ab 1799 war er dort Direktor der „Bücher-Zensur-Commission".

2) Nicolais Berlin-Beschreibung: Gemeint ist hier die „Beschreibung der königlichen Residenzstädte Berlin und Potsdam", erschienen 1769.

3) Crammer: Gemeint ist hier wohl das Werk „Sechstes heiliges Jubeljahr des teutschen Roms, d. i. der Stadt München", erschienen 1776.

4) Basilisk: Fabeltier, Mischwesen aus Drache und Hahn mit tödlichem Blick.

5) Kurfürst Maximilian I. (1573–1651): Er gründete 1609 die katholische Liga, mit der er 1619 Kaiser Ferdinand II. im Böhmischen Aufstand unterstützte. Maximilian brach die Macht der bayerischen Landstände, reformierte die Verwaltung und schuf eine Gesetzessammlung (Codex Maximilianeus). Er baute die Residenz in München.

6) Maximilian Emanuel (1662–1726): Er war der Enkel Herzog Maximilians I. und wurde 1691 Generalstatthalter der Spanischen Niederlande. Die Thronfolge seines Sohnes Joseph Ferdinand in Spanien sollte einen Krieg um das spanische Erbe verhindern. Nach dessen Tod (1699) versuchte er, an der Seite Frankreichs die Spanischen Niederlande als Königreich zu gewinnen, wurde aber im Spanischen Erbfolgekrieg bei Höchstädt (1704) geschlagen und verlor in der Schlacht bei Ramillies (1706) die Niederlande. Durch die Friedensschlüsse von Rastatt und Baden (1714) erhielt er Bayern zurück.

7) Landschaft: Hierunter ist in den deutschen Territorien des Mittelalters und der späteren ständestaatlichen Epoche die nach Ständen (Geistlichkeit, Ritterschaft, Städte) gegliederte Vertretung des Landes gegenüber dem Landesherrn zu verstehen.

8) Kaiser Karl VII.: Er war als Karl Albrecht Kurfürst von Bayern und erhob als Schwiegersohn Kaiser Josephs I. nach dem Tod Kaiser Karls VI. Erbansprüche. Er eröffnete den Österreichischen Erbfolgekrieg und wurde 1742 von den Gegnern Habsburgs zum Kaiser gewählt.

9) Peter de Witte, Candido (1548–1628): Er war ein niederländischer Maler, der in Florenz bei G. Vasari lernte und seit 1568 in München als Hofmaler tätig war. Er schuf Altarbilder, Fresken für die Münchner Residenz und das Schleißheimer Schloß.

10) Hautelissetapeten: Hautelisse nannte man damals Gewebe, die auf dem sogenannten Hautelissestuhl verfertigt wurden. Dabei webte man die schönsten Tapeten aus Wolle, weil sich darauf die Malerei am besten hielt, aber auch aus Seide bzw. halb Seide, halb Wolle.

11) Christian Wink (1738–1797): Er malte in einem volkstümlich erzählen-

den Rokoko insbesondere farblich hervorragende Fresken in bayerischen Dorfkirchen und Schlössern. Als Grafiker schuf Wink Entwürfe für Wandteppiche.

12) Herzog Wilhelm V.: Nicolai meint hier vermutlich Wilhelm VI., der der älteste Sohn Herzog Albrechts IV. und ein entschiedener Gegner der Reformation war.

13) Legitimationspatent: Gemeint ist hier, daß ein nichteheliches Kind mit dieser Beglaubigung die Rechtsstellung eines ehelichen Kindes erlangte.

14) Der jetzige Kurfürst: Nicolai meint hier Karl Theodor (1742–1793), der die Kunst und Wissenschaft in seinen Residenzen Mannheim und München, besonders die Baukunst und Musik, förderte.

15) St. Hubertusschlüssel: Ein nach der Legende dem hl. Hubertus vom Himmel gereichter Schlüssel, mit dem man Hunde und Menschen auf die Stirn brannte, um sie vor Tollwut zu schützen.

16) Mechanische Künstler: Dieser Ausdruck wird hier und im folgenden im Sinne von Feinmechaniker gebraucht.

17) Trabant: Eigentlich „Krieger zu Fuß", später Leibwächter einer hochgestellten Persönlichkeit. Das Beispiel einer Trabantengarde ist heute noch die Schweizergarde im Vatikan.

18) Intelligenzblatt: Es handelt sich hierbei um Anzeigenblätter, die dem Warenaustausch dienen sollten. Das erste derartige Blatt in Deutschland waren die „Frankfurter Frag- und Anzeigenachrichten" (gegründet 1722).

19) Statistik: Hier verwendet im Sinne der systematischen Beobachtung des Gesellschaftslebens und der Darstellung der Beobachtungsergebnisse nach Maß und Zahl.

20) Holländer: Eine Zerkleinerungsmaschine für die Papierherstellung.

21) Wolf(f): Philosoph und Mathematiker, der seit 1707 Professor in Halle war. Er entwickelte in Anknüpfung u. a. an die Lehre von Leibniz als führender Vertreter der deutschen Aufklärung ein umfassendes, Schule bildendes System des Rationalismus, das zur beherrschenden Philosophie seiner Zeit wurde.

22) Exorzisationen: Veraltet für Exorzismus; Beschwörung und Austreibung böser Geister, Teufelsbannung.

23) Kurfürst Karl Albert: Gemeint ist hier wohl Kaiser Karl VII., d. h. Karl Albrecht.

24) Eschenbachs Gral: Wolfram von Eschenbach (geb. zwischen 1175/80, gest. nach 1220) war einer der bedeutendsten mittelhochdeutschen Epiker. Er lebte seit 1202 am Hof des Landgrafen von Thüringen. Hier dichtete er den größten Teil des „Parzival" (den Nicolai mit „Gral" meint).

25) Domenichino (1581–1641): Er hieß eigentlich Domenicho Zampieri, war Schüler D. Calverts und später der Caracci. Von A. Caracci angeregt, malte er Landschaften mit historischen und mythologischen Darstellungen.

26) Venerabile: Bedeutet in der Lehre der katholischen Kirche „das Allerheiligste".
27) Elf Bogen stark: Unter Bogen versteht man ein Papierblatt. Bücher wurden damals bogenweise gedruckt und nach dem Druck je nach Format in 2 Folio-, 4 Quart-, 8 Oktav-, 12 Duodez- bzw. 16 Sedezblätter gefalzt.
28) Einzinger: Nicolai meint hier dessen Werk „Physikalischer Abriß des heutigen Kurfürstenthums Bayern", erschienen 1767.
29) Flecken: Historische Bezeichnung für größere Dörfer mit einzelnen städtischen Rechten.
30) Skapulier: Dieser Begriff leitet sich vom lat. Wort für Schulterblatt ab und bedeutet einen Teil der Mönchstracht. Man versteht darunter einen körperbreiten Tuchstreifen mit einem Kopfschlitz, der über Brust und Rücken getragen wird.
31) Geldern: Ehemaliges Territorium des deutschen Reiches zu beiden Seiten des Niederrheins.
32) Adelung: Von ihm erschien 1774 in Leipzig der „Versuch eines vollständigen grammatisch-kritischen Wörterbuches der hochteutschen Mundart, mit beständiger Vergleichung der übrigen Mundarten, besonders aber der oberteutschen".
33) Obersachse: Ursprünglich die Bewohner der Mark Meißen, dann die des ehemaligen Kurfürstentums Sachsen, meist nur Sachsen genannt, im Unterschied zu den Niedersachsen.
34) Zaupser: Von ihm erschienen 1818 in München „Andreas Zaupsers sämmtliche Gedichte, nebst des Verfassers kurzer Lebensbeschreibung".

## 2. Kapitel

1) Meile: Wegmaß, Längenmaß sehr verschiedener Größen und verschiedenen Ursprungs. Früher betrug die Meile in Deutschland (Geographische Meile) 7420 m, in Württemberg 7448 m, in Sachsen (Post-Meile) 7500 m.
2) Ferdinand Maria (1651–1679): Sohn Maximilians I.
3) Amikoni: Nicolai meint hier Jacopo Amigoni (1675–1752), der Maler und Kupferstecher war. Er malte mythologische Deckengemälde in Schleißheim und Nymphenburg und Altarbilder für die Frauenkirche in München.
4) Schlüter (1660–1714): Er war Baumeister und Bildhauer. 1696 schuf er die Reliefs und Schlußsteine am Berliner Zeughaus sowie das Reiterdenkmal des Großen Kurfürsten und das Bronzestandbild Friedrichs III. Seit 1699 leitete er den Bau des Berliner Schlosses und folgte 1713 dem Ruf Peters des Großen nach St. Petersburg.
5) Cupido: Lat. „das Verlangen"; römischer Liebesgott.
6) Gerbert: Die Begegnung mit diesem Mann beschreibt Nicolai im neunten Kapitel.

7) Pergolesischer Geschmack: Anspielung auf Giovanni Battista Pergolesi (1710–1736), der ein bedeutender Vertreter der neapolitanischen Schule war. Von seiner Oper „Die Magd als Herrin" (La serva padrona, 1733) aus nimmt die komische Oper als Gattung ihren Weg.
8) Rousseaus Bekenntnisse: Gemeint sind hier die „Confessions", die Rousseau in Paris nach Jahren ruhelosen Umherreisens vollendete und in denen er teils apologetisch, teils sich selbst anklagend sein Leben schildert.
9) Scherben: In der Keramik technischer Ausdruck für die gebrannte Grundmasse eines Gefäßes.
10) Grundlinie: Im Sinne einer gedachten, waagerecht liegenden Seite einer geradlinigen Figur.
11) Toisen: Ehemals frz. Klafter, Grundlage der späteren Längenmaße.

### 3. Kapitel

1) Winkelmann: Gemeint ist hier Johann Joachim Winckelmann (1717 bis 1768), der 1755 seine „Gedanken über die Nachahmung der griechischen Werke in Malerei und Bildhauerkunst" veröffentlichte; Freund Goethes.
2) Holzer (1709–1740): Er war als Maler seit 1730 in Augsburg tätig. Holzer schuf Fassadenfresken, Decken- und Altargemälde in Süddeutschland und Tirol.
3) Transsubstantiation: Nach katholischer Lehre die Verwandlung der Substanz von Brot und Wein in die Substanz von Leib und Blut Christi.
4) Guglielmi (1728–1804): War als Komponist seinerzeit einer der gefeiertsten Vertreter der italienischen Buffooper. Er schrieb über 100 Opern.
5) Reichel: Nicolai meint hier Hans Reichle (1570–1642), der Bildhauer und Baumeister war. Sein Hauptwerk ist die in die Augsburger Zeughausfassade meisterhaft einbezogene Bronzegruppe des hl. Michael im Kampf mit Luzifer.
6) Büsching (1724–1793): Er war Professor in Göttingen und mit seinem Werk „Neue Erdbeschreibung" (1754ff.), in dem er sich auf exakte Angaben stützte, der einflußreichste Geograph seiner Zeit.
7) Gothasches Taschenbuch: Gemeint ist hier wohl der in deutscher und französischer Sprache erscheinende „Gothasche Kalender" (früher Hofkalender).
8) Physiognomie: Die äußere Erscheinung eines Lebewesens, eines Landes, einer Gegend; im engeren Sinne sind die Formen und der Ausdruck des Gesichtes gemeint, d. h. Gesichtszüge und Mienenspiel werden als Spiegel des Charakters betrachtet.
9) Friedensvertrag von Osnabrück: In Osnabrück verhandelte seit 1644 das Deutsche Reich mit den Schweden wegen der Beendigung des Dreißigjährigen Krieges. Am 24. Oktober 1648 wurde im Rathaus zu Osnabrück der Westfälische Frieden geschlossen.

10) Ungeld: Auch Umgeld, Ungelt, Umgelt, Ohmgeld; veraltete Bezeichnung für indirekte Verbrauchsabgaben.
11) Spanischer Erbfolgekrieg: Durch das Aussterben der spanischen Habsburger mit Karl II. (1700) entstand ein Thronfolgeproblem, das Frankreich die Chance zur Zerschlagung des habsburgerischen Machtkomplexes bot. Ludwig XIV. und Kaiser Leopold I. erhoben in der Folge Thronansprüche, da beide Herrscher Töchter Philipps IV. von Spanien geheiratet hatten. Nach dem Scheitern des engl.-frz. Kompromisses (Thronfolge Erzherzogs Karl und Abtretung der spanischen Besitzungen in Italien an Frankreich) mündete die spanische Erbfolgefrage in den Spanischen Erbfolgekrieg.
12) Fuggerei: Hierunter versteht man eine von den Gebrüdern Fugger 1519 gestiftete, damals aus 53 Häusern bestehende Wohnkolonie für arme Bürger.
13) Westfälischer Friede: Er beendete den Dreißigjährigen Krieg.
14) Barchent: Dichtes geköpertes Gewebe aus Baumwolle. Man unterscheidet glatten und rauhen Barchent.
15) Appredieren: Im Sinn von „appretieren", d. h. ein Gewebe zubereiten, wodurch es die für den Verkauf nötige Beschaffenheit (Farbe, Glanz, Dichte) erhält.
16) Zitz: Nicolai meint hier wohl „Chintz", d. h. ein buntbedrucktes Gewebe mit spiegelglatter, glänzender Oberfläche.
17) Karoline: Eine zuerst 1726 vom bayerischen Kurfürsten Karl Albert geschlagene Goldmünze zu 10 Gulden.
18) Fortepiano: Seit 1800 die Bezeichnung für Tasteninstrumente, deren Saiten durch Hämmerchen angeschlagen werden.
19) Jus Canonicum: Gemeint ist das Kanonische Recht.
20) Patres: Hier im Sinne der Schriften der Kirchenväter.
21) Homilien: Predigt, die den Text erbaulich auslegt.
22) Folio, Folioband: Abk. F., Fo., Fol., nicht mehr gebräuchliche Bezeichnung für das Papierformat 21 × 33 cm, ersetzt durch das DIN-Format A4.
23) Kasuistik: Allgemeine Erörterung von Einzelfällen einer Wissenschaft, hier der Theologie.
24) Resewitz: Er schrieb als Abt einige Bücher, die sich mit der Pädagogik befaßten, so z. B. „Nachricht von der gegenwärtigen Einrichtung im Unterricht, Lehrart und Erziehung auf dem Pädagogium zu Kloster Bergen" (1776), „Gedanken, Vorschläge und Wünsche zur Verbesserung der öffentlichen Erziehung" (1777–1787).
25) Rochow: Er verfaßte u. a. „Der Kinderfreund" (1776) und „Materialien zum frühen Unterricht in Bürger- und Industrieschulen" (1797).
26) Campe: Verfaßte u. a. „Pädagogische Unterhandlungen" (1777), „Sittenbüchlein für Kinder aus gesitteten Ständen" (1780) und „Sammlung einiger Erziehungsschriften" (1781).
27) Schikaneder (1751–1812): Er war Bühnenleiter und Theaterdichter, der 1789 das „Theater im Freihaus" in Wien übernahm und 1801 das

„Theater an der Wien“ gründete. Er schrieb auch das Libretto zu Mozarts „Zauberflöte“, die 1791 uraufgeführt wurde.

28) Captandae...: Im Sinne von „um Wohlwollen zu erlangen“.

29) Hogarth (1697–1764): Er war Maler und Kupferstecher und begann in den 30er Jahren mit der Darstellung, Kritik und Satire zeitgenössischer Zustände, in denen er Verfehlungen auf das schärfste geißelte und dabei oft den einzelnen Personen porträthafte Ähnlichkeit mit Zeitgenossen verlieh.

30) Con Brio: Mit Feuer, Leidenschaft.

31) Mixtum Compositum: Abwertend gebraucht für Gemisch, Gebräu, Allerlei.

32) Christian Bach (1735–1782): Der jüngste Sohn von Johann Sebastian Bach, der 1764 mit K. T. Abel in London die „Bach-Abel-Konzerte“ gründete.

33) Schneppe: Die vordere, verlängerte Spitze des Frauenmieders.

34) Idiotikon: Griech., Wörterbuch einer Mundart.

35) Nichts ist...: Freie Übertragung von Th. Weiler und B. Ruf der folgenden Originalverse:
Nil vulgare sonat: Latis placidissima vicis
Mundities; liquidi splendescunt marmore fontes;
Regificae surgent aedes; florente senatu
Iuravigent; doctis penetralibus abdita Musae
Sacra tenent, conduntque suis mysteria chartis.

## 4. Kapitel

1) Schuh: Altes Längenmaß, abgeleitet von der Länge des menschlichen Fußes (Schuh), war Grundeinheit in vielen Maßsystemen. In Deutschland gab es vor Einführung des metrischen Systems über 100 verschiedene Fuß-Maße von 0,25 bis 0,34 m.

2) Situationskarte: Begriff der Kartographie, bezeichnet eine Karte, die die Bestimmung eines Ortes nach geographischer Länge und Breite ermöglicht.

3) Werkschuh: Veraltetes Längenmaß.

4) Fama: Gerücht, Nachrede; die Fama erscheint personifiziert z. B. in der römischen Dichtung (Vergil, Ovid).

5) Genien: Allgemein das Genie; in der Kunst wurde seit dem 17. Jahrhundert die Bezeichnung Genien als Gattungsname auf männliche und weibliche Flügelgestalten übertragen.

6) Thespis: Ältester bekannter griechischer Tragiker, der 536–553 v. Chr. in Athen die erste Tragödie aufführte. Der Thespis-Karren bezieht sich auf eine von Horaz erwähnte Überlieferung („Ars Poetica“ Vers 276), wonach Thespis mit einem Karren umherzog.

7) Thalia: Eine der Musen (die Blühende).

8) Terpsichore: Ebenfalls eine der Musen (die Tanzfrohe).

9) Rigaudon: Altfranzösischer Springtanz.

10) Melpomene: Eine der Musen.

11) Interim: Das Augsburger Interim war die einstweilige Regelung der religiösen Verhältnisse des Reiches durch Karl V. auf dem Augsburger Reichstag (1548) und gewährte den Protestanten vorläufige Duldung der Priesterweihe und des Laienkelches.
12) Offizin: Bezeichnung für eine Druckerei.
13) Elzevir: Anspielung auf eine niederländische Buchhändler- und Buchdruckerfamilie. Ludwig Elzevier ließ sich 1550 in Leiden nieder, zunächst als Buchbinder, dann als Buchdrucker. Der Ruhm der Elzevierschen Offizin wurde durch Bonaventura begründet. Descartes, Calvin, Corneille und Galilei gehörten u. a. zu den Autoren des Verlages.
14) Industrieschule: Eine Einrichtung des 18. und 19. Jahrhunderts, in der Kinder unterer sozialer Schicht in zumeist textilgewerblicher Arbeit unterrichtet und erzogen wurden. Sie wurde aber mit dem zunehmenden Ausbau der allgemeinen Schulpflicht aufgelöst.
15) Confusione ...: Im Sinne einer von göttlicher Eingebung gesegneten Verbindung.
16) Non nostrum est ...: Es ist nicht unsere Aufgabe, solch große Streitigkeiten beizulegen.
17) Niaiserie: Französischer Ausdruck für Albernheit.
18) Providentia: (Göttliche) Voraussehung.
19) Difficiles nugae: Hier abwertend gebraucht im Sinne von dummes Zeug, Tändelei.
20) Urban: Gemeint ist wohl Urban II., vorher Odo de Lagery; er rief auf den Synoden von Piacenza und Clermont (1095) die abendländische Christenheit zur Befreiung des Heiligen Landes auf und leitete damit die Kreuzzüge ein.
21) Ohnehosen: Spöttische Bezeichnung für die Sansculotten, die in der Französischen Revolution zu Berühmtheit gelangten.

## 5. Kapitel

1) Der jetzige Herzog: Gemeint ist Herzog Karl Eugen.
2) Hohe Karlsschule: Von Herzog Karl Eugen 1770 als Militärwaisenhaus gegründet, 1773 zur Herzoglichen Militärakademie umgebildet und 1775 nach Stuttgart verlegt. Sie wurde zur Akademie für Wissenschaften und Künste erweitert und durch Kaiser Joseph II. 1781 zur Hochschule erhoben. Prominentester Schüler war wohl der junge Schiller.
3) Schickard: Heinrich Schickardt (1558–1634) war seit 1596 herzoglich-württembergischer Baumeister und einer der ersten Vertreter der Renaissance im Bau- und Befestigungswesen.
4) Royalbogen: Papiermaß.
5) Moser: Johann Jacob Moser (1701–1785) war Staats- und Völkerrechtler und der erste Jurist, der das nur z. T. kodifizierte Reichsstaatsrecht an Hand von Urkunden und Akten zusammenhängend darstellte. Als angeblicher Verfasser einiger gegen den Herzog von Württemberg gerichteter Denkschriften war er von 1759 bis 1764 gefangengesetzt.

6) Schubart: Christian Friedrich Daniel Schubart war Dichter und Musiker. Er gründete 1734 in Augsburg die Zeitschrift „Deutsche Chronik“ und wurde wegen seiner mit kühnem Freimut geschriebenen Artikel von Herzog Karl Eugen 1777–1787 auf der Festung Hohenasperg gefangengehalten.
7) Habeas-corpus-Akte: „Du habest den Körper“; grundlegendes englisches Gesetz von 1679 zum Schutz der persönlichen Freiheit, wodurch niemand ohne richterliche Anordnung in Haft genommen und gehalten werden darf.
8) Commoner: In Großbritannien jeder, der nicht zum hohen Adel gehört.
9) Ötinger: Gemeint ist Friedrich Christoph Oetinger (1702–1782), der Theologe war und unter dem Einfluß von Böhm, Bengel und Zinzendorf eine „heilige Philosophie“ entwickelte, die mystisch-theologische und orthodox-kirchliche Elemente in sich vereinigen sollte.
10) Herzog Karl: Gemeint ist Herzog Karl Eugen.
11) Ein halber Bogen in Quart: Siehe Anmerkung I/27.
12) Marginalien: Randbemerkungen in Handschriften, Akten und Büchern, die kurz den Inhalt der Seite oder eines Abschnittes wiedergeben.
13) Tuba Fallopii: Gemeint ist der Eileiter.
14) Pfarrer Hahn: Es ist nicht ganz sicher, ob hier Philipp Matthäus Hahn, evangelischer Pfarrer und Mechaniker, gemeint ist, der eine feinmechanische Werkstätte unterhielt, oder einer seiner Söhne, die Hofmechaniker in Stuttgart und Berlin wurden.
15) Moser (1723–1798): Er stand in hessisch-homburgischen Diensten und war politischer Schriftsteller. Er bekämpfte in seinen Schriften den staatlichen Despotismus und die Sittenlosigkeit der Höfe.
16) Deutsche Schulen: Zu verstehen im Gegensatz zu den Lateinschulen.
17) Noverre: Jean Georges Noverre (1737–1810) war französischer Ballettmeister und Tanztheoretiker. Seine „Lettres sur la dance et sur les ballets“ (1760) wurden von Lessing und Bode ins Deutsche übersetzt („Briefe über die Tanzkunst“).
18) Vestris: Ital.-frz. Tänzerfamilie.
19) Superintendent: In einigen Landeskirchen derjenige Geistliche, der Verwaltung und Aufsicht auf der Ebene eines Kirchenkreises neben der Kreissynode wahrnimmt; ihm obliegt die Ordination.
20) Präceptor: Bezeichnung für den Hauslehrer; bis 1900 oft auch der Lehrer der Unterstufe höherer Schulen.
21) Provisor: Im allgemeinen jeder, der für die Beschaffung notwendiger Dinge zu sorgen hatte; hier wohl im engeren Sinne eines „provisor ecclesiae“, d. h. eines Kirchenvorstehers, gebraucht.
22) Generalat: Größerer kirchlicher Verwaltungsbezirk.
23) Konsistorium: Nach der Reformation geschaffene landesfürstliche Behörde für die kirchliche Gerichtsbarkeit und die kirchliche Aufsicht.
24) Ballen: Siehe nächste Anmerkung.
25) Ries: Zählmaß für Papier; früher war ein Ries = 20 Buch = 480–500 Bogen; 10 Ries = 1 Ballen.

26) Ecclesia non sitit...: „Die Kirche dürstet nicht nach Blut, sondern nach Wein."
27) Rêves d'un homme de bien: Träume eines redlichen Mannes.

## 6. Kapitel

1) Tranquillitati...: „Er hat für das Heiligtum Ruhe gewollt."
2) Eberhard Ludwig (1676–1733): Er befehligte im Spanischen Erbfolgekrieg das Oberrheinische Reichsheer und erschöpfte mit den Anlagen von Ludwigsburg, einer stehenden Truppe und Verwaltungs-, Wirtschafts- und Schulreformen die Mittel des Landes.
3) Herzog Karl Eugen (1728–1793): Sohn von Karl Alexander, wurde am Hof Friedrichs des Großen erzogen und war eine geistreiche, wenngleich auch zügellose Natur, prachtliebend (Lustschlösser Solitude und Hohenheim) und gewalttätig (Einkerkerung von Moser und Schubart).
4) Similor: Diamantenimitation.
5) Posamentierer: Unter Posament versteht man Textilerzeugnisse wie Borten, Fransen, Quasten u. a. zum Verzieren von Polstermöbeln, Wand- und Fensterdekorationen, Trachten und Uniformen. Diese Posamente werden von den Posamentierern in Handarbeit oder mit Spezialmaschinen hergestellt.
6) Schubarts „Deutsche Chronik": Siehe Anmerkung V/6.
7) Hohenasperg: Ehemalige Festung des 16. Jahrhunderts auf einem 306 m hohen Keuperberg; im 18. und 19. Jahrhundert dann württembergisches Staatsgefängnis.
8) Hohentwiel: 686 m hoher Vulkankegel, im 10. und 11. Jahrhundert schwäbischer Herzogssitz, kam 1521 an Württemberg und wurde im 17./18. Jahrhundert zur Festung ausgebaut; 1800 durch die Franzosen gesprengt.
9) Augustinus: Der größte lateinische Kirchenlehrer des christlichen Abendlandes; war seit 395 Bischof von Hippo Regius. Einblick in seine innere Entwicklung geben seine „Confessiones". Augustinus starb während einer Belagerung von Hippo Regius durch die Vandalen.
10) Rousseau: Siehe Anmerkung II/8.
11) Albert Haller: Gemeint ist hier Albrecht von Haller (1708–1778), der Arzt, Naturforscher und Dichter war. Sein wohl bekanntestes Werk ist das beschreibend-philosophische Gedicht „Die Alpen".
12) Lavater (1741–1801): Lavaters „Physiognomische Fragmente zur Beförderung der Menschenkenntnisse und Menschenliebe" (4 Bände 1775–1778), ein Werk, woran auch Goethe mitgearbeitet hatte, gaben der Physiognomik bedeutende Anregungen.
13) Krieg in Amerika: Im Unabhängigkeitskrieg (1776–1783) erkämpften sich die 13 britischen Kolonien in Nordamerika ihre völkerrechtliche Unabhängigkeit.
14) Chiliasmus: Glaube, daß Christus unmittelbar vor dem Ende der Welt

mit den auferweckten Christen ein Tausendjähriges Reich des Friedens errichten werde.

15) Bengel: Johann Albrecht Bengel (1687–1752) war evangelischer Theologe, der seit 1708 am Tübinger Stift lehrte. Bengel ist der Schöpfer der neutestamentlichen Bibelkritik in Deutschland.

## 7. Kapitel

1) Locus insignis...: Bedeutet soviel wie „ein hervorragender Ort, voll von Vorteilen und Wohnungen, in dem die größte Menge an allen Lebensmitteln vorhanden ist".
2) Nepoten: Veraltet für Neffe, Enkel, Vetter, im weitesten Sinne für Verwandter.
3) Portio congrua: Im Sinne von „angemessener Anteil".
4) Anatomisches Theater: Im Sinne von Demonstrationssaal für medizinische Zwecke.
5) Claustrum hoc...: „Dieses Abgeschlossene (d. h. das Gebäude, die Lehranstalt) steht und fällt mit dem Vaterland."
6) Alumnen: Im Sinne von Zöglinge, Schüler.
7) Examinationen, Testimonien, Lokationen: Gemeint sind hier spezielle Prüfungen und damit verbundene Zeugnisse.
8) Que de bruit...: Frei übersetzt wohl „Viel Lärm um nichts".
9) Savants de collège: Abwertend gebraucht für irgendwelche Sonderlinge.
10) Goût de terroir: Wohl im Sinn von „Eigengeschmack".
11) In omni scibili: Im Sinn von „in allem Wissenswerten".
12) De vingt rois...: „Von zwanzig Königen, die man beweihräuchert,
zerstört der Tod den Altar,
und Voltaire ist unsterblich."
13) Kamelotte, Grisette, Droguette: Es handelt sich hierbei um spezielle Tucharten.

## 8. Kapitel

1) Ursprung der Donau: Die Donau entspringt mit den Quellflüssen Brigach und Breg, die sich bei Donaueschingen vereinigen, auf der Ostseite des Schwarzwaldes.

## 9. Kapitel

1) Beschreibung der Reise: Diese hat Gerbert beschrieben unter dem Titel „Iter allemanicum, accedit italicum et gallicum", 1765.
2) Besonderes Buch: Gemeint ist „De translatis Habsburgo-Austriacorum Principum eorumque coniugum cadaveribus – ad conditorium novum Monasterii S. Blasii", 1772.
3) Musik des Mittelalters: Der Titel lautet „De cantu et musica sacra a prima ecclesiae aetate II Tomi", 1776. Es handelt sich dabei um eine

Schrift, in der Gerbert eine umfassende Darstellung der Geschichte der Kirchenmusik von den Anfängen bis auf seine Zeit gibt. Noch bedeutender aber ist das Werk „Scriptores ecclesiastici de musica sacra". In diesem Werk, dessen erstes druckreifes Manuskript größtenteils dem Klosterbrand zum Opfer fiel, hat Gerbert die Texte der Traktate von mehr als 40 Musiktheoretikern des Mittelalters veröffentlicht.

4) Codex Villingianus: Es handelt sich hierbei um eine ehemals in Villingen verwahrte Handschriftensammlung, die man einige Jahre vor Nicolais Ankunft nach Sankt Blasien gebracht hatte.

5) Scarlatti: Nicolai meint vermutlich Allessandro Scarlatti, der Schüler Carissimis in Rom und später Hofkapellmeister in Neapel war. Sein Sohn Domenico war in den Jahren 1715–1719 Kapellmeister der Peterskirche in Rom und hatte sich vor allem der Klaviermusik gewidmet.

6) Silbermann: Eine Orgel- und Klavierbauerfamilie des 18. Jahrhunderts aus dem Erzgebirge.

7) Alb: Gemeint ist der Fluß Alb.

8) Kaiser Otto II. (955–983): Er wurde 961 zum König, 967 zum Kaiser gekrönt. Otto war ein hochgebildeter Mann und verkehrte mit den Gelehrten seiner Zeit.

9) Gellerts Schriften: Christian Fürchtegott Gellert (1715–1769) war Schriftsteller und hielt nach seiner Habilitation an der Universität Leipzig Vorlesungen über Poesie, Beredsamkeit und Moral.

10) Krummstab: Andere Bezeichnung für den Bischofsstab, hier als Zeichen von Gerberts Macht verstanden.

# Literatur

Friedrich Nicolai: Beschreibung einer Reise durch Deutschland und die Schweiz, im Jahre 1781, nebst Bemerkungen über Gelehrsamkeit, Industrie, Religion und Sitten. 12 Bände, Berlin 1783–1797.

Ders.: Neuabdruck des 12. Abschnittes, 3. Buch, Band 11 der Gesamtausgabe (Tübinger Aufenthalt), Historischer Verlag Tübingen 1978.

Bernhard Fabian (Hrsg.): Friedrich Nicolai, Essays zum 250. Geburtstag, Berlin 1983.

Horst Möller: Nicolai, Studien zu Leben und Werk eines Spätaufklärers.

Helmut Peitsch: Georg Forsters „Ansichten vom Niederrhein", Frankfurt 1978. (zur Reiseliteratur)

Gustav Sichelschmidt: Friedrich Nicolai, Geschichte seines Lebens, Berlin 1971.

Ralph-Rainer Wuthenow: Die erfahrene Welt, Frankfurt 1980.

**Bildnachweis:**

Das Königreich Bayern in seinen alterthümlichen, geschichtlichen, artistischen und malerischen Schönheiten, enthaltend in einer Reihe von Stahlstichen die interessantesten Gegenden, Städte, Kirchen, Klöster, Burgen, Bäder und sonstige Baudenkmale mit begleitendem Texte, ohne Verfasserangabe erschienen 1843–1854 in München bei Georg Franz:
S. 31, 34/35, 49, 66, 79, 84, 89

Nicolai, Friedrich: Beschreibung einer Reise durch Deutschland und die Schweiz im Jahre 1781. Nebst Bemerkungen über Gelehrsamkeit, Industrie und Sitten. 12 Bände, Berlin und Stettin 1783–1796:
S. 18/19, 53, 102, 266/67

Schwarz, M. Eduard: Die Schwarzwaldreise ... Stuttgart 1836:
S. 263

Stadtarchiv Stuttgart:
Erinnerungen oder interessante Ansichten Württembergs. Stuttgart in der Ebner'schen Kunsthandlung 1816–1826:
S. 117, 153, 159, 197, 201, 206, 223, 234, 253, 255, 257

Kirn, Georg Michael: Das Königlich Württembergische Militär von 1638 bis 1856 in historisch malerischen Abbildungen auf 36 Blättern. Als Beilage zu dem Anhang der Geschichte des Württembergischen Kriegswesens von L. J. Stadlinger. Stuttgart 1856:
S. 180/81

Neueste Kunde von dem Königreich Württemberg. Prag 1813:
S. 216/17

Trachten und Ansichten württembergischer Orte:
Schutzumschlag

Städtisches Museum Ludwigsburg:
S. 170, 198